Fragmenta Melanchthoniana
500 Jahre Reformation

Band 7

herausgegeben

von Günter Frank

verlag regionalkultur

Titelbildnachweis:	Stadtansicht Gotha, Radierung, koloriert aus: Johannes Jansson, Urbium Totius Germaniae Superioris … tabulae, II, Amsterdam 1657, Melanchthonhaus Bretten
Titel:	Fragmenta Melanchthoniana. 500 Jahre Reformation, Band 7
Herausgeber:	Günter Frank
Herstellung:	verlag regionalkultur
Satz:	Henrik Mortensen (vr)
Endkorrektorat:	Regina Tinkl (vr)

ISBN 978-3-95505-108-2

Bibliographische Information der Deutschen Bibliothek
Die Deutsche Bibliothek verzeichnet diese Publikation in der Deutschen Nationalbibliographie; detaillierte bibliographische Daten sind im Internet über http://dnb.ddb.de abrufbar.

Diese Publikation ist auf alterungsbeständigem und säurefreiem Papier (TCF nach ISO 9706) gedruckt entsprechend den Frankfurter Forderungen.

verlag regionalkultur
Ubstadt-Weiher • Heidelberg • Weil am Rhein

Korrespondenzadresse:
Bahnhofstraße 2 • D-76698 Ubstadt-Weiher
Tel. 07251 36703-0 • *Fax* 07251 36703-29
E-Mail: kontakt@verlag-regionalkultur.de • *Internet:* www.verlag-regionalkultur.de

Inhaltsverzeichnis

Vorwort

Günter Frank

Die Beiträge des vorliegenden Sammelbandes werden eingeleitet durch die Reden aus Anlass der Verleihung des Internationalen Melanchthonpreises an den ehem. Direktor der Gothaer Forschungsbibliothek Dr. Helmut Claus am 17. Februar 2018. Die übrigen Beiträge sind – wie in den anderen Fragmenta-Bänden auch – aus den mittlerweile traditionsreichen Sonntagsvorträgen in der Gedächtnishalle des Melanchthonhauses hervorgegangen. Sie geben auf dem neusten Stand der Forschung Einblicke in die Bildtradition südwestdeutscher Reformatoren, stellen Aspekte des Melanchthonbildes – auch des negativen – dar, beleuchten dessen ökumenische Bedeutung und mittelosteuropäische Wirkung und stellen schließlich eine wenig bekannte Seite der damaligen humanistischen Bewegung dar. In allen Beiträgen werden durchaus beachtliche Aspekte der Forschung beleuchtet, auch wenn sie nicht immer in einem systematischen Zusammenhang stehen. Aber dies intendieren auch nicht die „Fragmenta Melanchthoniana", denen es vor allem darum geht, die Brettener Sonntagsvorträge einer breiteren Öffentlichkeit zugänglich zu machen. Alle Vorträge verstehen sich jedoch gleichzeitig als Beiträge zum Reformationsjahr 2017.

Den Autoren ist für die Bereitschaft zur Veröffentlichung ihrer Beiträge zu danken. Gleichzeitig gilt mein Dank meinen Mitarbeiterinnen Hannelore Gerweck-Koch sowie Melissa Sailer, die für die sorgfältige Lektorierung der Beiträge verantwortlich waren. Nicht zuletzt ist dem Gemeinderat der Stadt Bretten und dessen Oberbürgermeister Martin Wolff für die vielfältige Förderung zu danken, ohne die die vom Melanchthonhaus ausgehende neuere Forschung nicht denkbar wäre.

Verleihung des Internationalen Melanchthonpreises der Stadt Bretten am 17.02.2018 im Melanchthonhaus Bretten

MARTIN WOLFF

Meine sehr verehrten Damen und Herren,
hochverehrte Festversammlung

Nicht Türme oder Mauern
sind so feste Bollwerke
für die Städte wie eine Bürgerschaft, die Bildung,
Einsicht und andere Tugenden besitzt.

Unter diesen Gedanken Melanchthons, die auch heute zum Nachdenken Anlass geben, fand vor ziemlich genau 30 Jahren zum ersten Mal die Verleihung des Melanchthonpreises statt, der dem leider viel zu früh verstorbenen katholischen Theologen Prof. Dr. Siegfried Wiedenhofer zuerkannt worden war. Der damalige Gemeinderat, nicht anders als der amtierende, hat sich diese Überzeugung Melanchthons zu Eigen gemacht. Heute ist unsere Stadt ein florierendes Schulzentrum im Landkreis Karlsruhe und gemeinsam mit dem Landkreis bemühen wir uns, diese Bildungslandschaft auch zukunftsfest zu machen.

Sehr herzlich begrüße ich in unserer Mitte unseren Landrat, Herrn Dr. Christoph Schnaudigel, der nachher auch ein Grußwort an uns richten wird. Sehr weise und richtungsweisend war aber auch die damalige Entscheidung des Gemeinderates unter seinem Vorsitzenden Paul Metzger, den ich ebenso herzlich willkommen heiße, den Melanchthonpreis überhaupt ins Leben zu rufen.

Heute findet bereits die 11. Preisverleihung statt. Der Melanchthonpreis der Stadt Bretten, so ist in der Stiftungsurkunde zu lesen, zeichnet ein Buch aus, *das in hervorragender Weise dazu beiträgt, die Kenntnis über Melanchthons Leben und Werk oder die geistesgeschichtlichen Voraussetzungen, das Umfeld und die Folgen seines Wirkens zu vertiefen* – nicht eine Person. In den vergangenen drei Jahrzehnten wurden Bücher ausgezeichnet aus den Bereichen der Theologie, Geschichts-, Politik- und Literaturwissenschaften. Heute wird ein mehrbändiges Werk ausgezeichnet, in dem Grundlagenforschung vorgelegt wird, Forschungen also, die als Grundlagen für alle weitergehende Forschung dienen wollen. Ein solches grundlegendes Werk ist die Melanchthon-Bibliographie des ehem. Direktors der Forschungsbibliothek Gotha, Dr. Helmut Claus. Dr. Claus verzeichnet hier in rund 3850 Einträgen Drucke von Werken Melanchthons zu dessen Lebenszeit, also zwischen 1518 bis 1560 in ganz unterschiedlichen Druckorten in Deutschland und in Europa. Es ist ein Lebenswerk, das Dr. Claus noch zu dessen aktiver Berufszeit als Direktor der Forschungsbibliothek begonnen hatte und das er in der Zeit seines Ruhestandes zu Ende führen konnte. Trotz des Risikos seines hohen Alters und der sich weiter verschlechternden Krankheit hatte die Findungskommission beschlossen, dem Gemeinderat diese Melanchthon-Bibliographie zur Preisverleihung 2018 vorzuschlagen. Tatsächlich musste Herr Dr. Claus seine Teilnahme aufgrund seiner Krankheit absagen. Stellvertretend wird diesen Preis Herr Dr. Daniel Gehrt, wissenschaftlicher Mitarbeiter an der Forschungs-Bibliothek Gotha, entgegennehmen. Sehr geehrter Herr Dr. Gehrt, seien Sie uns herzlich willkommen.

Sehr herzlich begrüßen möchte ich den langjährigen Leiter der Melanchthon-Forschungsstelle in Heidelberg, Herrn Dr. Heinz Scheible. Dr. Scheible war langjähriger Weggefährte des Preisträgers und – wie man ohne Übertreibung sagen darf – überhaupt der „Vater der modernen Melanchthonforschung". Auch die neuere Arbeit im Melanchthonhaus und die Stiftung des Melanchthonpreises gehen wesentlich auf seine Initiative zurück. Freundlicherweise hat sich Dr. Scheible auch bereit erklärt, die Laudatio auf das preiswürdige Werk zu halten. Mit ihm begrüße ich gleichzeitig das Team der Melanchthonforschungsstelle in Heidelberg unter der Leitung von Frau Dr. Christine Mundhenk.

Schließlich freue ich mich auch, dass so viele Persönlichkeiten aus Wissenschaft, Politik, aus der Wirtschaft, den Behörden, Institutionen und unseren Brettener Schulen, aber auch viele Freunde des Melanchthonhauses heute an dieser Melanchthonpreisverleihung teilnehmen.

Mein Gruß gilt unseren Vertretern in den Parlamenten, stellvertretend unserem Landtagsabgeordneten Joachim Kößler.

Mein Dank geht in dieser Stunde an den Gemeinderat in Bretten, der stets mit großem Interesse und Wohlwollen diese Aufgaben unterstützt und deren Mitglieder ich in dieser Feierstunde ebenso herzlich begrüße. Herzlich begrüße ich stellvertretend Frau Heidemarie Leins, die als Mitglied im Vorstand gleichzeitig die Verbindung zum Melanchthonverein herstellt. Vom Melanchthonverein selbst begrüße ich herzlich für den Vorstand die stellvertretende Vorsitzende Karin Gillardon, die nachher ebenso ein Grußwort zu uns sprechen wird. Willkommen heiße ich auch die Führer im Melanchthonhaus, die sich gerade im vergangenen Jahr durch ihren großen Einsatz ausgezeichnet haben. Im Reformationsjahr 2017 hat sich die Besucherzahl im Melanchthonhaus nahezu verdoppelt, gerade qualifizierte Führungen standen hier in besonderer Weise auf der Tagesordnung.

Wir alle sind uns dabei bewusst, dass wir mit unserem Engagement für das Erbe Philipp Melanchthons einen Akt der Subsidiarität setzen, der letztlich nicht nur den interessierten Besuchern des Melanchthonhauses und der wissenschaftlichen Öffentlichkeit, sondern auch den Kirchen zugutekommt. Herzlich heiße ich daher auch die Vertreter der Kirchen willkommen, für alle stellvertretend Herrn Pfarrer Dietrich Becker-Hinrichs.

Willkommen heiße ich für die Findungskommission Herrn Prof. Dr. Gottfried Gerner-Wolfhard und für die ehem. Melanchthonpreisträger Frau Dr. Christine Absmeier. Begrüßen möchte ich herzlich den ehem. Bürgermeister Willi Leonhardt und dessen Nachfolger Michael Nöltner. Schließlich heiße ich herzlich die Vertreter der Presse willkommen.

Mein Dank geht an dieser Stelle auch an die Austauschschülerin Nozomi Yumita, die gerade beim Jugend-musiziert-Regionalwettbewerb den 1. Platz erreicht hat, und ihre Lehrerin Frau Noeldeke, die für die musikalische Umrahmung dieser Feierstunde verantwortlich zeichnen.

Meine sehr verehrten Damen und Herren,

das Reformationsjahr 2017 liegt hinter uns und zweifellos standen einmal mehr Martin Luther und die Stadt Wittenberg im Fokus des allgemeinen öffentlichen Interesses. Dennoch muss man sagen: was vor einem halben Jahrhundert kaum vorstellbar gewesen wäre, ist Wirklichkeit geworden. Damals nach den beiden verheerenden Kriegen war es um Melanchthon ziemlich ruhig geworden. Selbst in jener Kirche, für die er so Grundlegendes geleistet hatte, war er weitgehend unbekannt. Heute können wir sagen, dass sich dies grundlegend gewandelt hat. Noch nie stand die Melanchthonforschung so in Blüte wie in unserer Zeit. Das Melanchthonjahr 2010 hatte diesem neue Popularität verliehen und auch im Reformationsjahr selbst stand die Melanchthonstadt nicht selten im Fokus des Interesses, etwa in der Eröffnung des Reformationsjubiläums durch die Badische Landeskirche im Melanchthonhaus oder auch durch die Station des Reformations-Trucks und die abendliche Festveranstaltung in der Stiftskirche am 15. Dezember 2016.

Auch in der Wissenschaft hat die Melanchthonforschung neue Grundlagen gelegt: 2016 erschien die überarbeitete Melanchthon-Biographie von Heinz Scheible, die auf lange Sicht das Bild von Melanchthon prägen wird. 2017 erschien das neue Melanchthon-Handbuch, das hier im Melanchthonhaus erarbeitet worden war und das eine verlässliche Übersicht über den Stand der Melanchthonforschung heute und ein Nachschlagewerk bietet, das künftig für jeden grundlegend werden wird, der sich mit Melanchthon beschäftigen möchte. Heute zeichnen wir ein für die künftige Forschung nicht minder wichtiges Werk aus: die Melanchthon-Bibliographie von Dr. Helmut Claus. Sie gibt uns Orientierung über das Œuvre Melanchthons, das uns in seinem Umfang beeindruckt. Es belegt, wie einflussreich dieser Sohn Brettens für die Kulturgeschichte der frühen Neuzeit war. Dieses Erbe weiter zu pflegen – dafür lohnt jedes weitere Engagement.

Herzlichen Dank für Ihre Aufmerksamkeit

Verleihung des Melanchthonpreises der Stadt Bretten an Dr. Helmut Claus

Laudatio durch Heinz Scheible

Herr Oberbürgermeister, meine Damen und Herren; leider kann ich Herrn Dr. Claus wegen seiner schweren Erkrankung hier nicht begrüßen, ich begrüße den Vertreter der Forschungsbibliothek Gotha, Herrn Dr. Gehrt.

Der Melanchthonpreis der Stadt Bretten wird für ein Buch verliehen. *Preiswürdig ist ein im Druck erschienenes Werk,* lautet § 2 der Satzung, *das in hervorragender Weise dazu beiträgt, die Kenntnis über Melanchthons Leben und Werk oder die geistesgeschichtlichen Voraussetzungen, das Umfeld und die Folgen seines Wirkens zu vertiefen.* Wir müssen uns also heute mit einem Buch befassen. Aber das Buch ist ja von einem Menschen geschrieben worden. Deshalb interessiert uns auch die Biographie des Autors.

Vor genau 30 Jahren wurde der Melanchthonpreis zum ersten Mal verliehen. Das Buch war die grundgelehrte Dissertation von Siegfried Wiedenhofer, die das Verhältnis von Humanismus und Reformation am Beispiel Melanchthon neu bestimmte. Der Doktorvater lebt noch. Es war der Regensburger Professor Joseph Ratzinger, der später Papst wurde. Der Preisträger war Professor für Fundamentaltheologie in Frankfurt am Main und ist leider vor zwei Jahren gestorben, 73 Jahre alt. Dass ein Katholik den ersten Preis bekam, hat nicht allen gefallen. Doch der damalige Oberbürgermeister Paul Metzger war ökumenisch eingestellt, und so war es auch kein Hindernis, dass der erste hauptamtliche Kustos Stefan Rhein und sein Nachfolger Günter Frank katholisch sind. Wichtig war allein ihre fachliche Qualifikation. Beide haben hervorragende Arbeit vollbracht und gemeinsam mit der Stadtverwaltung und dem Melanchthonverein vieles bewegt. Früher war der Verein eine exklusiv protestantische Einrichtung gewesen und der evangelische Dekan der Vorsitzende. Weil ich seit 60 Jahren, seit 1958, mit Bretten verbunden bin und diese Entwicklung miterlebt und unterstützt habe, darf ich das heute rückblickend sagen.

Der zweite Preisträger war ein Lutheraner aus Sachsen. Es folgte ein Calvinist aus Holland, danach ein Unionist aus Baden, zugleich der erste Mensch, der für die Melanchthonforschung bezahlt wurde. Die anderen machten dies neben ihrem Hauptberuf. Er meinte deshalb, das Preisgeld nicht behalten zu dürfen, und errichtete eine Stiftung zu Gunsten der Bibliothek des Melanchthonhauses. Leider hat sie sich nicht so entwickelt, wie erwartet wurde. Danach bekam den Preis ein Lutheraner aus Amerika. Nach einem Schweizer Historiker 2003 war die Reihe der reifen Forscher zu Ende. Es folgten vier junge Doktoren, dabei eine Theologin und zuletzt 2015 eine Historikerin.

Heute ehren wir nun wieder die Krönung eines Lebenswerks. Unser Preisträger ist 84 Jahre alt und hat ein interessantes Leben gelebt, dessen Grundzüge ich später skizzieren werde. Der Preis gilt aber *einem* seiner vielen Werke. Helmut Claus ist nämlich nicht erst durch seine

Melanchthon-Bibliographie in der Fachwelt überregional bekannt geworden und geschätzt. Doch im Licht einer breiten Öffentlichkeit stehen Bibliographen nicht.

***

Was sind überhaupt Bibliographien, und: braucht man die?

Wer eine private Büchersammlung hat, behält gewöhnlich den Überblick; er muss kein Verzeichnis anlegen. Bei einer öffentlichen Bibliothek jedoch ist es Pflicht. Im Melanchthonhaus Bretten hat diese Aufgabe viele Jahre lang der Unternehmer Dr. rer. pol. Otto Beuttenmüller ehrenamtlich geleistet. 1987 übernahm die Badische Landesbibliothek Karlsruhe die Fachaufsicht und stellte eine Fachkraft zur Verfügung, die Diplombibliothekarin Frau Scheurer. Seit 1999 betreut Frau Gerta Bauder als Angestellte der Stadt Bretten die Bibliothek des Melanchthonhauses. Ein Bibliothekskatalog erfasst alle am Ort vorhandenen Titel.

Daneben gibt es das Interesse, alle Publikationen einer bestimmten Persönlichkeit in einer Personalbibliographie zusammenzustellen. Für Melanchthon hat dies im 18. Jahrhundert der Nürnberger Pfarrer Georg Theodor Strobel getan. Seine Sammlung gelangte in die Stadtbibliothek Nürnberg und ist mit mehr als 1000 Titeln noch vor Bretten der größte Bestand an Melanchthon-Drucken. Auf dieser Basis konnte der Gothaer Generalsuperintendent Karl Gottlieb Bretschneider (1776-1848) ab 1834 seine Gesamtausgabe der Briefe und Werke Melanchthons wagen. Sie bildet mit 28 Quartbänden den ersten Teil des sogenannten Corpus Reformatorum und wurde ab Band 16 von dem Hallenser Bibliothekar Heinrich Ernst Bindseil (1803-1876) herausgegeben. Seine reichhaltige private Sammlung an Melanchthon-Drucken gelangte in die Universitätsbibliothek Halle, die damit die drittgrößte Sammlung an Melanchthon-Drucken besitzt.

Die zweitgrößte ist auch die jüngste. Sie wurde von dem Berliner Professor Nikolaus Müller für das Brettener Melanchthonhaus zusammengetragen und ist hier seit 1903 zu bewundern. Müller hat selbstverständlich auch ein Verzeichnis der Drucke angelegt. Leider ist er schon 1912 mit 55 Jahren gestorben. 15 Jahre später ist der 1901 geborene Brettener Fabrikantensohn Otto Beuttenmüller nach dem Studium in seine Heimat und Firma zurückgekehrt und hat sich der Bibliothek angenommen, sie ehrenamtlich bis ins hohe Alter betreut. Auf seinen Geschäftsreisen hat er immer auch die Bibliotheken besucht und Melanchthon-Drucke notiert. Damals waren die Kataloge auch der wissenschaftlichen Bibliotheken für die alten Drucke oft noch ungenau, so dass eine exakte Identifizierung nicht möglich war. Immerhin hat Beuttenmüller die Liste der etwa 800 Brettener Drucke bis 1958 aus der Literatur und durch die Funde seiner Reisen auf 2942 Titel bis 1580 gebracht, bis 1560 waren es etwa 2300, alles Kurztitel. Er wollte sie zum Jubiläumsjahr 1960 publizieren, merkte aber erst 1957, dass er allein das nicht konnte. Er bat den Heidelberger Kirchenhistoriker Heinrich Bornkamm um Hilfe. Dieser beauftragte damit seinen Assistenten. Vom 14. bis 26. April 1958 nahmen ich und meine kurz zuvor angetraute Frau Helga in der Stadtbibliothek Nürnberg etwa 500 Melanchthon-Drucke bibliographisch genau auf; der Aufenthalt wurde auf Antrag von Professor Bornkamm vom Evangelischen Oberkirchenrat Karlsruhe finanziert. Dr. Beuttenmüller fuhr uns und das Material mit seinem Mercedes nach Nürnberg. Der Bibliotheksdirektor Karlheinz Goldmann war überaus zuvorkommend und stellte einen Kellerraum zur Verfügung, wohin uns die Berge von Büchern gebracht wurden. Beuttenmüller hatte sein Fotokopiergerät dabei und kopierte die Titelblätter. Wir sollten nur die Bogensignaturen und Kolophone, die Angaben des Druckers am Ende des Bandes, feststellen und den Umfang berechnen. Ich bestand darauf, dass eine inhaltliche Erschließung vorgenommen wurde. Also haben wir auch die Fremdstücke notiert. Die fachliche Anleitung haben Beuttenmüller und ich von dem Mainzer Bibliothekar Josef Benzing (1904-1981) erhalten, der damals maßgeblich in der Bibliographie und Druckgeschichte des 16. und 17. Jahrhunderts war.

Ende 1958 waren von den nahezu 3000 mehr oder weniger genau verzeichneten Titeln der Melanchthon-Bibliographie nur die etwa 800 Brettener und 500 zusätzliche aus Nürnberg durch Autopsie erfasst, dazu einige aus Heidelberg und Freiburg, also noch nicht einmal die Hälfte. Ich war wissenschaftlicher Assistent mit Lehrauftrag an der Theologischen Fakultät Heidelberg und wollte meine Dissertation vollenden. Da sagte ich Herrn Beuttenmüller, dass die Publikation seiner Bibliographie bis 1960 keinesfalls möglich sei.

Andere sahen dies anders. Beuttenmüller konnte geschäftlich auch in die DDR reisen. In Halle lernte er den Bibliotheksdirektor Erhard Selbmann (1912-1986) kennen, der in seinem Hause die Sammlung Bindseils verwaltete. Melanchthon war auch bei den Marxisten angesehen. Zum 400. Todesjahr 1960 wurde ein Staatliches Melanchthon-Komitee gebildet, dem Selbmann federführend angehörte. Da war eine Bibliographie der Werke Melanchthons hoch willkommen. Selbmann versprach, das Werk 1960 herauszubringen, vermutlich ohne das Material gesehen zu haben. Beuttenmüller packte die zahlreichen Leitzordner in sein Auto und fuhr sie am 29. Oktober 1959 nach Halle, nach seinen Angaben ca. 3300 Titel bis zum Jahr 1600. Bornkamm und mich, die Geld und Arbeit investiert hatten, zuvor auch nur zu informieren, fand er nicht für nötig. In Halle wurde 1960 etwas publiziert, das „Vorläufiges Verzeichnis“ genannt wurde, eine erste und einzige Lieferung aus dem Beuttenmüller'schen Verzeichnis von Kurztiteln, ein schmales Heftchen von 48 Seiten mit 271 Kurztiteln bis 1524, das voller Fehler ist.

***

Es dauerte 54 Jahre, bis das heute preisgekrönte Werk erschienen ist. Dass es so lange dauerte, hängt mit der deutschen Geschichte zusammen, die wir später betrachten wollen. Letztlich ist allein das Ergebnis wichtig. Es sind vier dicke Bände mit 3084 Seiten, dazu 54 Seiten Literatur und Vorwort sowie eine CD-ROM. In drei Bänden werden auf 2362 Seiten etwa 3850 Drucke genau beschrieben. Angeordnet sind sie chronologisch nach Jahren, innerhalb der Jahre alphabetisch nach Druckorten, diese alphabetisch nach Druckern. Die Zählung der einzelnen Drucke beginnt mit jedem Jahr neu. Dadurch wird die Zitierung informativer als bei fortlaufender Zählung, und Subnummern konnten vermieden werden. Die Gesamtzahl allerdings wird dadurch nicht sichtbar. Nach der Verlagsanzeige sind es etwa 3850 Titel von Drucken mit Werken Melanchthons bis 1560.

Hat ein Drucker in einem Jahr mehrere Titel von Melanchthon herausgebracht, was bei der Produktivität dieses genialen Autors nicht selten ist, werden sie alphabetisch nach dem sogenannten bibliographischen Ansatz angeordnet. Dies ist ein höchst brauchbarer Teil des Werks. Er enthält alle wichtigen Daten eines Titels in handlicher Kurzfassung. Es ist zu wünschen, dass sich diese Form, Melanchthon-Schriften zu zitieren, in der Forschung durchsetzt. Allerdings verlangt dieser Ansatz einiges Nachdenken. Melanchthons kommentierte Übersetzung der Sprüche Salomos, die Nova scholia in Proverbia Salomonis (1529.8), sind nicht unter seinem Namen, sondern unter „Biblia Veteris Testamenti" zu finden, weil da der Bibeltext überwiegt. Die „Danielis Enarratio" von 1529, der Danielkommentar, von dem nur die Vorrede erschienen ist, findet man unter „Praefatio" (1529.12).

Es folgt die exakte Beschreibung von Titelblatt und Kolophon nach allen Regeln der bibliographischen Kunst. Stattdessen Abbildungen zu bieten, wäre bequemer gewesen, aber zeitlich und finanziell unerschwinglich und hätte den Umfang des Werkes erheblich erweitert. Mitgeteilt wird auch die Farbe und ob Holz- oder Typendruck vorliegt. Antiqua und Fraktur sind wiedergegeben, nicht jedoch die Kursive. Typographische Besonderheiten, etwa bei s und r, sind beibehalten. Titeleinfassung und Druckerzeichen sind als solche symbolisiert und bibliographisch identifiziert. Format und Umfang werden genau angegeben.

Überaus hilfreich für den Benutzer, insbesondere für den eiligen, nicht sehr mit dem Stoff vertrauten, sind die „Angaben zum Anteil Melanchthons". Hier wird der Inhalt eines Bandes aufgeschlüsselt und mitgeteilt, in welcher modernen Edition die Texte Melanchthons zu finden sind oder noch nicht ediert wurden. Auch Fremdstücke sind notiert. Bei Sammelausgaben kann sich dieser Abschnitt über mehrere eng bedruckte Seiten erstrecken.

Die Nachweise der älteren Bibliographien sind möglichst repräsentativ, wohl nahezu vollständig, ebenso die Fundorte in den Bibliotheken weltweit, wobei vermerkt ist, welches Exemplar Helmut Claus selbst in Händen hielt oder aus einer Fotokopie oder nach fremden Angaben beschrieb.

Auf diese vorbildliche Weise werden etwa 3850 Drucke in drei Bänden auf 2362 Seiten beschrieben. Der Benutzer könnte sich darin verirren, wenn es nicht einen vierten Band mit 719 Seiten Registern gäbe. Nach der Herstellung dieser diffizilen Beschreibungen der Werke Melanchthons in vielen Jahren, ihrer Drucklegung und deren Korrekturen, hat Helmut Claus noch die Kraft aufgebracht, sechs Register anzufertigen.

Problemlos sind die Drucker und die Druckorte aufzulisten. Bei den Druckern werden nicht wie bei vielen anderen Registern nur die Nummern mitgeteilt, sondern auch die Kurztitel. Dadurch wird das Druckerregister lesbar und verleitet zum Schmökern.

Für die Ermittlung von undatierten Drucken führt das Diplomatische Verzeichnis der Titelinitien direkt zur vollständigen Beschreibung. Verweilen möchte man bei dem Index der Bibliographischen Ansetzungen, eine überaus nützliche Liste der Schriften Melanchthons, die auf einen Blick zeigt, wie oft ein Werk nachgedruckt wurde.

Eindringliche Überlegungen gingen dem Sachregister voraus, das in zwei Teilen die Hälfte des Bandes füllt. Wenn man sich darin vertieft, wird man reich belohnt. Man findet die verstreuten Gebete versammelt, Gedichte, Thesen und vieles mehr. Im Schlagwortindex fand ich zum Beispiel unter Paul Luther eine Quaestio, eine akademische Frage, die dieser begabteste der Söhne Martin Luthers 1557 in Wittenberg vorgetragen hat und die im Corpus Reformatorum fehlt.

***

Wenden wir uns nun von dem Buch, das heute ausgezeichnet wird, dem Menschen zu, der es geschaffen hat.

Nach dem Jubeljahr 1960 erlahmte das Interesse an Melanchthon in der DDR. In Halle bemerkte man, was an dem Material, das man wie die Katze im Sack übernommen hatte, noch zu tun war. Man begann, in der DDR zu recherchieren. Das staatliche Melanchthon-Komitee brachte 1963 eine Festschrift heraus, in der noch die Bibliographie als weiterer Band angekündigt wird. Dann löste es sich auf. Selbmann wurde 1965 als Direktor abgesetzt. Sein Nachfolger wollte sein Haus nicht länger mit diesem Projekt belasten und gewann dafür mit Zustimmung der vorgesetzten Stellen einen jungen Bibliothekar in Gotha, der sich in der Fachwelt schon eines guten Rufs erfreute. 1966 wurde das ganze Material nach Gotha gebracht. Nun beginnt die Geschichte von Helmut Claus, den wir heute ehren und feiern. Am 13. August 1961 waren die Grenzen der DDR geschlossen worden. Beuttenmüller war der Zugang zu seinem Material versperrt. Im Juli 1966 bekam er einmalig die Gelegenheit, in Begleitung von Josef Benzing in Gotha mit Helmut Claus zu sprechen. Danach hatte er keinerlei Einfluss mehr auf die weitere Verwendung seines Materials, das in Halle um etwa 700 Titel aus Bibliotheken der DDR vermehrt worden war.

Helmut Claus wurde 1933 in Chemnitz geboren und lebte dort bis zum Abitur 1952. Dann begann er in Jena ein Studium der Slawistik, das er schon 1956 mit dem Diplom abschloss. Danach arbeitete er im Weimarer Böhlau-Verlag als Lektor und Hersteller. 1959 wurde er wissenschaftlicher Mitarbeiter in der Landesbibliothek Gotha, zuständig für die Slavica, und begann ein Fernstudium der Bibliothekswissenschaft, das er 1966 abschloss, um alsbald ebenfalls als Fernstudium in Berlin eine bibliothekswissenschaftliche Promotion anzustreben, die er 1973 mit einer Dissertation über den Leipziger Buchdruck von 1517 bis 1539 erfolgreich vollendete. Dies alles geschah neben einer ganzen Stelle als Bibliothekar. 1962 wurde ihm die frei gewordene Planstelle des stellvertretenden Direktors übertragen. Ich kam zum ersten Mal 1963 nach Gotha und dann immer wieder. Ich spreche aus eigener Beobachtung, wenn ich sage, dass er mit der ihm eigenen Diskretion und Loyalität die Defizite seines kranken Chefs ausfüllte. Zu den üblichen Tagesgeschäften kam in Gotha der Kampf ums Überleben. Die Bibliothek besitzt zwar Kostbarkeiten wie wenige andere, aber in den Benutzerzahlen blieb und bleibt sie weit hinter den Universitätsbibliotheken zurück, und Statistiken sind nun mal das, was geldgebende Politiker am meisten beeindruckt. Der Status der Landesbibliothek war nach der Beseitigung der alten Länder 1952 obsolet geworden. Es gelang 1969, den Status einer Forschungsbibliothek zu erlangen, die dem Ministerium für Hoch- und Fachschulwesen in Berlin unterstellt war und überregionale Aufgaben erfüllte. Eine ähnliche Konstruktion sichert auch heute das Überleben dieser Bibliothek.

Nach Direktor Franks Tod 1974 wurde Claus durchaus nicht gleich befördert, denn beharrlich trat er keiner Partei bei und galt als kirchennah. Dass er 1981 endlich zum Direktor ernannt wurde, war seiner inzwischen internationalen Bekanntheit geschuldet. Sie beruht hauptsächlich auf seiner Mit- und Weiterarbeit an der Lutherbibliographie von Josef Benzing. Nicht nur diese hat er neben seinen beruflichen Aufgaben mit seiner ungewöhnlichen Arbeitskraft bewältigt.

Im Bauernkriegsgedenkjahr 1975 hat er auf 105 Seiten die einschlägigen Flugschriften beschrieben. 1982 legte er gemeinsam mit dem britischen Kollegen Michael A. Pegg Ergänzungen zu Benzings Lutherbibliographie vor, 226 Seiten. 1989 folgte die zweite, erheblich verbesserte Auflage dieser Bibliographie des 1981 verstorbenen Autors, 438 Seiten, 1994 ein zweiter Band mit 457 Seiten. 1984 und 1986 hat er in zwei Bänden das Druckschaffen in Zwickau dokumentiert, 362 Seiten, 1987 das von Leipzig, dem sich auch seine ungedruckte Dissertation gewidmet hatte, 248 Seiten. Hinzu kommen eine Anzahl von Aufsätzen, subtile Untersuchungen zu Spezialfragen der Druckgeschichte. Die Bibliographie seiner Schriften enthält bis 2003 70 Titel.

Diesem Mann, der die in ihn gesetzten Hoffnungen durchaus erfüllt hat, wie man im Nachhinein weiß, wurde 1966 die Melanchthon-Bibliographie anvertraut. Er bekam dafür sogar für zwei Jahre 50% Ermäßigung seines dienstlichen Deputats. Aber wie das so ist bei solchen Vereinbarungen: die Aufgaben des Tages wollen dennoch erledigt werden. Claus hat in dieser Zeit eine erste Lieferung druckfertig gemacht. Doch mit der Vertiefung in das Material erkannte er, wie viel noch zu recherchieren war. Völlig unbearbeitet waren die Bibliotheken des westlichen Auslands, vor allem Frankreichs und Großbritanniens, die für ihn nicht zugänglich waren.

Ab 1969 war die Melanchthon-Bibliographie de facto ein privates Projekt von Helmut Claus, das neben den vielen anderen Aufgaben nur langsam weitergeführt werden konnte. Er hat es aber nie aus den Augen verloren, und da die Vollendung nun nicht mehr unter dienstlichem Zeitdruck stand, konnte er sich eindringlicher mit den Inhalten befassen, als es bei raschem Bibliographieren üblich ist. Verstärkt achtete er auf Beiträgerschriften. Unbekannte Vorreden und Gedichte waren der Lohn, wovon sofort auch die Heidelberger Briefedition Nutzen zog.

Einschneidende Veränderungen brachte die Wiedervereinigung Deutschlands. 1990 wurde in der Forschungsbibliothek Gotha eine Arbeitsstelle geschaffen, die in Zusammenarbeit mit der Herzog August Bibliothek Wolfenbüttel und der Staatsbibliothek München als Ergänzung des dort entstandenen VD 16, des Verzeichnisses der Drucke des 16. Jahrhunderts, die Bibliotheken der ehemaligen DDR auswertete. Claus hat bis zur Vollendung der Druckausgabe des VD 16 mitgearbeitet und insbesondere seine druckgeschichtlichen Kenntnisse eingebracht. Hier war er in seinem Element und hat dafür viel Arbeitskraft aufgewendet.

Wenig Freude dagegen hatte er an den Entscheidungen der Verwaltung. 1991 wurde sein Haus als Forschungs- und Landesbibliothek dem Ministerium für Wissenschaft und Kunst des wiedererstandenen Landes Thüringen unterstellt, was unausweichlich und sinnvoll war. Es drohte aber nicht nur der Verlust der Selbständigkeit, die Claus jahrzehntelang gegen die Behörden der DDR erfolgreich verteidigt hatte, sondern auch die Überführung der kostbaren Bestände nach Erfurt. 1996 schied er zum frühest möglichen Zeitpunkt, mit 63 Jahren, aus dem Amt. 1999 wurde die geschichtsträchtige Bibliothek auf dem Friedenstein über Gotha eine Außenstelle der jungen Universitätsbibliothek Erfurt. Abteilungsleiter wurde ein Westdeutscher, der wenig Sensibilität für seinen verdienten Vorgänger zeigte. Dessen Nachfolgerin Dr. Kathrin Paasch dagegen kannte seit Beginn ihrer bibliothekarischen Tätigkeit die Arbeiten von Helmut Claus und wusste sie zu schätzen. Zu seinem 75. Geburtstag 2008 hat sie ihm auf dem Friedenstein eine Feier ausgerichtet. Der Erfurter Historiker Ulman Weiß brachte eine stattliche Festschrift zusammen. Claus jedoch betrat die Bibliothek, an deren Fuß am

Hauptmarkt er wohnt, nur noch selten. Rege Kontakte unterhält er jedoch weiterhin mit Wolfenbüttel und München.

Die Melanchthon-Bibliographie war nun endgültig seine Privatangelegenheit geworden, in die er für Forschungsreisen, Bücher und eine leistungsfähige Computerinstallation aus seiner bescheidenen Rente viel Geld investierte. Er übertrug die bisherigen Ergebnisse seiner Arbeit in eine Datenbank, aus der dann schließlich der Druck gespeist werden konnte. Doch 2007 warf ihn eine schwere Krankheit danieder. Dennoch arbeitete er unbeirrt weiter. Unterstützt wurde er zu verschiedenen Zeiten und in unterschiedlichem Maße von mehreren Fachkollegen und Institutionen. Nach dem Fall der innerdeutschen Grenze konnte Claus endlich auch einmal Bibliotheken in der Schweiz und in England besuchen.

Helmut Claus hat die Melanchthon-Bibliographie, die Krönung seines ohnedies reichen Lebenswerks, erst seiner kargen Freizeit im Berufsleben, danach seiner schwer angeschlagenen Gesundheit abgerungen. Schon an der Präsentation der druckfrischen Bände im Leibniz-Institut für Europäische Geschichte in Mainz am 5. Dezember 2014 konnte er nicht teilnehmen. Man sollte meinen, dass er sich nun endlich ausruhen und auf sein leibliches Wohl achten würde. Weit gefehlt! Mit Argus-Augen suchte und sucht er nach Fehlern und nach Fehlendem. Und tatsächlich hat er etwas gefunden: einige Einblattdrucke. Einblattdrucke sind eigentlich keine Bücher und werden leicht vernichtet, sind also ganz selten überliefert, meistens unverzeichnet in Aktenbündeln. Das vielbändige Verzeichnis der Drucke des 16. Jahrhunderts, VD 16, hat sie grundsätzlich nicht aufgenommen. Unlängst ist in der Universitätsbibliothek Erlangen so ein Nest ausgehoben worden. Claus hat festgestellt, dass davon 15 Stücke unbekannt sind, zumeist Drucke von Thesen für die Disputationen an der Universität Wittenberg, alle von Melanchthon verfasst, und auch einige seiner Gedichte. Natürlich hat er sofort darüber einen Aufsatz geschrieben, der vom Gutenberg-Jahrbuch, dem wichtigsten Organ für die Druckgeschichte, angenommen wurde und demnächst publiziert wird.

***

Die bisherigen Laureaten des Melanchthonpreises haben alle für die Erforschung des großen Sohnes der Stadt Bretten etwas Nützliches geleistet. Aber keiner musste dafür so viel persönliches Engagement, so viel Freizeit und auch finanzielle Mittel einsetzen, und keines der ausgezeichneten Bücher ist so umfangreich wie die Melanchthon-Bibliographie.

Helmut Claus hat den Preis wie kein anderer verdient.

Rückblick auf das Reformationsjahr 2017

Günter Frank

Sehr geehrter Herr Oberbürgermeister,
meine sehr verehrten Damen und Herren,
verehrte Festversammlung,

erlauben Sie mir, in meinen Überlegungen zum Reformationsjahr 2017 noch einmal die Brücke zu schlagen zurück in das Jahr der ersten Melanchthonpreisverleihung des Jahres 1988. Damals wurde der Preis nicht nur erstmalig verliehen, sondern ausgerechnet an einen katholischen Theologen, und dann schließlich auch noch an einen Schüler Josef Ratzingers, des späteren Papstes Benedikt XVI. Rückblickend muss man dies als nicht weniger als ein Wunder bezeichnen, denn die katholische Melanchthon-Memoria war alles andere als für katholische Theologen einladend. Im Grunde war diese Memoria noch negativer bestimmt als die Luther-Memoria, zumindest bis zum Beginn des 20. Jahrhunderts. Gespeist hatte sich diese katholische Melanchthon-Memoria übrigens aus den Bemerkungen des Luther-Hassers Johannes Cochläus, der als theologischer Berater Georgs von Sachsen am Reichstag von Augsburg teilgenommen hatte. Cochläus sah in Melanchthon sogar den gefährlicheren Gegner für die römische Kirche. In seinem „Geplänkel gegen Melanchthons Apologie", 1532 verfasst, aber erst 1534 gedruckt, hielt Cochläus fest, dass Melanchthons „Confessio Augustana" *sicher umso schadenbringender als Luthers Bissigkeit* [ist], *je schmeichelhafter er irgendwo den Kaiser und den Legaten des Apostolischen Stuhles anredet und je dichter er sie durch Schriftzitate abgesichert hat. Bei weitem leichter ist es deshalb für uns, den wütenden Angriffen Luthers mit Gottes Hilfe standzuhalten, als die hinterlistige Kunst und Verschlagenheit dieses Rhetors aufzudecken. Umso mehr also schadet jener Philippus, je leichter Gelehrte und Ungelehrte ihm als Luther Glauben schenken. Er* [Melanchthon] *ist nämlich im Vergleich zu jenem* [Luther] *angenehmer in seinen Worten, ehrbarer in seinem Leben, von schärferer Geistesgabe, gefälliger in seinem Stil, friedlicher in seiner Miene, hinterlistiger in seiner Verschlagenheit, besser ausgerüstet in der Redekunst und sprachgewandter, kurzum durch alle Gaben des Geistes und der Natur ansehnlicher, gefälliger und liebenswürdiger. Er ist kein Apostat wie jener, kein verruchter Nonnenschänder wie jener, nicht öffentlich und namentlich verdammt wie jener und nicht vom Kaiser geächtet wie jener. Daher kommt es, daß es weit gefährlicher und widerwärtiger ist für uns, mit ihm als mit Luther zu kämpfen.*[1] Melanchthon also – viel gefährlicher als Luther, weil durch außerordentliche Gaben des Geistes und der Natur ausgezeichnet – so das vernichtende Urteil Cochläus, das die katholische Melanchthon-Memoria über Jahrhunderte bestimmen sollte.

Dass der katholische Theologe Siegfried Wiedenhofer der erste Melanchthonpreisträger wurde, hatte dann allerdings seinen berechtigten Grund vor allem vor einem bedeutenden Hintergrund, der gleichwohl den meisten Zeitgenossen unbekannt geblieben ist. Denn es war

1 COCHLAEI, Velitatio Johannis in Apologiam Philippi Melanchthonis, LIpsiae 1534.

ausgerechnet die Grundintuition des damals jungen Fundamentaltheologen Josef Ratzinger, der der ökumenischen Bewegung insgesamt, aber auch der katholischen Melanchthonforschung einen neuen und richtungsweisenden Impuls verliehen hatte. Denn es war seine Intuition, sich der Theologie der Reformation über die verbindlichen Bekenntnisschriften der evangelischen Bewegung zu nähern. Damit geriet sofort Melanchthon als Verfasser der meisten Bekenntnisschriften in das Blickfeld des Interesses. In den beiden Wintersemestern 1958/1959 und 1960/61 veranstaltete er Seminare über die Bekenntnisschriften, im WS 1962/63 dann in Bonn auch über Melanchthons Traktat über die Vollmacht des Papstes. (In der Wittenberger nationalen Lutherausstellung des Jahres 2017 „Luther! 95 Schätze – 95 Köpfe" wurde in einer der letzten Vitrinen Josef Ratzingers Seminarskript aus dieser Zeit gezeigt. Die Besucher, welche die Hintergründe nicht kannten, konnten damit wohl wenig anfangen.) Unter seinen Zuhörern saß nicht nur Siegfried Wiedenhofer, sondern auch Vinzenz Pfnür, der für die Diskussionen um die „Confessio Augustana" im Jubiläumsjahr 1980 eine wichtige Rolle spielen sollte. Denn für dieses Jahr hatten die Forschungen der Ratzinger-Schule bereits solche Ergebnisse erbracht, dass die römisch-katholische Seite ihre Bereitschaft erklärte, die Katholizität der „Confessio Augustana" anzuerkennen, also jener Einschätzung Luthers und Melanchthons zu folgen, die auch in dieser Bekenntnisschrift festgehalten ist, dass die Wittenberger Bewegung *der allgemeinen christlichen, ja auch der römischen (im lateinischen Text steht katholischen) Kirche, soweit das aus den Schriften der Kirchenväter festzustellen ist, nicht widerspricht* [...] – wie es im Beschluss zum 1. Teil heißt.

Innerhalb von zwei Jahrzehnten hatte sich mithin die katholische Melanchthon-Memoria grundlegend gewandelt, übrigens ziemlich zeitgleich auch auf der evangelischen Seite, denn im Melanchthonjahr 1960 prägte der skandinavische Reformationshistoriker Jorge Larson die Rede von *Melanchthon als größter ökumenischer Gestalt der Reformationszeit*. Was wir hier also in wenigen Jahren erlebt haben, war nichts anderes als eine epochale Wende. Zeitgleich mit der Anerkennung Luthers als eines Reformkatholiken oder als *gemeinsamen Vater im Glauben* war Melanchthon geradezu zur bevorzugten Adresse für das ökumenische Gespräch avanciert. Unter allen Reformatoren hat hier der Name Melanchthons heute wohl den besten Klang.

Ich erzähle diesen geschichtlichen Hintergrund kurz zusammengefasst nicht nur, weil er den meisten unbekannt zu sein scheint, sondern auch weil er für mich den Hintergrund bildet, vor dem ich die jüngeren Jubiläen gesehen habe und sehe. Heute, ein halbes Jahrhundert nach diesem epochalen Wandel stellt sich die Frage, wie wir das Ereignis der Reformation werten können und sollen, gänzlich anders. Natürlich stellt sich diese Frage anders, je nachdem von welchem Standpunkt aus man sie stellt. Viele Zeitgenossen weisen mich immer wieder darauf hin, dass es ja noch immer nicht möglich sei, eine eucharistische Gastfreundschaft auszusprechen. Ich erwidere darauf in der Regel, dass es bis zur „Leuenberger Konkordie" des Jahres 1977, also dem Zusammenschluss lutherischer, reformierter und aus ihnen hervorgegangenen Kirchen, zwischen den einzelnen Landeskirchen in Deutschland nicht einmal eine Abendmahlsgemeinschaft gab. Und noch heute verweigern nord- und südamerikanische Lutheraner einander eine solche Abendmahlsgemeinschaft. Man kann diese Frage der Bewertung der Ereignisse der Reformationszeit und ihrer Folgen auch von einer anderen Seite her, also nicht von den sichtbaren und verbleibenden Differenzen, sondern von der vorausgehenden, tieferen Gemeinsamkeit her stellen, so etwa vor dem Hintergrund der sog. Magdeburger

Tauferklärung des Jahres 2007, in der elf verschiedene Kirchen ihre tiefe Gemeinsamkeit im gemeinsamen Verständnis der Taufe zum Ausdruck gebracht hatten. In der ökumenischen Theologie nennt man ein solches Prinzip, eine solche Herangehensweise, einen „differenzierten Konsens", d.h. bewertet werden die Ereignisse der Reformation vor dem Hintergrund einer tiefen Gemeinsamkeit bei gleichzeitig bleibenden Differenzen.

Vor diesem ökumenischen Hintergrund konnte man gespannt auf die Ausgangssituation blicken, wie denn nun die Verantwortlichen in der Kirche das Reformationsjahr 2017 gestalten wollten. In den ersten Jahren der Luther-Dekade gab es ja durchaus gewichtige Stimmen, 2017 erneut – wie in der Vergangenheit – als ein Lutherjahr zu begehen, weil Luther nun einmal – wie wohl jeder einräumt – die herausragende Gestalt der Reformation war. Nach einigen, wenigen Jahren wurde jedoch schnell sichtbar, dass 2017 als Lutherjahr nicht gehe. Einerseits erhob sich schnell Kritik aus den Geschichtswissenschaften, die darauf hinwiesen, dass in der Vergangenheit alle Lutherjahre – zumeist politisch – instrumentalisiert worden waren: 1917 Luther zusammen mit Hindenburg als Retter des deutschen Vaterlandes in einer Zeit der größten Not, 1817 Luther als deutscher Nationalheld im Kampf gegen die Ideen der Französischen Revolution. Andererseits verdeutlichten jedoch der Besuch von Papst Benedikt XVI. am 23. September 2011 im Augustinerkloster in Erfurt, vor allem aber der Antrittsbesuch des damaligen Ratsvorsitzenden der EKD Nikolaus Schneider bei dem neu gewählten Papst Franziskus im Frühjahr 2013, dass 2017 nicht als Lutherjahr begangen werden könne, sondern als eines ökumenischen Ereignisses. Und tatsächlich hatte auch der Ökumene-Beauftragte der Deutschen Bischofskonferenz, der Magdeburger Bischof Dr. Gerhard Feige, in seinen Thesen zur Reformation klar gemacht, dass sich die katholische Kirche *kreativ und konstruktiv* an dem Reformationsjahr beteiligen wolle.

Und tatsächlich kam es in der Folge zu einer inhaltlichen Neuausrichtung des Reformationsjahres 2017. Dabei entlehnten die Verantwortlichen aus Südafrika den Gedanken eines „healing of memories", der dort nach dem Ende der Apartheit eingesetzt hatte, um die verfeindeten Seiten miteinander zu versöhnen. Denn es war in den ökumenischen Gesprächen schnell sichtbar geworden, dass die Reformation nicht nur eine glorreiche Erfolgsgeschichte war, sondern dass sie auch wechselseitig Wunden geschlagen hatte, die es nunmehr zu heilen gelte.

Blickt man also auf das Jahr 2017 zurück und fragt man, was denn nun eigentlich die Botschaft war, die dieses Jahr ausgesendet hat, so scheint mir die wichtigste zu sein, dass es nunmehr erstmals seit 500 Jahren gelungen war, sich der Reformation unter einem ökumenischen Blickwinkel zuzuwenden. So ist noch immer das Bild lebendig, dass der Eröffnung des Reformationsjahres im schwedischen Lund am 31. Oktober 2016 gemeinsam der Präsident des Lutherischen Weltbundes Musa Panti Filibus und Papst Franziskus vorstanden. Der Papst selbst hatte übrigens seine Gesellschaft, die Jesuiten, aufgefordert, sich erneut Forschungen zur Reformation zuzuwenden. In Deutschland selbst wurden in nahezu allen Landeskirchen und Bistümern Versöhnungsgottesdienste gefeiert. Und auch hier in Bretten und in Karlsruhe wurde der Reformation in einer durchgängig ökumenischen Perspektive gedacht. Natürlich gab es auch das Andere, Touristisches, Nepp und Klamauk. Aber wenn man rückblickend fragt, was denn nun dieses Jahr 2017 inhaltlich ausgezeichnet hat, welche Botschaft es vermittelt hat, dann wird man – so meine ich – nicht umhin kommen festzuhalten, dass es hier erstmals gelungen war, sich gemeinsam, d.h. ökumenisch der Reformation zu vergewissern. Und ich denke, das ist wirklich etwas Neues: es zeigt uns nämlich, dass die Konflikte der Reformationszeit zu Ende sind, dass wir in einer nachreformatorischen Zeit leben. Melanchthon wäre darüber – davon bin ich überzeugt – wohl sehr glücklich gewesen.

Wie geht es nun weiter? Einerseits muss man sich klar machen: so wie die Erfahrungen in Südafrika lehren, kann ein solcher Prozess des „healing of memories" auch scheitern. Wie die Spannungen zwischen schwarz und weiß und die immer größer werdende Gewalt zu belegen scheinen, hat man dort wohl zu naiv geglaubt, dass ein solcher Prozess kurzfristig erfolgreich sein könnte. Im Gegenteil: man benötigt einen langen Atem, eine Schwalbe macht noch keinen Sommer, ein ökumenisches Reformationsjahr behebt noch nicht alle Probleme, die sich in den vergangenen 500 Jahren aufgetürmt haben.

Schon in absehbarer Zeit wird sich andererseits zeigen, ob dieser ökumenische Geist weiterträgt. Im Jahr 2030 jährt sich zum 500. Mal die Überreichung der Augsburger Bekenntnisschrift, die ja von Melanchthon selbst verfasst worden war. Kein geringerer als der Kurienkardinal und Präsident des päpstlichen Rates zur Förderung der Einheit der Christen, Kurt Koch, hatte während des Lutherkongresses in Rom im Februar 2017 die über 200 versammelten Ökumeniker aus der ganzen Welt aufgefordert, sich erneut dieser wichtigen Bekenntnisschrift zuzuwenden. Wenn es bis dahin gelänge, dass die Ökumene gemeinsam die Katholizität dieser Bekenntnisschrift anerkennt, das wäre wirklich epochal. Bis dahin bedarf es gleichwohl jenes oben erwähnten langen Atems, neuer Forschungen und Gespräche. Ich hoffe, dass es gelingt. Es würde sich lohnen. Luther und Melanchthon jedenfalls waren von ihrer Katholizität überzeugt.

Südwestdeutsche Reformatoren im Bildnis: Brenz, Blarer, Bucer und die Verfasser des Heidelberger Katechismus
Reformatoren im Bildnis – Vierter Projektvortrag, 19.6.2016

Maria Lucia Weigel

Über Schrifttum und Wirken der südwestdeutschen Reformatoren wäre viel zu sagen. Sie trugen die Reformation, die von Wittenberg ausging, in den Südwesten Deutschlands. Dabei waren die theologischen Schriften, die sie verfassten, ebenso wie die Kirchenordnungen aus ihrer Feder mit eigenen Akzenten versehen, die sich den regionalen und lokalen kirchenpolitischen und politischen Verhältnissen ebenso verdanken wie der Auseinandersetzung mit anderen reformatorischen Strömungen, allen voran dem reformierten Protestantismus Schweizer Prägung. Allerdings kann dies nicht Thema des letzten der vier Projektvorträge sein. Der Fokus liegt hier auf den Bildnissen und den Bildtraditionen, die sich in ihnen ausprägen. Diese sind nicht von der Vielfalt geprägt, die das Lutherbildnis kennzeichnet. Auch treten häufig theologische Besonderheiten nicht in Gestalt bildlicher Motive in den Porträts der betreffenden Reformatoren zutage. Doch gerade im Falle von Johannes Brenz, der als Erster vorgestellt werden soll, spiegelt sich ein wichtiges Detail seiner Lehre auch in seinen Bildnissen. Dieses Detail soll beleuchtet und in seiner Aussage gewichtet werden. Darstellungen anderer Reformatoren orientieren sich an berühmten Bildschöpfungen, deren Wirkmacht auch die Nachschöpfungen dominiert, wie im Fall von Martin Bucer.

Gegenstand des Vortrages sind die bedeutendsten Protagonisten der Reformation im deutschen Südwesten. Diese wurden, anders als die Wittenberger Reformatoren um Luther, nicht als Gruppe wahrgenommen und auch nicht als solche abgebildet. Es handelt sich vielmehr um Einzelpersönlichkeiten, deren Charisma und Engagement ausstrahlte. Sämtlichen Bildnissen südwestdeutscher Reformatoren ist jedoch eines gemeinsam: Sie stehen in der Tradition des humanistischen Gelehrtenbildnisses, die für das Reformatorenbildnis zuerst in Wittenberg Gültigkeit erlangt hatte. Die Bildrhetorik speist sich aus diesen Quellen; Künstler, Dargestellte und Adressaten gehören diesem Milieu an.

Der Humanismus am Oberrhein bildete die geistesgeschichtliche Grundlage, auf der sich auch im deutschen Südwesten die Reformation entfaltete. Viele der späteren südwestdeutschen Reformatoren waren in diesem Milieu beheimatet, hatten Luther während seiner Heidelberger Disputation im Jahr 1518 persönlich erlebt und sich von der Theologie des Wittenbergers überzeugen lassen.

Alte Handelsstraßen befördern Kulturaustausch. So kann die Region beiderseits des Rheins zwischen Schwarzwald und Vogesen, Basel, Straßburg, Freiburg, Schlettstadt, Colmar, Hagenau, Pforzheim als kultureller Raum Oberrhein charakterisiert werden, in den auch

Heidelberg im Norden einzubeziehen ist. Wichtige Zentren humanistischer Bildung waren die Universitäten Freiburg, Basel und Heidelberg sowie die Lateinschulen in Pforzheim und Schlettstadt. Ein eng gewobenes Kommunikationsnetz entstand, wobei zu den wesentlichen Faktoren Humanismus und Buchdruck zählten. Sie bildeten den Nährboden für die frühe Reformation. Der Oberrhein kann als geistige Region bezeichnet werden, in der der Träger geistiger Entwicklungen die urbane Mittelschicht war, der Intellektuelle, Akademiker und Künstler angehörten, eine geistige „societas" also, der Theologen, Prediger, Juristen, Mediziner, Naturwissenschaftler, Musikwissenschaftler, humanistisch gelehrte Ordensleute, Poeten, Schulrektoren, Buchdrucker, Künstler, Humanisten ohne feste Anstellung und literarisch aktive Nonnen angehörten. Lokale Mobilität ging mit geistiger Beweglichkeit einher, Einflüsse aus Frankreich und Italien sind zu verzeichnen. Geistige Impulse, Innovationen, aber auch Kräfte der Beharrung machen die enorme Spannungsvielfalt am Oberrhein aus. Um 1500 zeigt sich der Oberrhein als Reformregion, die mit humanistisch zugespitzter Kritik kirchlichen Übelständen begegnet und die Rückkehr zu Tradiertem fordert. Diese Anregungen und das geistige Klima waren Voraussetzung für die Verbreitung der Reformation in der Vielfalt ihrer Erscheinungsformen, ohne diese vollständig zu erklären oder ableitbar erscheinen zu lassen. Es handelte sich um ein Ringen um die Orientierungsfragen des Glaubens, der Kirche und eines christlichen Gemeinwesens.

Aufgrund der Kleinteiligkeit der Territorien im Südwesten Deutschlands ist dort keine einheitliche Entwicklung im Hinblick auf die Durchsetzung reformatorischer Ziele zu beobachten – sie spiegeln sich sichtbar jenseits des theologischen Überbaus vornehmlich in der Austeilung des Abendmahls unter beiderlei Gestalt, in der Abschaffung der katholischen Messfeier und in der Predigt –, auch etablierte sich die Reformation nicht in allen Gebieten, so in denjenigen unter habsburgischer Herrschaft. Die Markgrafschaft Baden wurde mehrfach vorübergehend lutherisch, Württemberg war teilweise habsburgisch und wurde nach der Durchsetzung der Reformation im Herzogtum Württemberg von zwei gegenläufigen Strömungen ergriffen. Im Norden dominierte unter der Führung der freien Reichsstädte der lutherische Einfluss, während der Süden sich an der Schweiz orientierte. Der Richtungsstreit wurde schließlich zugunsten der Lutheraner entschieden.

Als erster der Reformatoren sei Johannes Brenz in seinen Bildnissen vorgestellt. Er schloss sich nach dem persönlichen Kontakt mit Luther der Wittenberger Reformation an. Brenz wurde Prediger in Schwäbisch Hall und war dort, wie später in Heilbronn, Nördlingen, Dinkelsbühl und Brandenburg-Ansbach, maßgeblich an der Einführung der Reformation beteiligt. Er gestaltete im Auftrag des Landesfürsten das Herzogtum Württemberg im Sinne der Reformation um und reformierte die Universität Tübingen. Auch nahm er an zahlreichen Religionsgesprächen teil und war nach dem Augsburger Interim als Probst an der Stuttgarter Stiftskirche am Wiederaufbau der protestantischen Kirche im Herzogtum Württemberg beteiligt. Brenz ist der Verfasser einer in Oberdeutschland weit verbreiteten Katechismusschrift und verschiedener Kirchenordnungen. Seine exegetischen Schriften fanden weithin Beachtung, er galt als wichtiger Vermittler lutherischer Theologie an die nachfolgende Generation.

Bildnisse von Johannes Brenz zeigen diesen zumeist in Dreiviertelansicht, mit Schaube und Barett bekleidet. Eine Besonderheit stellt der über der Schaube getragene weiße Chorrock dar. Was es damit auf sich hat, soll anhand einer Radierung von Balthasar Jenichen aufgezeigt werden.[1]

Von diesem Nürnberger Künstler, der in der zweiten Hälfte des 16. Jahrhunderts tätig war, existieren mehrere Reformatorenbildnisse gleicher Größe und Art. Dies weist darauf hin, dass sie ursprünglich für ein Porträtsammelwerk konzipiert waren. Porträtsammelwerke erfreuten sich seit der Renaissance auch nördlich der Alpen zunehmender Beliebtheit. Ihre Besonderheit liegt in der meist programmatischen Anlage der Porträtfolgen, verbunden mit biographischen Texten zu den Dargestellten. Zugrunde liegt der Memorialgedanke; das Andenken an die Dargestellten verbindet sich mit der Vorbildfunktion, die sie für nachfolgende Generationen haben sollen. Insbesondere das Bildnis soll dabei Empathie wecken und zur Nachahmung anspornen.

Auch das Bildnis des württembergischen Theologen könnte zu dieser jedoch nie veröffentlichten Serie von Reformatorenbildnissen gehört haben, die der Nürnberger Künstler anfertigte. Es ist im Stil humanistisch geprägter Porträts gehalten, die den Dargestellten hinter einer Inschrifttafel platzieren. Name und Position sind in einem Feld zu Seiten des Kopfes aufgeführt, sie erwähnen die letzte Station des Reformators als Probst der Stuttgarter Stiftskirche. Brenz ist mit Barett und Schaube in Dreiviertelansicht nach rechts wiedergegeben. Über dieser Amtstracht trägt er den reich gefältelten und mit einer Bordüre versehenen weißen Chorrock, auf den auch in der Inschrift unterhalb des Bildnisses Bezug genommen wird. Der altkirchliche Chorrock, der 1536 abgeschafft worden war, wurde von Brenz im Herzogtum Württemberg schon vor dem Erlass der Großen Kirchenordnung von 1559 als liturgische Kleidung wieder eingeführt. Er setzte sich damit gegen schweizerische Einflüsse durch. Hintergrund ist die Diskussion um die Mitteldinge, die Adiaphora, die schon zu Beginn der Reformation in Luthers Umfeld heftig geführt worden war. Sie hatte die klerikale Kleidung, Bilder und andere Dinge des liturgischen Gebrauchs zum Gegenstand. Nach herrschender lutherischer Lehrmeinung waren diese Äußerlichkeiten bei rechtem Gebrauch und ausreichender Aufklärung der Gläubigen weder nützlich noch schädlich. Brenz hatte diese Position verfochten und sich für die Beibehaltung des Chorrocks, korrekt Albe genannt, ausgesprochen, weil er diese Kleidung für liturgisch angemessen hielt. Das ursprünglich unter dem katholischen Messgewand getragene Kleidungsstück verwies nicht, wie die Kasel, das in der Liturgie verwendete Obergewand katholischer Geistlicher mit ihren aufgestickten Heiligendarstellungen, auf den nun abgelehnten Heiligenkult und erregte nicht durch unangemessen aufwendige Ausführung Anstoß. Vielmehr gewährleistete sein Gebrauch eine gewisse Ordnung in der im Gottesdienst getragenen Kleidung und symbolisierte zugleich eine Abkehr von katholischen Gebräuchen.

Selbst am Ende des 17. Jahrhunderts wurde der Chorrock als prägnante Bildformel, die den Dargestellten in seinem Wirken charakterisiert, für die Porträts des schwäbischen Reformators beibehalten. Dies zeigt ein Bildnis, das Eingang in das von Paulus Freher 1688 in Nürnberg

1 Freiheit – Wahrheit – Evangelium. Reformation in Württemberg, bearb. v. Peter RÜCKERT u. Mitarb. / Alma-Mara BRANDEBURG / Eva-Linda MÜLLER, Ausstellungskat. Stuttgart 2017, 194, Abb. V.22.

Abb. 1: Anonym, Johannes Brenz, Kupferstich, aus: Paulus Freher, Theatrum Virorum Eruditione Clarorum, Nürnberg 1688, Melanchthonhaus Bretten

herausgebrachte Porträtsammelwerk mit dem Titel „Theatrum Virorum Eruditione Clarorum" gefunden hatte.

Die Schrift ist eine Zusammenstellung von 2900 Biographien in lateinischer Sprache, denen 1311 Kupferstich-Porträts beigefügt sind. Jeweils 16 davon sind auf einer Seite zusammengestellt zu insgesamt 82 Tafeln. Thematisch ist das Werk nach Berufsgruppen geordnet, die den vier universitären Fakultäten entsprechen: Theologie, Jura, Medizin und Philosophie. Die Biographien sind nach der Abfolge der Todesdaten kompiliert, gefolgt jeweils von Bibliographien. Paulus Frehers Porträtsammelwerk enthält auch ein Porträt von Johannes Brenz, das inschriftlich den Namen und die letzte Wirkungsstätte des Reformators aufführt. Es wurde von einem unbekannten Stecher geschaffen. Charakteristisch für alle Bildnisse des Kompendiums ist der knappe Bildausschnitt, der keine komplexe bildliche Argumentation erlaubt. In diesem Fall ist jedoch der Chorrock in das Porträt übernommen, kenntlich an der reichen Fältelung unterhalb des Pelzkragens.

Die Reformation im Herzogtum Württemberg wurde sowohl von lutherischen als auch von reformierten Strömungen getragen, wie zuvor kurz umrissen. Ein Vertreter der letztgenannten Richtung soll im Folgenden im Bildnis vorgestellt werden.

Ambrosius Blarer reformierte seine Heimatstadt Konstanz, deren führender Gesellschaftsschicht er entstammte. Blarer hatte in Tübingen studiert und war dort in freundschaftlichen Kontakt mit Melanchthon getreten. Nach dem Eintritt in das Benediktinerkloster Alpirsbach kam er mit Luthers Lehre in Kontakt und verließ daraufhin das Kloster, um in seine Heimatstadt zurückzukehren. Dort wirkte er in vielfältigen Tätigkeiten auf die Schaffung eines vom Christentum her bestimmten Gemeinwesens hin. Bestrebungen dieser Art verbanden ihn mit theologischen Konzepten Schweizer Prägung. Einige schwäbische Reichsstädte beauftragten ihn mit der Einführung der Reformation. Blarer wirkte als Reformator des Herzogtums Württemberg und der Tübinger Universität. In Abendmahlsfragen stand er den reformierten Schweizer Theologen Bullinger und Calvin näher als den Wittenbergern. Nach der Niederlage der Protestanten im Schmalkaldischen Krieg musste Blarer in das schweizerische Biel fliehen.

Das Profilbildnis Blarers im Kupferstich aus dem 16. Jahrhundert stellt eine gute Kopie desjenigen dar, das der in Den Haag tätige Kupferstecher und Verleger Hendrik Hondius

Abb. 2: Anonym, Ambrosius Blarer, Kupferstich, 16. Jahrhundert, Melanchthonhaus Bretten

Abb. 3: Anonym, Ambrosius Blarer, Schabkunst, 18. Jahrhundert, Melanchthonhaus Bretten

für sein Porträtsammelwerk „Icones virorum nostra patrumque memoria illustrium" im Jahr 1599 geschaffen hatte.[2] Das mehrzeilige Lobgedicht, das bei Hondius den Dargestellten stets beigegeben ist (*Ambrosio imbutus fuerat BLAVRERVUS odore / Diuini verbi, totus hic AMBROSIVS. / Inconstans pepulit tantum Constantia ciuem: / Ingratum patriam spreuit at ille suam*) (*Vom ambrosischen Duft des göttlichen Wortes durchtränkt war ganz dieser Ambrosius Blarer hier. / Das unbeständige Konstanz* [Wortspiel inconstans – Constantia] *vertrieb seinen so bedeutenden Bürger: er aber verschmähte seine undankbare Vaterstadt*), weicht nun den knappen Angaben zu Namen und Tätigkeit, Geburts- und Sterbedatum. Auch hat der Kopist um der größeren Raumtiefe willen eine schattierende Schraffur im Rücken Blarers hinzugefügt. Wahrscheinlich war auch dieses Blatt Teil eines Porträtsammelwerkes. Auffällig ist die skulpturale, nicht exakt dem natürlichen Fall der Stoffe folgende Gestaltung der faltenreichen Schaube und des Baretts. Die Schaube springt in der Realität nicht etwa bereits an der Schulter zu einem eine steife Vertikalfalte ausbildenden Kragen auf, sondern liegt der Schulterpartie an, bevor die stoffreichen Ärmel ansetzen. In beiden Stichen aber ist die Verkürzung zu stark komprimiert. In solchen Details zeigt sich, dass der Nachahmer sich exakt an seine Bildvorlage hielt, ohne deren Realitätsnähe noch einmal zu prüfen und gegebenenfalls zu verbessern.

2 Freiheit – Wahrheit – Evangelium (wie Anm. 1), 187, Abb. V.15.

Ein unbekannter Künstler gestaltete ein Bildnis desselben Reformators in der aufwendigen Technik der Schabkunst, die seit der Mitte des 17. Jahrhunderts häufig für Porträtstiche eingesetzt wurde. Auf einer mit dem Wiegeeisen behandelten Kupferplatte werden dabei mit dem Polierstahl einzelne Stellen geglättet, die dann im Druck heller erscheinen als der Grund. Die Farbwerte kommen homogen und stufenlos zur Geltung. Resultat ist eine malerische Wirkung. Diese Technik erfreute sich besonders in den darin konkurrierenden Zentren Augsburg und Nürnberg großer Beliebtheit. Blarers Porträt geht möglicherweise ebenfalls auf den Stich von Hondius zurück, doch fällt die Gestaltung von Gewand und Barett wirklichkeitsnäher aus als bei dem niederländischen Stecher des 16. Jahrhunderts. Auch ist die rechte Hand als Mittel der Verlebendigung hinzugefügt. Die Bildunterschrift spielt auf das Wirken Blarers als Prediger in Augsburg im Rahmen der Reformation der schwäbischen Reichsstädte an. Auch dieses Blatt war Teil eines Porträtsammelwerkes, wie die Nummerierung am rechten unteren Bildrand verrät.

Kommen wir nun zu den Bildnissen des bedeutendsten Reformators im deutschen Südwesten, Martin Bucer, dessen Wirkungsorte hauptsächlich Straßburg und später Cambridge waren.

Straßburg war seit dem Mittelalter eines der bedeutendsten Wirtschaftszentren der Region. Nach Einführung des Buchdrucks mit beweglichen Lettern wurde die Freie Reichsstadt zum wichtigen Zentrum der Bücherherstellung. Hier wurden Luthers Schriften früh verbreitet, die Reformation fasste Fuß.

Martin Bucer stammte aus Schlettstadt, besuchte dort die berühmte Lateinschule und trat in den Dominikanerorden ein. Nach Philosophiestudium und Priesterweihe studierte Bucer in Heidelberg Theologie am Generalstudium seines Ordens. Der zunehmende Einfluss lutherischer Theologie und die persönliche Begegnung mit dem Wittenberger Reformator anlässlich der Heidelberger Disputation veranlassten Bucer schließlich dazu, sich von den Ordensgelübden befreien zu lassen und als Weltpriester in pfälzischen und Sickingischen Diensten tätig zu werden. Nach seiner Heirat wurde er in Weißenburg als reformatorischer Prediger tätig. Nach der Niederlage der Sickinger floh Bucer nach Straßburg, versah Pfarrstellen und wurde Leiter der evangelischen Geistlichkeit. Er verfasste Kirchenordnungen und baute das Bildungswesen auf. Seine Bibelauslegungen verbreiteten sich weithin. Bucer machte Straßburg zu einem süddeutschen Zentrum des Protestantismus. In der Abendmahlstheologie stimmte der Reformator zunächst mit Zwingli überein, erreichte gegen diesen dann aber eine Einigung mit Luther. Auch in Fragen des Aufbaus eines Gemeinwesens nach christlichen Grundsätzen folgte Bucer dem Schweizer Vorbild. Der süddeutsche Protestantismus ist durch Bucer geprägt, seine Vermittlungstätigkeit zwischen zwinglianischen und lutherischen Positionen hatte weitreichenden Einfluss auf die innerprotestantische Konfessionsbildung. Die Reformation in Ulm, im Herzogtum Württemberg und in Augsburg wurde durch ihn begleitet, er wurde auf Reichsebene in die Religionsgespräche einbezogen. Aufgrund seines Widerstandes gegen das Augsburger Interim emigrierte er nach England. Als Theologieprofessor in Cambridge verfasste er ein weitgespanntes Programm der Kirchen- und Gesellschaftsreform für König Edward VI.

Die Bildnisse Bucers sind geprägt durch die Darstellung auf einer Medaille von Friedrich Hagenauer, die als Teil einer Serie von Medaillen mit Reformatorenporträts anlässlich der

Religionsgespräche in Köln 1543 entstand.[3] Abgeleitet von dem für Medaillenbildnisse gängigen Typus der Darstellung im strengen Profil – folgend antik-römischen Kaisermünzen – zeigen auch alle nachfolgenden Porträts von Bucer diesen im Profil.

Abb. 4: Philips Galle, Martin Bucer, Kupferstich, koloriert, 1572, Melanchthonhaus Bretten

So gehört das Bucer-Bildnis von René Boyvin aus den 60er Jahren des 16. Jahrhunderts zu einer nicht in Form eines Sammelwerkes erschienenen Serie von mehreren Reformatorenporträts des in Paris tätigen Künstlers.[4] Boyvin arbeitete nach älteren Vorlagen, in diesem Fall griff er wohl auf Hagenauers Medaille zurück. Die Verkürzung der rechten Schulterpartie im Flachrelief der Medaille verunklärte den tatsächlichen Fall des Gewandes – auch dieser Künstler arbeitete sich an der Schwierigkeit ab, Objekte in perspektivischer Verkürzung darzustellen. Dieses Detail ging auch in den Stich ein. Wie in allen anderen Porträts der Serie, so ist am oberen Bildrand, überschnitten vom Kopf des Dargestellten, dessen Devise auf Latein angebracht, während unterhalb auf einer Inschrifttafel Name, Alter und Künstlersignatur aufgeführt sind. Bucers Devise lautet in deutscher Übersetzung: *Mein Vaterland ist der Himmel.*

Ein Blatt aus der Druckgraphik-Sammlung des Melanchthonhauses mit dem Bildnis Bucers stellt ein Unikat dar. Philips Galle war Verleger und Kupferstecher in Antwerpen, seine Werkstatt war über seine Lebensspanne hinaus der Mittelpunkt der Antwerpener Kupferstichproduktion. Er pflegte freundschaftliche Beziehungen mit bekannten Humanisten in ganz Europa und brachte im Jahr 1572 ein Porträtsammelwerk mit Bildnissen berühmter Gelehrter heraus, das in mehreren Auflagen mit teilweise wechselnden Bildnissen erschien. Es trägt den Titel „Virorum doctorum de disiplinis benemerentium effigies XLIIII“. Es enthält auch ein Bildnis Bucers.

3 HABICH, Georg: Studien zur deutschen Renaissance-Medaille. III, Friedrich Hagenauer (Schluß), in: Jahrbuch der preussischen Kunstsammlungen, 28 (1907), 230-272, hier 248-259: Martin Bucer, 249, Abb. 97.

4 Martin Bucer, der dritte deutsche Reformator. Zum Ertrag der Edition der Deutschen Schriften Martin Bucers, hg. v. Christoph STROHM / Thomas WILHELMI, i. A. der Heidelberger Akademie der Wissenschaften, Akademie der Wissenschaften des Landes Baden-Württemberg, Heidelberg 2016, 104, ebd.

Abb. 5: Balthasar Jenichen, Martin Bucer, Kupferstich, 16. Jahrhundert, Melanchthonhaus Bretten

Wiederum stand wohl die Hagenauer-Medaille Pate. Das Brettener Exemplar ist nachträglich koloriert. Die beigegebene Inschrift aber wurde abgeschnitten und das Bildnis auf ein weiteres Blatt aufgeklebt, das eine handschriftlich ausgeführte Beschriftung trägt. Sie findet sich in dem berühmten, in Genf erschienenen Porträtsammelwerk „Icones id est verae imagines virorum doctrina et pietate illustrium“ des Theodor von Beza aus dem Jahr 1580 und kann erst nach diesem Zeitpunkt in das hier gezeigte Porträt eingetragen worden sein, wenn dies nicht ohnehin viel später geschah. Vielleicht also stammt das Bucer-Bildnis nicht aus der ersten, sondern einer späteren Auflage von Galles Werk. In jedem Fall handelt es sich bei diesem Blatt nicht nur um ein Original, sondern auch um ein Unikat, das heißt: Dieses Blatt gibt es nur ein einziges Mal. Die deutsche Übersetzung der Inschrift aus Beza lautet: *Deutschland preist, Bucer, deine Geburt, / Über die es so glücklich ist. / Wer du aber gewesen bist – und wie bedeutend! –, das künden deine Schriften / Bis zum äußersten Gestade der Welt.*

Balthasar Jenichen, den Nürnberger Künstler, haben wir mit dem Bildnis von Johannes Brenz vorhin schon kennengelernt. Im Rahmen seiner Porträtserie von Reformatoren fertigte Jenichen auch einen Bildnisstich Bucers an.

Das strenge Profilbildnis der Hagenauer-Medaille ging auch in diese Arbeit ein. Das Brustbild ist zur Halbfigur erweitert. In den Händen hält der Reformator ein geschlossenes Buch. Die Inschrifttafel unter der Darstellung der Person nimmt Bezug auf Bucers Wirken in England. Nach seinem Tod wurde er unter der Herrschaft von Maria I. von England, der ältesten Tochter Heinrichs VIII., der Ketzerei für schuldig befunden. Seine Gebeine wurden exhumiert und zusammen mit seinen Schriften verbrannt. Die Rehabilitation erfolgte wenige Jahre später unter Elisabeth I.

Zwei bedeutende Vertreter der Reformation in der Kurpfalz, zu der auch Bretten im 16. Jahrhundert gehörte, waren Zacharias Ursinus und Caspar Olevian.

Die Ausbreitung der Reformation in der Kurpfalz stellt sich als wechselvolle Entwicklung dar. Das Gebiet der Kurpfalz umfasste Heidelberg als Residenzstadt und mehrere, zum Teil nicht zusammenhängende Territorien im heutigen Baden-Württemberg, Rheinland-Pfalz, Hessen, Bayern, Saarland, Elsass und Lothringen. Das Kernland des Herrschaftsgebietes lag am unteren Neckar. Die Kurpfalz zählte zu den bedeutendsten Territorien des Reichsgebiets.

Die Pfälzer Kurfürsten verhielten sich in Bezug auf das eigene Territorium und in der Reichspolitik lange konfessionsneutral, zeitweilig wurden reformatorische Bestrebungen unterdrückt. Einige Mitglieder der Kraichgauer Ritterschaft bekannten sich früh zum Luthertum. Eine erste evangelische Kirchenordnung wurde in der Kurpfalz 1546 erlassen, das Augsburger Interim, die Bestrebungen des Kaisers nach der Niederlage des Schmalkaldischen Bundes, die Rückkehr der Protestanten zum Katholizismus im Reich mit politischen Mitteln zu erzwingen, setzte eine Zäsur, doch wurden reformatorische Ansätze weitergeführt. Im Jahr 1556 wurde das Kirchenwesen im protestantischen Sinne neu geordnet. Wenige Jahre später erfolgte die Hinwendung der Kurpfalz zum Calvinismus, wobei auch hier unterschiedliche Kräfte gegeneinander wirkten. Die beiden Reformatoren der zweiten Generation, Ursinus und Olevian, wirkten trotz unterschiedlich strenger Handhabung reformierter Lehrinhalte an Kirchenordnung und Katechismus mit. In den folgenden Jahrhunderten wechselte in der Kurpfalz das Bekenntnis jedoch noch mehrfach. Dies ging vom jeweiligen Kurfürsten aus und beinhaltete tiefgreifende Umstrukturierungen der geistlichen Führungsriege, aber auch der personellen Besetzung der universitären Einrichtungen.

Geboren in Breslau als Sohn eines evangelischen Predigers, wuchs Zacharias Ursinus in einem protestantisch geprägten Umfeld auf. Sein Studium führte ihn nach Wittenberg, wo er sich Melanchthon anschloss. Nach einer Studienreise zu Calvin nach Genf, nach Paris und Zürich war er zunächst als Lehrer an einer Schule in seiner Heimatstadt tätig, ging aber nach Differenzen mit den dortigen Lutheranern nach Zürich und arbeitete dort eng mit den reformierten Theologen, insbesondere Bullinger, zusammen. An die Universität Heidelberg berufen, wurde er zum Doktor der Theologie promoviert und lehrte dort und am „Collegium Sapientiae", einem Predigerseminar. Er konzipierte auf Weisung des Pfälzer Kurfürsten Friedrich III. den Heidelberger Katechismus. Mit der Veröffentlichung der Erstausgabe des Katechismus im Jahr 1563 wurde der reformierte Protestantismus offiziell in der Pfalz eingeführt. Bis dahin hatte der Katechismus von Brenz Gültigkeit behalten. Im selben Jahr der Veröffentlichung des Heidelberger Katechismus, 1563, wurde eine Kirchenordnung erlassen, in der Gebet und Predigt als einzige verbindliche Elemente des Gottesdienstes festgeschrieben wurden. Die liturgischen Geräte und Gewänder wurden abgeschafft, sämtliche Bilder und Kruzifixe aus den Kirchen entfernt oder übermalt und Kirchenmusik untersagt.

Der Katechismus wurde innerhalb kurzer Zeit das verbindliche Glaubenshandbuch der Reformierten in aller Welt und ist es noch heute. Konzipiert wurde der Katechismus aus dem Bedürfnis heraus, den in Kirchen und Schulen der Pfalz in unterschiedlicher Weise gelehrten Glaubensinhalten eine gemeinsame verbindliche Grundlage zu geben. Die entscheidende Differenz zum lutherischen Protestantismus zeigt sich in der Prädestinationslehre und in der Abendmahlsfrage. Die reformierte Kirche geht nicht von der leiblichen Gegenwart Christi im Abendmahl aus, sondern von einer geistigen. Der Heidelberger Katechismus war ursprünglich in einem versöhnlichen, zwischen den verschiedenen Glaubensrichtungen vermittelnden Ton gehalten. Die 80. Frage: *Was ist für ein Unterscheid zwischen dem Abendmahl des Herrn, und der Päbstischen Messe* und die Antwort, in der die katholische Messe als *vermaledeyte Abgötterey* bezeichnet wird, sind nachträglich, möglicherweise unter dem Eindruck der Hugenottenverfolgung in Frankeich und dem bevorstehenden Trienter Konzil, hinzugefügt worden.

Nach dem erneuten Wechsel der Kurpfalz zum lutherischen Bekenntnis ging Ursinus nach Neustadt an der Weinstraße, um an der dortigen reformierten Hochschule, dem „Ca-

Abb. 6: Clemens Ammon, Zacharias Ursinus, Kupferstich, 1652, Melanchthonhaus Bretten

simirianum“, zu lehren. Sie war von dem Pfalzgrafen Johann Casimir von der Pfalz-Simmern gegründet worden und existierte nur fünf Jahre.

Im Jahr 1652 brachte Clemens Ammon, ein aus Amberg stammender Kupferstecher und Verleger, von ihm gestaltete Ergänzungsbände der „Bibliotheca Chalcographica“ in Frankfurt am Main heraus, die die berühmten „Icones virorum illustrium doctrina et eruditione praestantium ad vivum effictae cum eorum vitis“ von Jean Jacques Boissard fortsetzen. Zweizeilige Verse zum Wirken der Dargestellten begleiten die Bildnisse im Ovalrahmen. Im Fall von Ursinus ist im Rahmen neben Name und Lebensdaten auch der Hinweis auf seine Tätigkeit als Regens am „Collegium Sapientiae“ zu lesen. Das Distichon unterhalb des Bildnisses lautet in deutscher Übersetzung: *Der einstmals für seine Frömmigkeit berühmte Ursinus lehrte/ Durch seine Lebensführung, die ganz dem Worte Gottes entsprach.* Charakteristisch für die reformierte Gesinnung ist das Ideal der Übereinstimmung von Lebensführung mit Bibelwort; darauf wird in den Versen angespielt. Innerhalb der Rahmung ist Ursinus hinter einer Brüstung in Halbfigur wiedergegeben, er trägt Schaube, Barett und eine Halskrause. Die Lichtreflexe auf Gesicht und Kleidung sind sorgfältig wiedergegeben und verleihen der Darstellung Lebendigkeit und Volumen.

Caspar Olevian wurde in Trier geboren und ging nach dem Besuch dortiger Schulen zur weiteren Ausbildung nach Paris. In Orléans und Bourges studierte er Jura, wandte sich der Neuen Lehre zu und begann ein Theologiestudium in Genf, Zürich und Lausanne bei den führenden Vertretern des reformierten Protestantismus. Nach reformatorischer Tätigkeit in Trier mußte Olevian die Stadt aufgrund eines konfessionellen Wechsels verlassen und ging nach Heidelberg, wo er am „Collegium Sapientiae“ und an der Universität lehrte, bevor er Prediger- und Pfarrstellen wahrnahm. Als Mitglied des reformierten Kirchenrates war er an der kirchlichen Einführung des Heidelberger Katechismus beteiligt und wirkte an der Schaffung einer reformierten Kirchenordnung für die Kurpfalz mit. Nach einem Konfessionswechsel der Kurpfalz ging er nach Berleburg, später nach Herborn, wo er 1586 die Herborner Generalsynode leitete.

Jacques Granthomme, Kupferstecher und Verleger von Druckgraphik, stammte aus Drouai in den spanischen Niederlanden. Ende des 16. Jahrhunderts war er im reformierten Heidelberg tätig und fertigte zwei, jedoch nicht in Form von Sammelwerken erschienene, Folgen von Porträts an. Eine davon hatte eine dezidiert protestantische Ausrichtung, dies belegen die in Einzelbildnissen überlieferten Bestandteile der geplanten Serie. Zu dieser gehört das Bildnis von Olevian, das mit der Überschrift *Theologus vehemens* versehen ist, hier wohl mit *leidenschaftlicher Theologe* zu übersetzen.[5] Es zeigt diesen in Schaube, Barett und Halskrause an einem Tisch, mit der linken Hand in einem Buch blätternd. Um dem Bildnis Raumtiefe zu verleihen, ist das Bildfeld an zwei Seiten mit einem dunkel schraffierten Rahmen versehen. Dadurch erscheint es gegenüber dem Inschriftenfeld eingetieft.

Die Lobgedichte, die die Bildnisse bei Granthomme jeweils begleiten, stammen von dem neulateinischen Dichter Paul Schede aus Franken, genannt Melissus, der seinerzeit Direktor der Heidelberger Universitätsbibliothek war. Dasjenige zu Olevian lautet in deutscher Übersetzung: *Du wußtest und vermochtest mit leidenschaftlicher Stimme zu donnern, / Olevianus, wenn Du die Bücher der Heiligen Schrift erklärtest. / Von Deinem Wetterleuchten zuckten die heiligen Kanzeln und Dein Mund / erschütterte mit seiner zupackenden Kraft die schlichten Gemüter. / Damit die glutvolle Gewalt der unbezwungenen Wahrheit in die Herzen eindringe, / warst Du gewohnt, daheim und draußen als Flamme zu sengen.*

5 MORTZFELD, Peter: Katalog der graphischen Porträts in der Herzog August Bibliothek Wolfenbüttel 1500-1800, Reihe A, Bd.40, Abbildungen, Supplement, 3, München 2006, 218, Abb. A 27381.

Das Kreuz mit der Schlange – Melanchthons Wappen und Briefsiegel[1]

MARTIN SCHNEIDER

Freunden und Kennern Melanchthons ist das Bild der Schlange am Kreuz als Wappenzeichen Philipp Melanchthons ein Begriff. Jeder Besucher Brettens kann dieses Wappen an der Fassade des Melanchthonhauses und nicht zuletzt als krönenden Abschluss seiner Giebelfront entdecken. *Eine mächtige Kreuzblume und darauf in getriebenem Kupfer noch einmal das heilbringende Zeichen des alten Bundes und zugleich Wappen Melanchthons* – so Nikolaus Müller in seiner Festrede 1903 zur Einweihung des Melanchthonhauses[2]. Am 24. November 1899 kam aus Frankfurt eine Kiste, 157 kg schwer und enthielt das Kreuz mit der Schlange, ein Werk des Kupferschmieds Knodt aus Frankfurt zum Preis von 790 Mark. Georg Wörner schreibt an Nikolaus Müller: *Gute Arbeit des Kupferschmieds, leider hat er nicht nur das Kreuz sondern auch die Schlange vergoldet. Was soll geschehen*?[3] Warum sollte die Schlange nicht vergoldet werden? Damit sind wir schon in den theologischen Fragen, die sich mit dieser doch merkwürdigen Kombination von Kreuz und Schlange verbinden. Aber zunächst soll die Frage geklärt werden, wie Melanchthon zu seinem Wappen fand und wie dieses Motiv überhaupt seinen Platz, zu seiner Gestaltung und Bedeutung fand im Rahmen der christlichen Bildtradition. Diese Frage stellt sich nicht zuletzt auch im Rahmen des Reformationsgedenkens, das uns gerade hier im Melanchthonhaus im Rahmen einer Ausstellung die Bedeutung der Bilder im Zusammenhang mit der Botschaft der Reformation neu vor Augen stellte.

1. Wappen und Siegel Melanchthons

Wappen sind Kennzeichen für Personen, später auch für Länder und Städte. Hier im Melanchthonhaus begegnet uns eine Überfülle von Wappen; im Städtezimmer die Wappen der Städte, die mit Melanchthon in Verbindung waren, im Theologenzimmer die Wappen der Theologen, im Fürstenzimmer die der Fürsten und im Humanistenzimmer schließlich die der Freunde und Gelehrten. Sie sind im Sinne des Erbauers Nikolaus Müller ein wesentliches Element im Gesamtkonzept dieses Hauses.

Die uns vertrauten Wappen sind entstanden mit der Kultur der Ritter im Mittelalter. Mit einem bestimmten Bildmotiv auf ihren Schilden unterschieden sich die Ritter. Wappen waren dann Kennzeichen einer bestimmten Würde oder Stellung. Sie wurden verliehen wie jenes Wap-

1 Bearbeitete Fassung meines Vortrags am 26. Mai 2016 im Melanchthonhaus Bretten.

2 MÜLLER, Nikolaus: Festschrift zur Feier der Einweihung des Melanchthon – Gedächtnishauses zu Bretten am 19. bis 21. Oktober 1903, Bretten 1903, 63. {Otto Böcher 2005 #6}.

3 Brief im Archiv des Melanchthonhauses, den mir Frau Leins dankenswerter Weise zugänglich gemacht hat.

Abb. 1: Titelblatt Erfurter Matrikel 1520/21, Stadtarchiv Erfurt

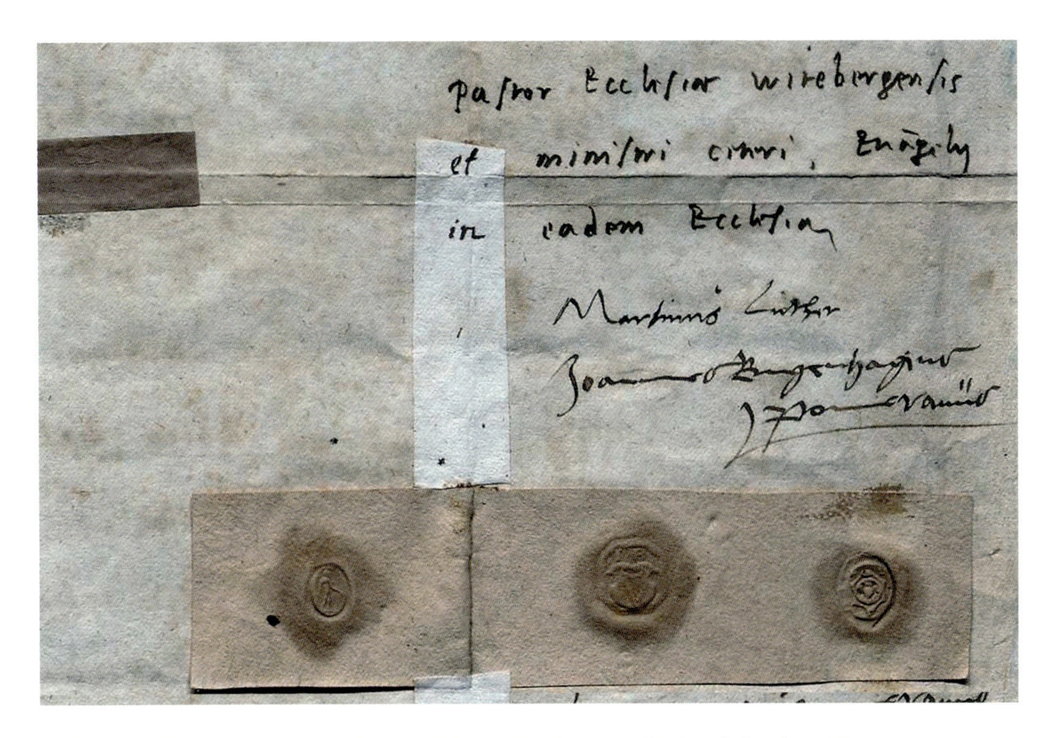

Abb. 2: Ordinationsurkunde Johannes Nandelstadt 1539, Melanchthonhaus Bretten, Foto: Martin Schneider

pen, das Melanchthons Vater Georg Schwartzerdt für seine Verdienste als Rüstmeister im Dienst des Kurfürsten der Pfalz erhielt. Es gibt aber auch zu dieser Zeit Wappen, die nicht verliehen wurden, sondern als Markenzeichen oder „Logo" einer bestimmten Person erscheinen. Sie wurden von den Betreffenden zumeist selbst gewählt und sollten etwas zu Person oder Werk aussagen.

Dazu gehören die „Humanisten- oder Reformatorenwappen" und unter diesen auch das bekannte Wappen Melanchthons.[4] Melanchthons Wappen erscheint erstmals in der sogenannten Erfurter Matrikel 1520/21. Hier finden sich auf einem Schmuckblatt verschiedene Wappen von Humanisten und Reformatoren. Sie gruppieren sich um einen Mittelpunkt, dem Wappen des damaligen Rektors der Erfurter Universität Crotus Rubeanus. Die prachtvolle Gestaltung dieses Titelblattes kündet vom Selbstbewusstsein der humanistischen Gelehrten und der noch ungebrochenen Verbindung von Humanismus und Reformation. Schon bald sollten sich die Wege trennen; Reuchlin und Erasmus distanzierten sich bald danach von Luther und Crotus selbst sollte folgen. Wir sehen hier das Melanchthon-Wappen in seiner ersten Form; ein Wappenschild mit dem braunen T-Kreuz auf blauem Grund und der Schlange.[5]

4 BÖCHER, Otto: Die Luther-Rose, in: Blätter für pfälzische Kirchengeschichte 72 (2005), 239-264.

5 BREUL, Wolfgang, in: Ritter! Tod! Teufel? Franz von Sickingen und die Reformation, Hg. BREUL, Wolfgang und ANDERMANN, Kurt, Regensburg 2015, 155 f.

Vnterricht
der Visitatorn
an die Pfarhern ym
Kurfurstenthum
zu Sachssen.

Wittemberg
MDXXVIII.

Abb. 3: Titelblatt „Unterricht der Visitatoren", 1528, Melanchthonhaus Bretten, Foto: Martin Schneider

Dieses Wappen war aber zugleich Melanchthons Briefsiegel und findet sich schon 1519 auf einem Brief an Christoph Scheuerl vom 20. Januar 1519.[6] Hier lässt sich als Siegel-Motiv Melanchthons Wappen mit der ehernen Schlange entsprechend der Darstellung in der Erfurter Matrikel erkennen. Allerdings ist dies nach meiner Kenntnis der einzige Beleg. Die späteren Belege zeigen bis 1539 auf den ersten Blick einen aufrechten, stehenden, nackten Mann – wie auf einer Ordinationsurkunde von 1539 zusammen mit den Siegelabdrucken von Luther und Bugenhagen[7] – und in späterer Zeit eine Gestalt in der Art eines Engels.

Wahrscheinlich handelt es sich aber in beiden Fällen um antike Motive, wie sie uns auf Gemmen begegnen. Dann würde der aufrecht stehende, nackte Mann dem Gott Hermes und der Engel der Göttin Viktoria entsprechen – so die Vorschläge von Daniel Gerth aus der Forschungsbibliothek in Gotha.[8]

Wie es zu diesem Wechsel bei den Briefsiegeln kam, bleibt ungeklärt. Weitere Forschung mit einer umfassenden Zusammenstellung aller erhaltenen Briefsiegel könnten hier Klärung bringen. Als Wappen oder Logo in verschiedener Form begegnet uns das Kreuz mit der Schlange dagegen auf verschiedenen Titelblättern von Melanchthons Schriften, so 1528 gemeinsam mit Luthers Wappen auf dem Titelblatt des „Unterrichts der Visitatoren".[9]

Eine feste Form hat das Motiv dabei nicht gefunden. Es wechseln T-Kreuz und vierarmiges Kreuz sowie die Haltung der Schlange. Die späteren Darstellungen, wie z.B. auf dem Gedenkblatt zum Tode Mel von 1561 von Lucas Cranach d.J., waren dann Vorbild für die Gestaltung des Wappens auf der Fassade und auf dem Giebel des Melanchthonhauses in Bretten.[10]

Findet sich für die Lutherrose eine eigene Erklärung Luthers für seine Wahl, so fehlt diese bei Melanchthon. Wir müssen die Bedeutung seines Wappens indirekt aus seinen Veröffentlichungen erschließen, so in Belegen aus dem Jahr 1521. In der Vorrede zu Bugenhagens Erklärung des Römerbriefs vom Mai 1521: *Was bedeutet denn jene in der Wüste aufgehängte Schlange anderes, als dass wir beständig und gläubig auf Christus schauen.*[11] Auch in seinem Ende 1521 erschienenen theologischen Hauptwerk, den „Loci communes", greift er diese Interpretation auf: *Dies ist der Anblick der Gnade und der Barmherzigkeit Gottes. Wie der Anblick der ehernen Schlange heilte, so werden geheilt, die mit den Augen des Glaubens unverwandt auf Christus schauen.*[12] Schließlich erwähnt er die eherne Schlange in den „Propositiones de Missa" aus demselben Jahr 1521, wo er den Zusammenhang von „signum" und „sigillum", also „Zeichen" und „Siegel" und auch den Missbrauch der Bilder thematisiert:

6 MBW 39 und dazu VOLZ, WA Bibel Bd.10, II, Cf. So auch SCHEIBLE, Heinz: Philipp Melanchthon, eine Gestalt der Reformationszeit, Karlsruhe 1995, 108 f.

7 Abb. 2 nach MBW 2243.

8 GERTH, Daniel: Melanchthon in Gotha, erscheint in: Reformatio & Memoria. Teil 1: Die lutherische Reformation in ihren Kernlanden (hg. von Christopher SPEHR, Siegried WESTPHAL), 16-18.

9 Abb. 3.

10 Abb. 8.

11 MBW 142. Et quid alius significat ille nobis in deserto suspensus serpens, quam in Christum, perpetuo defixis oculos pios, ut graeci dicunt *atenizus* (MBW.T 1, 142).

12 MSA II/1,85.

Abb. 4: Gedenkblatt „Philipp Melanchthon“, L. Cranach d.J. 1561, Melanchthonhaus Bretten

8. *Die Zeichen werden überliefert, damit sie ermahnen und das Herz vergewissern des Willens Gottes.*
9. *So ist auch die Verwendung der Zeichen beim Siegeln der Briefe.*
10. *Ein gemaltes Kreuz anzuschauen ist kein gutes Werk sondern ein Zeichen* [Hinweis] *auf den Tod Christi.*
49. *Darum hat Hiskia die eherne Schlange entfernt und Josia, die Höhen zerstört.*[13]

Die Botschaft ist klar: Der Aufblick zum Gekreuzigten, das ist Glaube; Glaube, der rettet und heilt. Am Kreuz erkennen wir Gottes Gnade und Barmherzigkeit. Es bleibt aber doch das befremdliche Faktum, dass mit dem Symbol der Schlange in der biblischen Tradition seit der Urgeschichte eine eindeutig negative Bedeutung verbunden ist.

2. Die eherne Schlange als Bildmotiv in der Kunst des Mittelalters

Damit stellt sich die Frage, wie das Motiv der ehernen Schlange in seiner positiven Bedeutung seinen Eingang in die christliche Bildtradition gefunden hat. Ausgangspunkt ist die biblische Erzählung: *Da sandte der HERR feurige Schlangen unter das Volk; die bissen das Volk, dass viele aus Israel starben. Da kamen sie zu Mose und sprachen: Wir haben gesündigt, dass wir wider den HERRN und wider dich geredet haben. Bitte den HERRN, dass er die Schlangen von uns nehme. Und Mose bat für das Volk. Da sprach der HERR zu Mose: Mache dir eine eherne Schlange und richte sie an einer Stange hoch auf. Wer gebissen ist und sieht sie an, der soll leben. Da machte Mose eine eherne Schlange und richtete sie hoch auf. Und wenn jemanden eine Schlange biss, so sah er die eherne Schlange an und blieb leben.*[14]

Ursula Diehl hat sich schon vor 60 Jahren in ihrer Dissertation mit dem Motiv der ehernen Schlange beschäftigt.[15] Sie stellt fest, dass erst ab dem 12. Jahrhundert das Motiv einen festen Platz im christlichen Bildprogramm findet. Taten sich schon die Rabbinen schwer, die Geschichte aus dem Pentateuch zu behandeln, so hatte die frühe christliche Theologie das gleiche Problem. Die Verehrung eines Tierbildes war nicht verboten? Und hatte nicht König Hiskia das Bild der ehernen Schlange zerstören lassen, weil es im Tempel verehrt wurde (2 Kön 18, 4)? Schon im apokryphen Buch der Weisheit (16, 5-7) wird die Erzählung so umgedeutet, dass die eherne Schlange zu einem Symbol für die Rettung allgemein wurde. Aber erst durch die Interpretation aus dem Munde Jesu selbst in seinem Gespräch mit dem Schriftgelehrten Nikodemus (*Und wie Mose in der Wüste die Schlange erhöht hat, so muss der Menschensohn erhöht werden, damit alle, die an ihn glauben, das ewige Leben haben.* (Joh 3,14)) kann in der christlichen Tradition das Bild der Schlange aufgenommen werden und im Zuge der Kreuzesverehrung schließlich auch seinen hervorragenden Platz als Antitypus des Kreuzes gewinnen.[16] Diese Entwicklung wird auch in der Gestaltung deutlich; befindet sich die eherne

13 MSA I, 163-166.
14 Num 21, 4-9.
15 DIEHL, Ursula: Die Darstellung der ehernen Schlange von ihren Anfängen bis zum Ende des Mittelalters, München 1956. Online verfügbar.
16 Ebd., 2-11.

Abb. 5: Altarbild „Gesetz und Gnade", L. Cranach d. Ä., Gotha 1529, Herzogliches Museum Gotha, Foto: Wikimedia Commons

Schlange zunächst an einem Pfahl, so wird daraus im Laufe der Zeit ein Kreuz in der T-Form und spät in der Renaissance dann die endgültige Verbindung mit dem vierarmigen Kreuz im Sinne des Typus oder Antitypus zum Kreuz Jesu.[17]

3. Die Schlange am Kreuz als Symbol reformatorischer Lehre

Schon früh findet sich in Predigten Luthers eine Auseinandersetzung mit dem Bild der ehernen Schlange. Er nimmt die Tradition der Deutung auf. Für Luther ist eindeutig, dass mit der Rede Jesu (Joh 3,14) dieses Bild zu einem theologisch höchst bedeutsamen Begriff wurde. So Luther in seiner Predigt 1521: *Die eherne Schlang, die auff dem pfal hengt, ist Christus ans Creutz geschlagen* (WA 9, 659 ff). Auch in den Invokavit-Predigten von 1522 geht Luther auf die Bibelstelle ein, hier aber in Zusammenhang mit dem Bildersturm, der bereits stattgefunden hatte. Die Aussage Jesu ist für Luther die Begründung für seine These, dass Bilder nicht generell verwerflich sind, sondern eine positive, didaktische oder pädagogische Bedeutung gewinnen können. Daher müssen die Bilder nicht entfernt werden, wie die Bilderstürmer es

17 Ebd., 1 f.

Abb. 6: Pestmedaille von Wolf Mylicz, 1539, Landesmuseum Württemberg, Stuttgart

forderten, es sei denn sie verführen das Volk zu falscher Anbetung wie manche Bilder und Darstellungen der Heiligen. Nicht nur in Predigten, sondern auch in gedruckten Veröffentlichungen wie dem „Betbüchlein" von 1529 und schließlich im Bildprogramm von Gesetz und Gnade, wie es von Cranach in enger Zusammenarbeit mit Luther entwickelt wurde, findet sich das Motiv, zunächst auf Altarbildern und schließlich auf den Titelblättern der Gesamtausgabe der Bibelübersetzung Luthers.[18]

Mit dem „Schicksalsjahr 1529" wird das Motiv der ehernen Schlange noch einmal neu zum zentralen Thema der reformatorischen Lehre. In den Altarbildern des Lucas Cranach wird das Thema Gesetz und Gnade entfaltet. Das Auge des Betrachters wird über die Darstellung des alten Bundes im Zeichen des Gesetzes auf Christus gelenkt. Die eherne Schlange im Lager der Israeliten aber ist schon eine Vorabbildung, ein Antitypus oder „figura" zum Kreuz Jesu. Mit dem Aufblick zum Gekreuzigten, d.h. im Glauben, geschieht Heilung und Erlösung. Mit Recht hat Donald Ehresmann darauf hingewiesen, dass das Motiv selbst also keineswegs exklusiv Melanchthon zugeordnet werden kann. *The brazen serpent was quickly absorbed into the Wittenberg book publishers repertory and was a general and widely recognized symbol of the early reformation.*[19]

18 EHRESMANN, Donald L.: The brazen serpent, a reformation motif in the works of Lucas Cranach the Elder and his workshop, in: Marsyas, studies in the history of art / New York University, Institute of Fine Arts, New York, Jg. 13, 1966, 32-47.

19 Ebd., 34.

Abb. 7: Ausschneidbogen „Kruzifix“, Hartmann, Germanisches Nationalmuseum Nürnberg, Foto: Monika Runge

4. Verwendung und Verbreitung des Motivs

Die Verbreitung des Motivs beschränkt sich aber nicht auf den sakralen Raum, sondern es erscheint wieder in ganz neuen Zusammenhängen, als Raumschmuck auf einem Kaminsims oder als Erinnerungs- und Gedenkmedaille, als sogenannter Pesttaler.[20]

Eine besondere Entdeckung im Rahmen meiner Arbeit zu diesem Thema war das Sonnenuhr-Kruzifix des Nürnberger Theologen und Mathematikers und Technikers Georg Hartmann.[21] Bei ihm verbinden sich Theologie, Mathematik und Technik. Seine Meisterwerke sind heute noch in den Schatzkammern der Museen zu finden. Sonnenuhren, Astrolabien, kombiniert mit einem Kompass oder hier für den schmalen Geldbeutel ein Ausschneidbogen aus Papier mit einem Kruzifix, das auf der Rückseite die eherne Schlange zeigt. Gefertigt *anno obsidionis*, gemeint ist das Jahr der Belagerung Wiens durch die Türken 1529.[22]

In schweren Zeiten, ob Pest oder Türkennot, gilt es aufzublicken zu Christus. Ein Dankesbrief Melanchthons an den Nürnberger ist erhalten. Melanchthon bedankt sich für ein Geschenk Hartmanns, ein Kreuz und eine Sonnenuhr: *Daher danke ich dir für deine sehr schönen Werke und Geschenke. Und die Übereinstimmung des Magneten mit dem Nordpol, die ein großes Wunder ist, wird mich, so oft ich deine Werk betrachte, an die Übereinstimmung unserer Seelen mit unserer Heimat im Himmel erinnern. Und das der Uhr beigefügte Kreuz wird mich daran erin-*

20 Ebd.

21 LINDNER HAIGIS, Constanze / NIEVERGELT, Dieter: Der früheste Modellbaubogen: Ein Sonnenuhr-Kruzifix von Georg Hartmann (1489-1564) aus Nürnberg, in: BRÜCKNER, Wolfgang (Hg.), Arbeitskreis Bild, Druck, Papier, Tagungsband Ravenna 2006, Münster 2007,11-36.

22 Ebd., 29.

nern, dass dieses Elend einst ein Ende haben wird, und dass dieser unser Magnet, gemeint sind unsere Seelen, in die einstige Heimat im Himmel zurückkehren werden. Ich werde dafür sorgen, dass bei dir einmal ein Zeichen meiner freundschaftlichen Gesinnung eintrifft. Aber jetzt schicke ich dir ein kleines Geschenk aus Metall, bleibe gesund und glücklich. [23]

Abb. 8: Kreuz mit Schlange, Giebel Melanchthonhaus Bretten, Foto: Thomas Rebel

5. Das Kreuz mit der Schlange – offene Fragen

Die Schlange am Kreuz ist also ein zentrales Motiv reformatorischer Theologie und Frömmigkeit. Von Melanchthon schon früh für sich angeeignet, findet sich eine erste Verwendung als Briefsiegel 1519 und in dieser Form auch auf dem Schmuckblatt aus Erfurt. Mit der Verwendung dieses Siegels oder Wappens bekennt sich Melanchthon zur Theologie des Kreuzes und damit zu einem wesentlichen Kern der Reformation. Christus ist der, *der unsre Sünde selbst hinaufgetragen hat an seinem Leibe auf das Holz, damit wir, der Sünde abgestorben, der Gerechtigkeit leben. Durch seine Wunden seid ihr heil geworden.* (1 Petr 2, 24.) Die Anstößigkeit der Kreuzes-Theologie, die ja von Paulus bereits markiert wurde, wird mit dem Negativ-Symbol der Schlange noch verstärkt. Von einem Wappen im eigentlichen oder strengen Sinn kann man nicht sprechen. Das Motiv findet zu keiner abschließenden festen Form, obwohl es schon früh auf dem Rektoratsblatt aus Erfurt eine wappengemäße Gestaltung fand. Die Gestaltung bleibt variabel; T-Kreuz oder vierarmiges Kreuz, Schlange nach links oder rechts blickend. Dafür spricht auch, dass Melanchthon später andere Motive für sein Briefsiegel verwendete. Es bleibt also die Erklärung aus Melanchthons Hauptwerk, den Loci von 1521. *Dies ist der Anblick der Gnade und Barmherzigkeit Gottes. Wie der Anblick der ehernen Schlange rettete, so werden gerettet, die mit den Augen des Glaubens fest auf Christus blicken.*

Dank der Hilfe von Thomas Rebel und seiner Detail-Aufnahme werfen wir noch einmal einen Blick auf das Kreuz mit der Schlange, das den Abschluss und die Krönung der Giebelfront des Melanchthonhauses bildet.

23 MBW 1595, Brief vom 8. August 1535(?).

In einer entsprechenden Vergrößerung erkennt man am Kopf der Schlange drei Fühler (oder eine Krone?) entsprechend der Bildgestaltung von Lucas Cranach d.J. Hier bleibt die Erklärung offen; ein Zusammenhang mit dem in verschiedenen Märchen vorkommenden Motiv von der gekrönten Schlange scheint mir abwegig. Von der ursprünglichen Vergoldung ist nichts mehr zu erkennen, weder beim Kreuz noch bei der Schlange. Die Stacheln zur Abwehr der Tauben verstärken noch den abschreckenden Eindruck. Sollte dies ein Zeichen dafür sein, dass sich das Kreuz keineswegs schmerzlos und ohne Probleme in unser Leben einfügt? Es bleibt, mit Paulus zu sprechen, eine Torheit und ein Ärgernis (1 Kor 1,23 f), noch dazu in Verbindung mit dem ebenfalls negativen Motiv der Schlange.

Begegnung mit Martin Luthers „Freiheit eines Christenmenschen“

HENDRIK STÖSSEL

I. Korinth als Wurzel der Freiheitsschrift

„Von der Freiheit eines Christenmenschen“. Die Wurzel der sogenannten „Freiheitsschrift“ Martin Luthers liegt an der Landenge, die den Peloponnes mit dem griechischen Festland verbindet. Im antiken Korinth. Vielleicht kennen einige diese Gegend aus dem Urlaub. Und natürlich haben Sie recht: Die Korinthen sind getrocknete Trauben, die ursprünglich von dort kommen. Griechischer Wein eben... In dieser Stadt hat der Apostel Paulus Mitte der 50iger Jahre n.Chr. eine der ersten urchristlichen Gemeinden gegründet. Wir wissen das, weil uns das Neue Testament zwei seiner Briefe an die Korinther überliefert.

Von dem Korinth freilich, das er gekannt hat, gibt es heute nur noch ein paar Ruinen. Zu *seiner* Zeit war es eine große, internationale Hafen- und Handelsmetropole. Und so, wie diese insgesamt, war auch die Christengemeinde dort geprägt durch erhebliche soziale und kulturelle Verwerfungen. In den beiden Korintherbriefen erfahren wir ziemlich konkret von den tiefgreifenden Spannungen, die die Gemeinde tatsächlich existentiell bedroht haben. Zu groß waren die Unterschiede unter ihren Mitgliedern. Und – im Verhältnis dazu – die Bereitschaft zu gering, das Gemeinsame zu suchen, zu fördern und zu betonen. Kategorien wie „Einfühlung“ oder „Rücksicht“ scheinen unter den ersten korinthischen Christen nicht gerade zu den Kernkompetenzen gehört zu haben. Und so etablierten sich bald konkurrierende Macht- und Herrschaftsansprüche. Unterschiedliche Gruppen, Grüppchen und Kreise. Man kann sagen: Eine Vielzahl kleiner Kirchlein, die – ihren partikularen Anschauungen, Interessen und Meinungen verpflichtet – nur mehr nebeneinander her existierten. Blicklos für die gemeinsame Mitte und das, was – von daher! – dem Ganzen förderlich gewesen wäre. Es liegt auf der Hand, dass kein Gemeinwesen so etwas auf Dauer aushält. Weder die säkulare Gesellschaft, noch die christliche Gemeinde. Und in diese Situation hinein schreibt Paulus nun den Korinthern einen tiefgründigen Satz:

> *Obwohl ich frei bin von jedermann, habe ich mich doch selbst jedermann zum Knecht gemacht, damit ich möglichst viele gewinne.* (1 Kor 9,19)

Mit andern Worten: „Ich bin niemandem etwas schuldig. Trotzdem habe ich auf meine Freiheit verzichtet, um unter Jesus Christus als Mitte möglichst viele zu sammeln.“

II. Der Kontext der Freiheitsschrift

So etwa könnte man das vielleicht übersetzen. Und dieser Gedanke ist es, den die Freiheitsschrift aufnimmt und entfaltet:

> *Damit wir gründlich erkennen können, was ein Christenmensch ist und wie es um die Freiheit bestellt ist, die ihm Christus erworben und gegeben hat* [...], *will ich diese zwei Thesen aufstellen:*
>
> *Ein Christenmensch ist ein freier Herr über alle Dinge und niemandem untertan.*
> *Ein Christenmensch ist ein dienstbarer Knecht aller Dinge und jedermann untertan.*

Luther hat das im November 1520 geschrieben. Doch bis dahin war schon einiges geschehen zum Thema „Freiheit". Das Wichtigste natürlich, der Auslöser der Reformation: Die 95 Thesen. Drei Jahre zuvor. 1517.

Ob er sie wirklich eigenhändig an die Tür der Schlosskirche zu Wittenberg gehämmert hat, ist heute umstritten.[1] Sicher allerdings ist, dass sie am 31. Oktober 1517 einem *persönlichen* Brief – was immerhin gegen die publikumswirksame Vorabveröffentlichung spricht – an den Erzbischof von Mainz und Magdeburg beigefügt waren. Darin fordert Luther die Rücknahme gewisser Handlungsanweisungen für die Ablassprediger. Durch deren Tätigkeit würden nämlich die Menschen u.a. dem Irrtum ausgesetzt, sie könnten sich von der Strafe für ihre Sünden freikaufen. Es ging darum, was Umkehr und Buße bedeuten. Und wenn insoweit auch ihre Ansichten im Einzelnen hochkonträr gegeneinander gestanden haben, so wussten jedenfalls alle dieses eine: Niemand entflieht sich selbst. Und niemand entflieht Gott.

Doch wie auch immer. Als nun der Erzbischof so gar nicht reagiert, finden die Thesen – auf welche Weise ist im Einzelnen ebenfalls unklar – den Weg in die Öffentlichkeit. Und das heißt in erster Linie: Zum Drucker. So wird eine Lawine losgetreten, die binnen kurzem den ganzen Kontinent überrollt. Man darf bezweifeln, ob der Bruder Martinus das in dieser Weise so vorausgesehen hat. Gedacht waren die Thesen ja nur als Versuch, eine theologische, eher innerkirchlich ausgerichtete Diskussion zu eröffnen. Über den Wert des Ablasses. Über die Bedeutung von Umkehr. Und darin zugleich über den Wert und die Bedeutung von Geld.

---

1 Auch wenn das Bild zum stehenden Symbol der Reformation geworden ist, erscheint es als historisches Faktum eher unwahrscheinlich, vgl. http://www.luther.de/legenden/tanschl.html (5.10.2016). Von Luther selbst gibt es jedenfalls keinen Hinweis auf den Thesenanschlag. Bezeugt haben ihn lediglich – und auch das erst viele Jahre später – Personen, die nicht dabei gewesen sind: So etwa wenige Monate nach Luthers Tod 1546 Philipp Melanchthon in seiner Vorrede zur ersten Edition von Band 2 der lateinischen Schriften Luthers, in: LOHSE, Bernhard: Martin Luther. Eine Einführung in sein Leben und Werk, München 1981, 56. Allerdings war Melanchthon 1517 noch gar nicht in Wittenberg und kann von daher nicht als Zeuge gelten. Ebensowenig wie Luthers Sekretär Georg Rörer. Er notierte in einem Arbeitsexemplar zur Revision des Neuen Testaments von 1540: *Am Vorabend des Allerheiligenfestes im Jahre des Herren 1517 sind von Doktor Martin Luther Thesen über den Ablass an die Türen der Wittenberger Kirchen angeschlagen worden*, so die Stiftung Luthergedenkstätten in Sachsen-Anhalt in: http://www.martinluther.de/index.php?lang=de&Itemid=523 (5.10.2016).

Darüber müssten wir heute auch wieder diskutieren. Wie es sei kann, dass Geld wichtiger ist als Ethik. Dass Computerchips und Waffen zu den Quellen gehören, die uns reich machen. Unser Land und vielfach auch uns ganz persönlich. Wie es sein kann, dass Geld wichtiger ist als das, was sich gehört. Viele wissen das gar nicht mehr, wenn es um ihr Konto geht. Wie es sein kann, das Geld mehr zählt als Gut und Böse sowieso, aber nicht selten auch als Barmherzigkeit oder Solidarität. Darüber müssten wir heute auch wieder diskutieren: Über die Anbetungsgesten, die dem Geld gegenüber vollzogen werden. Über die Macht, die man ihm einräumt. Und dies alles liegt in unmittelbarer Nachbarschaft zu der Frage, um die es Luther gegangen ist und die er klar und nachdrücklich verneint, nämlich: Ob es denn wirklich möglich sei, sich durch Geld von den Konsequenzen einer gottlosen Lebenspraxis zu befreien.

1. Grundmotive der Reformation und die Freiheitsschrift

Tatsächlich werden hier zwei Motive intoniert, die uns bei der Beschäftigung mit der Reformation immer wieder begegnen: Das Motiv der Leistung und das Motiv der Angst. Exemplarisch dafür stehen die Auseinandersetzungen um den Ablass.

Der hat nämlich deshalb so gut funktioniert, weil Menschen bereit sind, alles zu tun, wenn sie Angst haben. Dann erscheinen selbst solche Zusammenhänge zwingend, die sich bei nüchterner Betrachtung gar nicht erst eröffnen. Heute handelt es sich nicht mehr um die Angst vor Gott und seiner Strafe, sondern um die Angst vor dem Nächsten und dessen Reaktion. Um die Angst, schlecht dazustehen oder keine Anerkennung zu finden. Einsam zu sein oder krank zu werden. Leiden zu müssen oder einfach nur: „Es" nicht zu schaffen. Im Blick auf die Motive von Angst und Leistung unterscheiden wir uns von jenen, mit denen es Luther an der Schwelle zur Neuzeit zu tun hatte, viel weniger, als wir glauben.

Ich habe Menschen erlebt, die eigentlich schon längst nicht mehr konnten. Deren Leid auch erkennbar war. Und die sich dennoch an die schwersten körperlichen und/oder psychischen Arbeiten gepeitscht haben, ohne davon lassen zu *können*. Selbstredend immer mit scheinbar „guten" Gründen. Ich habe nicht wenige beerdigt, die sich buchstäblich zu Tode gearbeitet haben, und ich hatte mit Angehörigen zu tun, die – bei aller Trauer – doch darauf noch stolz sein konnten, dass das Leben ihres Verstorbenen nur „Müh' und Arbeit" gewesen ist, wie man es in Todesanzeigen bisweilen lesen kann.

Quer durch alle Altersstufen und Umfelder gibt es das: Menschen, die offensichtlich die Erfahrung nicht – oder nicht mehr – kennen, dass ihr Leben reich ist, durch das, was sie geschenkt bekommen. Für das sie nicht sorgen müssen. Oft auch gar nicht sorgen können, es aber dennoch bekommen. Menschen, die zutiefst unfrei sind und gebunden an das Werk ihrer Hände. An das, was sie schaffen und leisten, verdienen und haben: *Mein Haus, mein Auto, mein Boot*, sagt der eine. Und der andere antwortet: *Mein Haus. Mein Auto. Mein Boot. Meine Dusche. Meine Badewanne. Mein Pferd. Mein Anlageberater.* Sie kennen diese Bank-Werbung vielleicht. Sie ist zwar schon fast 20 Jahre alt, aber immer noch legendär und macht auf YouTube bis zur Stunde brilliante Karriere.[2] Weil sie eben die Wahrheit sagt. Und auch das gibt es: Menschen, die ihr Lebens-und Existenzrecht aus dem Ansehen ziehen, das

2 https://youtu.be/U0MU-2_MuUE (5.10.2016).

sie bei anderen genießen. Aus den „Likes" in den sozialen Netzwerken. Und die sich einfach umbringen, wenn diese „Likes" sich in „Dislikes" verwandeln.

Die Reformation war und ist eine Bewegung raus aus den vielgestaltigen Gefängnissen, in denen Menschen sitzen. Gefängnisse, die an inneren Gittern oft deutlicher als an äußeren Gittern zu erkennen sind. Und es sind nach wie vor die Motive der Leistung und der Angst, denen sich die Reformation entgegenstellt mit ihrer Botschaft: *So halten wir denn dafür, dass der Mensch gerecht werde ohne des Gesetzes Werke, allein durch den Glauben* (Röm 3,28). Das wird in der Freiheitsschrift variiert und zu dieser Beziehung zwischen Glauben und Werken werden wir von dort her später auch noch Einiges hören. Vorläufig halten wir fest: Mögen sich die Inhalte, auf die sich Leistung und Angst heute beziehen, im Laufe der Jahrhunderte geändert haben: Die *innere* Situation der Menschen ist davon völlig unberührt und noch immer dieselbe. Some things never change. Manche Dinge ändern sich nie. Wer das für überzogen hält, möge erwägen, welche Rolle Neid und Geltungsbedürfnis bei uns spielen. Gesellschaftlich wie individuell.

Luthers Freiheitsschrift steht also nicht im luftleeren Raum. Sie hat eine Vor- und eine Nachgeschichte. Die Vorgeschichte beginnt – wie gesagt – 1517 mit den 95 Thesen. Im Jahr darauf greift Rom ein. 1518 verlangt man vom sächsischen Kurfürsten Friedrich dem Weisen – dem Landesherrn Luthers – dessen Auslieferung wegen notorischer Ketzerei. Aber der Kurfürst – genial gespielt übrigens von dem unvergessenen Peter Ustinov in dem Lutherfilm aus dem Jahr 2003 – zieht die Dinge hin. Eine Verhandlung in Rom findet nicht statt. Wird alles im Sand verlaufen? Natürlich nicht! Dafür sorgt schon der Dr. Martinus selber.

Dann das Jahr, in dem sich die Köpfe der Reformation finden. 1519: Luther stößt – um stellvertretend für andere nur diese drei zu nennen – auf Philipp Melanchthon aus Bretten, Albrecht Dürer aus Nürnberg, und den Juristen Ulrich von Zasius aus Freiburg. Zugleich weitet sich der Konflikt mit Rom aus. Er verlagert sich mehr und mehr weg von der Anfangsfrage, ob man sich von Sündenstrafen freikaufen könne, hin zur Fundamentalkritik Luthers an – immer noch – seiner römischen Kirche.

2. Die Freiheitsschrift als eine der „reformatorischen Hauptschriften" von 1520

Und dann eben 1520. Das Jahr der drei sogenannten „reformatorischen Hauptschriften", die alle das Freiheitsthema aufgreifen und in je spezifischer Weise zuspitzen.

Im August zunächst die sogenannte Adelsschrift: „An den christlichen Adel deutscher Nation von des christlichen Standes Besserung". Eine erste Variation des Freiheitsthemas. Die weltliche Obrigkeit ist frei von der Beurteilung oder – im Sinne Luthers genauer – der Bevormundung durch den Papst. Seit dem 11. Jahrhundert war das mittelalterliche Europa geprägt durch die Auseinandersetzung zwischen Papst und Kaiser, geistlicher und weltlicher Macht. Immer ging es um dieselbe Frage: Wer ist größer? Wer sitzt auf dem höheren Thron? Wer setzt wen ein: Der Papst den Kaiser oder umgekehrt der Kaiser den Papst? Immer ging es um die Macht. Vor diesem Hintergrund kann man sich vorstellen, dass der Amtskatholizismus des 16. Jahrhunderts zusammengezuckt ist, als er lesen musste, es gebe keinen Vorrang des geistlichen gegenüber dem weltlichen Stand. Vielmehr stehe wer getauft ist – sei es Handwerker oder Fürst – auf Augenhöhe mit jedem Papst, Bischof und Priester.

Den einzigen Unterschied sieht Luther in den Zuständigkeiten des ausgeübten Amtes. Wie der Schuster zuständig für die Verfertigung von Schuhen, so sei der Landesherr zuständig in seinem Territorium Frieden und Recht sicherzustellen. Und das umschließe selbstverständlich auch die Kirche. Dazu bedürfe es keines Papstes, Bischofs oder Prälaten. Wenn in der Kirche Unordnung herrsche, sei es deshalb christliche Pflicht des Landesherrn, Ordnung zu schaffen. An ihm als erstem Mitglied seiner Kirche sei es auch, die Verfolgung und Bestrafung zu übernehmen, wenn je und dann ein Priester sich verfehlt. Und dies nicht aus eigener Macht, sondern aus Liebe zur Gemeinde Christi im Gehorsam gegenüber Gott. Um sie zu reinigen. Geradeso, wie der Christ seinem Nächsten in Not beizustehen und zu helfen habe, sei der christliche Landesherr gehalten, der in Not geratenen Kirche seines Territoriums beizustehen und zu helfen.

In Ermangelung von Bischöfen weist Luther vorläufig dem Adel die Aufgabe zu, die reformatorische Bewegung bzw. die sich langsam entwickelnde evangelische Kirche in ihrer äußeren Gestalt und Form zu schützen. Über die Jahrhunderte hinweg haben sich daraus die evangelischen Landeskirchen entwickelt. Deshalb gibt es im heutigen Protestantismus kein Rom. Die Evangelische Kirche in Deutschland mit Sitz in Hannover ist ein Kirchenbund und der Ratsvorsitzende Heinrich Bedford-Strohm kein Papst, sondern ein Pfarrer in Bischofsfunktion und – auch in seinem Selbstverständnis – nichts prinzipiell anderes als *alle* Getauften.

Der Erste, der im Sinne dieses Freiheitsbegriffs gehandelt hat, war – wiederum – Friedrich der Weise. Als Luther auf dem Wormser Reichstag 1521 gebannt und für vogelfrei erklärt wird, nimmt der Kurfürst ihn als Junker Jörg auf der Wartburg in Schutzhaft. Hier entsteht die deutsche Übersetzung des NT. Und hier ist es auch, wo Luther – geplagt von tiefen Depressionen und Zweifeln – das Tintenfass an die Wand wirft, um den Teufel zu treffen, von dem er sich in seiner einsamen, abgeschlossen Klause versucht sieht.

Wenige Monate nach der Adelschrift im Oktober 1520 die Abhandlung „Über die babylonische Gefangenschaft der Kirche". Wie einst Nebukadnezar – der König von Babylon – Gottes Volk Israel gefangen in sein Land weggeführt habe, so werde das Volk Gottes in Gestalt der Kirche nun erneut – diesmal durch den Papst – in eine babylonische Gefangenschaft geführt, sagt Luther. In scharfer Form kritisiert er die Sakramentenlehre[3] Roms und propagiert für den kirchlich-gottesdienstlichen Kontext wiederum: Freiheit. Und zwar diesmal von „menschlicher Satzung" wie er es nennt, also: ungerechtfertigten kurial-obrigkeitlichen Vorgaben. Der überaus aggressive und feindselige Ton des Textes mag damit zusammenhängen, dass wenige Wochen zuvor die päpstliche Bannandrohungsbulle – in Luthers Diktion *die fluchwürdige Bulle des Antichristen* – den Reformator zum Widerruf seiner Lehre aufgefordert hatte, da er anderenfalls als Ketzer gelten solle.

Und schließlich – im November 1520 – die Freiheitsschrift. Kirchenpolitisch ist zunächst ihr Kontext interessant.[4] Am 12. Oktober findet auf der Lichtenburg bei Prettin – heute ge-

3 Die katholische Sakramentenlehre kennt sieben Sakramente: Taufe, Firmung, Eucharistie, Ehe, Beichte/Buße („Bußsakrament"), (Priester-)Weihe, Krankensalbung („letzte Ölung"). Wirksamkeit ex opere operato aufgrund des richtigen Vollzugs und unabhängig von der sittlichen Disposition der spendenden Person, wenn der Empfänger dem nicht entgegenwirkt.

4 Vgl. zum Folgenden BEINTKER, Horst u.a. (Hg.): Martin Luther Taschenausgabe, Bd. 2, Glaube und

hört das zu Annaburg an der Elbe in der Nähe von Wittenberg – ein Treffen statt zwischen Luther und Melanchthon auf der einen und dem päpstlichen Gesandten Karl von Miltitz auf der andern Seite. Miltitz war der Überzeugung, auch nach den vorangegangenen beiden Schriften an den Adel und über die babylonische Gefangenschaft der Kirche, sei immer noch eine Verständigung möglich. Vielleicht auch mit Unterstützung durch Philipp Melanchthon gelingt es ihm, Luther zu überzeugen, der Freiheitsschrift ein Begleitschreiben an den Papst beizufügen: den „Sendbrief an Leo X.". Man darf – das sei hier am Rande angemerkt – bezweifeln, dass diese Geste dem Reformator leicht gefallen ist. Wie nämlich dieser Medici-Papst sein Amt verstanden hat, belegt seine eigene – ziemlich gut bezeugte – Reaktion auf seine Wahl im März 1513: *Lasset uns*, sagt er da, *das Papsttum genießen, da Gott es uns verliehen hat.*[5] Das klingt schon anders als Franziskus. Es gibt zeitgenössische Darstellungen von Leo X., die uns – selbst 500 Jahre später noch – davon überzeugen, dass er dieses Regierungsprogramm durchaus ernst gemeint hat.

Aber wie dem auch sei: Luther lässt sich überzeugen, übergibt seinen Text an von Miltitz, damit dieser ihn nach Rom bringe und fügt das Begleitschreiben bei. Darin betont er, es gehe ihm insgesamt nicht um die *Person* des Papstes, sondern um die Missstände innerhalb der Leitung und Verwaltung der katholischen Gesamtkirche – innerhalb der Kurie also – und ebenso darum, sich jener Feinde zu erwehren, die im Zuge seiner Veröffentlichungen gegen ihn aufgestanden seien. Gleichzeitig betont er, in der Sache komme ein Widerruf für ihn nicht in Betracht. Vielmehr erwarte er vom Papst, dass dieser sich unter Gottes Wort und in dessen Dienst stelle. Angesichts einer Persönlichkeit wie Leo X. war das natürlich relativ aussichtslos und so konnte auch dieser letzte Versuch den Bruch weder heilen noch aufhalten[6] und die Freiheit nahm ihren Lauf.

III. „Freiheit"

Aber was ist das eigentlich: „Freiheit"? Und: Ist die „Freiheit", die Martin Luther meinte, dieselbe, die wir meinen?

Nein, das ist sie nicht. Denn wir meinen i.d.R. den Freiheitsbegriff der idealistischen Philosophie des 19. Jahrhunderts.[7] Sie ist von der Idee ausgegangen, der Mensch sei – gewissermaßen von Natur aus – frei. Viele sind hier zu nennen. Friedrich Hölderlin[8] etwa. Oder der große Hegel[9]. Und allen voran Friedrich Schiller[10].

Kirchenreform, Berlin 1984, 123 f.

5 PESCH, Otto H.: Luther und der Papst, http://www.christ-in-der-gegenwart.de/aktuell/artikel_angebote_druckversion?k_beitrag=3112470 (19.10.2015).

6 Vgl. dazu JACOBS, Manfred (Hg.): „Von der Freiheit eines Christenmenschen 1520.", in: Martin Luther. Ausgewählte Schriften, hg. v. Karin BORNKAMM u.a., Bd. 1, Frankfurt 1982, 238.

7 Zum Folgenden vgl. IWAND, Hans Joachim: Von der christlichen Freiheit, in: Ders., Glaubensgerechtigkeit. Lutherstudien (hg. v. Gerhard SAUTER), München 1991, 194.

8 * 20. März 1770 in Lauffen am Neckar; † 7. Juni 1843 in Tübingen.

9 * 27. August 1770 in Stuttgart; † 14. November 1831 in Berlin.

10 * 10. November 1759 in Marbach am Neckar; † 9. Mai 1805 in Weimar.

1797 schreibt er das Gedicht „Die Worte des Glaubens“[11]. Darin nennt er deren drei und aller Wert – heißt es dort – sei dem Menschen geraubt, wenn der diese drei nicht mehr glaube.

Ich beginne mit dem dritten und letzten. Am Ende des Gedichts spricht es von Gott als dem *heiligen Willen* und *ruhigen Geist*, der in allem Wechsel beharre, wie wechselhaft Menschenwille auch immer sei.

Das muss man bewusst hören. Denn einmal abgesehen davon, dass in einem Gedicht über den Glauben das Wichtigste – nämlich Gott – ganz am Schluss steht, was ja auch etwas über den Stellenwert aussagt, kann man immerhin fragen, was ein Gott, der nichts anderes ist als *heiliger Wille* und *ruhiger Geist* mit der Bibel zu tun habe. Dort begegnet uns jedenfalls eine durchaus andere Sichtweise. Dort ist die Rede von dem mitleidenden, dem erbarmenden, auch dem zornigen, ja, strafenden und *immer* von dem Gott, der will, dass allen Menschen geholfen werde. Doch wie dem auch sei. Das zweite „Wort des Glaubens“, das Schiller herausstellt, ist die *Tugend*. Und das erste und wichtigste, das den beiden andern klar vorgeordnet ist, ist die *Freiheit*. Von ihr heißt es:

Der Mensch ist frei geschaffen. Ist frei. Und würd' er in Ketten geboren.

Ich vermute mal: Vielen wird diese Idee Schillers von der natürlichen Freiheit des Menschen so fremd nicht sein. Viel weniger fremd jedenfalls als Luthers antagonistische Doppelthese von der Freiheit eines Christenmenschen.

Obwohl man sich auch an dieser Stelle fragen kann, warum ein Wesen frei geschaffen sein sollte, das seit dem ersten Moment seiner Existenz mit fundamentaler Angewiesenheit und Abhängigkeit konfrontiert ist. Der Idealismus begründet das, indem er sagt, die Freiheit des Menschen entspringe seiner Fähigkeit zu denken und die Normen seiner Welt autonom festzulegen.

200 Jahre nach Schiller wissen wir, wie schwach und ohnmächtig diese Freiheitsidee ist. Allein das zwanzigste Jahrhundert mit seinen zwei Weltkriegen und Millionen von Toten legt davon ein beklemmendes Zeugnis ab.[12] Ganz zu schweigen von dem, was uns das 21. Jahrhundert bisher gebracht hat.

Die Frage bleibt also: Worüber reden wir, wenn wir über Freiheit reden?

Eine der Geschichten, die Michael Ende geschrieben hat, handelt von Bastian Balthasar Bux. Das ist ein zehn- oder elfjähriger Junge, der zwar in einem freien Land lebt, aber trotzdem gefangen ist zwischen der Tristesse seiner häuslichen und seiner schulischen Verhältnisse. Eines Tages kommt er auf seinem morgendlichen Schulweg an einem Antiquariat vorbei. Oder ist es das geheimnisvolle Tor zu einer andern Welt? So genau weiß man das nicht. Statt jedenfalls in die Schule zu gehen, wo er hingehört und wo auch gleich der Unterricht beginnt und damit sein immerwährendes Drama, betritt er den Laden. Nach einer Weile wird er von einem geheimnisvollen Buch regelrecht – man kann es nicht anders sagen – angesprungen.

11 http://gutenberg.spiegel.de/buch/friedrich-schiller-gedichte-3352/123 (29.10.2015).

12 vgl. dazu IWAND, Hans Joachim: Von der christlichen Freiheit, in: Ders., Glaubensgerechtigkeit. Lutherstudien (hg. v. Gerhard SAUTER), München 1991, 194 f.

Auf dem wunderschönen Einband aus kupferfarbener Seide steht der Titel: „Die unendliche Geschichte". Was dann geschieht, ist kaum zu erklären. Jedenfalls hat Bastian – als er sich auf der Straße wiederfindet – dieses Buch in seiner Tasche. Irgendwie hat er es mitgenommen. Oder es ist mitgegangen. Ungefragt. Unbezahlt. Einfach so. In einem unbemerkten Moment. Eine Sekundenentscheidung.

In einer Mischung aus Erschrecken über das, was da eben passiert ist, Angst vor Entdeckung und wilder Freude über seine Beute fängt er an zu rennen. Nur weg. Egal wohin. Ob aus Gewohnheit oder aus anderen Gründen – auch das kann man nicht so genau sagen – steht er plötzlich vor seiner Schule. Der Unterricht hat natürlich schon längst begonnen. Die Flure sind ihm ungewohnt leer und still. Nur den Hall seiner eigenen Schritte hört er. Und die gedämpften Stimmen, die aus den Klassenzimmern dringen. Eilig läuft er durch die Gänge. Doch als er vor der Tür seines eigenen Klassenzimmers steht, wo er täglich scheitert, täglich ausgelacht wird, täglich Niederlagen einstecken muss – kann er da nicht mehr rein gehen. Außerdem brennt ihm das Buch in der Tasche. Er schleicht sich auf den Speicher. Dort – zwischen Schulgerümpel, kaputten Turngeräten, jeder Menge verstaubtem Papier und einem aus dem Biologie-Unterricht ausrangierten alten Skelett mit Plastikknochen – dort scheint ihm der einzige Ort zu sein, an dem er sicher ist. Niemand wird ihn hier suchen. Er legt sich unter ein Dachfenster, holt das Buch heraus und fängt an zu lesen. Und tatsächlich. Kaum hat er es aufgeschlagen, öffnet sich ihm ein geheimnisvolles Tor. Er betritt eine andere Welt. Er ist in Phantásien. Dort gilt nur ein einziges Gesetz. Es lautet: „Tu, was du willst."

Das ist das große Versprechen der Freiheit. Nicht nur für Bastian. „Wenn ich 18 bin, dann redet mir niemand mehr rein." – „Wenn ich Urlaub hab, dann lass ich die Seele baumeln und mache was ich will." – „Wenn ich in Rente bin, dann genieße ich endlich meine Freiheit." Und dann ist der 18. Geburtstag vorbei – und Du stellst fest, dass Du gar nicht so genau weisst, was Du willst. Oder Du bist im Urlaub und entdeckst mit einer Mischung aus Erstaunen und Befremden, dass Du Dich langweilst mit all dem, was Du machen könntest, aber doch nicht machst. Oder Du gehst in Rente und merkst, dass die Tage endlos werden: Alle müssen was tun. Alle werden gebraucht. Nur Du nicht. Und ehe man sich's versieht, verwandelt sich die hoffnungsfrohe Aussicht „Tu, was Du willst!" in die ratlose Frage: „Was soll ich nur tun?" Offenkundig ist es mit der Freiheit nicht so einfach.

Deshalb noch mal zurück zu Bastian: Er muss viele Gefahren und Prüfungen bestehen. Er ist kurz davor im Meer der Möglichkeiten – und die sind in Phantásien *wirklich* unbegrenzt – die Orientierung zu verlieren. Ehe er versteht: Freiheit ist nicht die Aufforderung zur Beliebigkeit. Nicht die Aufforderung, nach allem zu greifen, was sich bietet. Sondern die Aufforderung zur Beschränkung: „Finde heraus, was Du *wirklich* willst. Dieses *eine*, das tue dann."

Das klingt wie aus einem Lebensratgeber. Glücklich, wer es weiß. Meine Nichte z.B. wusste seit der 5. Klasse, dass sie mal was mit Bio und Chemie machen will. Und jetzt studiert sie Biochemie. Aber *das* ist ja nicht das Gewöhnliche. Den meisten geht es anders. Sie wissen nicht, was sie wirklich wollen. Und es herauszufinden ist ja tatsächlich auch schwer. Angesichts der schier unüberschaubaren Menge an Optionen kann man schon den Eindruck gewinnen, als sei Phantásien von unserer Welt so weit nun auch wieder nicht entfernt.

Wer frei sein will, muss die gegebenen Möglichkeiten strukturieren und bewerten. Das ist Arbeit. Es erfordert Überlegung und Auseinandersetzung. Deshalb ist Frei-sein bisweilen anstrengend, und es scheint, als seien es nicht wenige, die sich dieser Anstrengung verweigern. Sie nehmen die Freiheit, die sie hätten, nicht wahr. Sie lassen die Dinge laufen und schauen, was am Ende rauskommt. Aber das ist gefährlich. Freiheit ist nämlich wie ein Buffet vom Partyservice. Man kann es nur genießen, wenn man entscheidet, sich zu bescheiden. „All You can eat“ ist der sichere Weg zum Erbrechen.

Seit Jahren gibt es Warnungen vor den Folgen des Klimawandels, aber passiert ist nicht wirklich etwas. Jedenfalls nicht, solange noch wirksam hätte gegengesteuert werden können. Jetzt reden wir nur noch über Schadensbegrenzung. Insoweit ist hier die Freiheit schon mal vorbei.

Seit Jahren gibt es die Forderung nach einer gerechteren Weltwirtschaftsordnung, weil klar ist, dass die nördliche Hemisphäre im Ganzen auf Kosten der südlichen Hemisphäre lebt. So einfach ist das. Aber hier ist ebenfalls nichts passiert, als es noch möglich gewesen wäre. Und so ist auch hier die Freiheit vorbei: Das Flüchtlingsproblem fällt uns auf die Füße. Jetzt reden wir nicht mehr über langfristige Lösungen, sondern über kurzfristiges Krisenmanagement. Wobei: Gerade in der Flüchtlingsfrage war die Entwicklung – angesichts der Wohlstandsverteilung auf unserem Planeten – schon lange abzusehen. Aber als es noch vorsorgende, strategische Handlungsoptionen gegeben hat, wurde eben *nicht* gehandelt, weil man sich – hier begegnet es uns wieder – mehr Geld versprochen hat, wenn die Dinge bleiben, wie sie sind. Es entsteht also in der Tat der Eindruck: Nicht wenige – auf allen Etagen! – verweigern sich der Anstrengung der Freiheit.

Es gibt grundlegende Freiheiten – oder vielleicht sagen wir besser: Freiheitsrechte – ohne die zwischenmenschliche Beziehungen zu Tyranneien werden und Staaten zu Diktaturen. Das Recht etwa auf allgemeine und freie, gleiche und geheime Wahlen. Ungezählte Tausende – anfangs des 20. Jahrhunderts nicht zuletzt Frauen – sind für dieses Recht gestorben. Und wieder ungezählte Tausende werfen es heute einfach weg, weil sie meinen, Freiheit bestünde darin, sich und die eigene Meinung durchzusetzen.

Freiheitsrechte besitzen – so existentiell wichtig und unverzichtbar sie im Einzelnen auch sind – macht an sich selbst noch keine freien Menschen. Und so gibt es nicht nur Tausende, die für die grundlegenden Freiheitsrechte mit ihrem Leben bezahlt haben. Sondern auch Tausende, die sie besitzen, aber trotzdem unfrei sind: Gefangen in sich selbst. Gebunden in Angst. Eingesperrt in Hass und Gier, Neid und Unzufriedenheit und vielem andern.

Damit hat es am Ende zu tun, dass Freiheit auch umschlagen, missbraucht werden kann. Auf rätselhafte Weise lebt sie Tür an Tür mit der Tyrannei. Immer wenn und wo sie aufhört, ihre Grenze am Recht des andern zu finden, tritt ihre dunkle Seite zu Tage. Rücksichtslosigkeit und Willkür, Hemmungslosigkeit und Maßlosigkeit sind die Fratzen der Freiheit. Die schwarzen Engel der Katastrophe. Und wenn wir von den Unzähligen sprechen, die *für* Freiheit gestorben sind, dann müssen wir hinzufügen: Es sind ebensoviele, die an ihrer Entartung sterben.

Das führt uns wieder zu Luthers Freiheitsschrift und der merkwürdigen Doppelthese, die sie gliedert. Sie erinnern sich:

IV. „Christenmensch“

Damit wir gründlich erkennen können, was ein Christenmensch ist und wie es um die Freiheit bestellt ist, die ihm Christus erworben und gegeben hat [...], *will ich diese zwei Thesen aufstellen:*

Ein Christenmensch ist ein freier Herr über alle Dinge und niemandem untertan.
Ein Christenmensch ist ein dienstbarer Knecht aller Dinge und jedermann untertan.

Dreierlei fällt auf: Zunächst ist die Rede nicht einfach – wie es womöglich zu erwarten wäre – vom „Menschen“, sondern vom *Christenmenschen.* Das wirft natürlich sofort die Frage auf: „Und die anderen?“ Eine Antwort andeutend – und das ist der zweite Punkt – setzt Luther offenbar mehrere Arten der Freiheit voraus und unterscheidet sie von jener *einen,* die nur Christus erworben hat und schenkt. Damit hängt das Dritte zusammen: Diese – eine *wirkliche* – Freiheit, liegt außerhalb autonom-menschlicher Möglichkeit.

Insgesamt knüpft dies an bereits Gesagtes an. Anders als in unserm Denken ist Freiheit in der Freiheitschrift keine natürliche Eigenschaft des Menschen, sondern ein Attribut Gottes.[13] Anders gesagt: Frei wird ein Mensch erst dadurch, dass Gott *seine* Freiheit ihm schenkt. Indem er ihm gewissermaßen Anteil gibt an sich selbst. Dahinter steht die Überzeugung, die Freiheit eines Christenmenschen gründe auf Jesus Christus. Deshalb kann man manchmal sagen hören, er sei der „Erlöser“, der „Retter“, der „Befreier“. Sein Weg bzw. sein Leben sei ein „Befreiungshandeln“, weil es menschliche Freiheit erst ermöglicht.

Ein Osterlied aus dem Liederschatz unserer Kirche sagt es so: *Er ist erstanden, hat uns befreit. Dafür sei Lob und Dank allezeit.* (EG 116,5)

In der Tat. Wir sagen: „Christus ist auferstanden“ und meinen: „Wer sich seiner Hand anvertraut, den kann nichts mehr aus dieser Hand herausreißen. Weil er um uns weiß, werden wir nicht verloren gehen.“ Erst das eröffnet ein Leben ohne Angst, Neid und Hass, d.h.: ein Leben in Freiheit. Wenn man über *diese* Freiheit nichts weiß, dann weiß man auch nichts von der Freiheit eines Christenmenschen.[14] Denn die ergibt sich nicht aus unseren eigenen Möglichkeiten, sondern erst aus der Bindung an Jesu Christus.

Niemand zieht sich am eigenen Schopf aus dem Sumpf. Niemand befreit sich selbst. Und was wir uns *nehmen,* garantiert gar nichts. Selbst, wenn es aussieht wie Freiheit, ist es ohne Bindung an Christus Ödnis und am Ende Überdruss. „Tu was Du willst“ führt direkt in die Katastrophe. Damit unser Leben einen Sinn und eine Grundlage erhält, bleiben wir – auch inmitten der zahllosen Optionen, die uns umgeben – darauf angewiesen, dass Christus an uns handelt. Dass wir in ihm eine Orientierung finden. Dass er uns ergreift und hält. Dies macht einen Menschen zum Christenmenschen. Nicht: Ein Mensch *ist* ein Christenmensch. Sondern: Christus macht ihn zu einem Christenmenschen. Das ist ein substantieller Unterschied. Und

---

13 IWAND, Hans-Joachim: Nachgelassenen Werke. Bd. 5, Luthers Theologie, München 1974, 90.

14 IWAND, Hans-Joachim: Von der christlichen Freiheit, in: Ders., Glaubensgerechtigkeit. Lutherstudien (hg. v. Gerhard SAUTER), München 1991, 194.

von daher erklärt es sich, dass die Freiheitsschrift das Frommsein und das Freisein in einen Zusammenhang stellt. Oder mit Luthers eigenen Worten:

> *Um diese beiden widerständigen Reden von der Freiheit und der Dienstbarkeit zu verstehen, sollen wir eingedenk sein, dass jeder Christenmensch von zweierlei Natur ist, geistlicher und leiblicher. Nach der Seele wird er ein geistlicher, neuer innerlicher Mensch genannt, nach dem Fleisch und Blut wird er ein leiblicher und äußerlicher Mensch genannt.*[15]

Dieser Unterscheidung folgt die Freiheitsschrift insgesamt. Sie ist in dreißig Thesen gegliedert, von denen der erste Teil sich mit dem geistlich-inneren und der zweite Teil mit dem leiblich-äußeren Menschen befasst. Insgesamt entfaltet sie einen relativ einfachen gut einsichtigen Grundgedanken: Kein äußeres Ding vermag den inneren Menschen freizumachen. Weder Geld, noch Ansehen, noch Erfolg oder was immer es sei. Mag es kurzfristig bisweilen auch anders scheinen: Auf Dauer kann kein Äußeres die innere Situation und Verfasstheit eines Menschen beeinflussen oder gar verändern, weil beide Bereiche je anderen Gesetzen und Bindungen folgen. Noch einmal Martin Luther:

> *Es ist ja offenbar, dass kein äußerliches Ding* [einen Christenmenschen] *fromm und freimachen kann* [...]. *Was hilft der Seele dass der Leib unbefangen, frisch und gesund ist, ißt, trinkt* [und] *lebt wie er will?* [Und wiederum] *was schadet es der Seele, daß der Leib gefangen, krank und matt ist* [...]*?*
> *Von diesen Dingen reicht keines bis an die Seele um sie zu befreien oder zu fangen* [...].[16]

Heute wissen wir, dass es komplizierter ist. Natürlich geht es der Seele schlecht, wenn es dem Körper schlecht geht und umgekehrt. Allerdings können Menschen, die in der Seelsorge stehen, immer wieder etwas höchst Eigentümliches berichten: Man tritt beklommen vor ein Kranken- oder Sterbebett und stellt erstaunt fest, dass Trost und Zuversicht bei dem Menschen, der da liegt, viel größer sind, als bei einem selbst. Und am Ende kann es dann geschehen, dass der Besucher oder die Besucherin getröstet weggeht, nicht sicher, wer hier wem eigentlich geholfen hat.

Wir halten also fest: Freiheit ist ohne Bindung nicht zu haben. Sie bedarf eines Ankers. Für Martin Luther liegt der in Jesus Christus. In Ihm – so der Leitgedanke – werden wir Gottes gleichsam „ansichtig". Seiner, den wir nicht kennen. Hinter dem unsere Bilder weit zurückbleiben. Und an dem unser Vorstellungsvermögen scheitert. Erst in der Anschauung Jesu vermag das begrenzte, vergängliche und in diesem Sinne „kleine" Geschöpf den unbegrenzten, beständigen und in diesem Sinne „großen" Schöpfer zu fassen.

15 JACOBS, Manfred (Hg.): „Von der Freiheit eines Christenmenschen 1520." In: Martin Luther. Ausgewählte Schriften, hg. v. Karin BORNKAMM u.a. Bd. 1, Frankfurt 1982, 239.
16 Ebd., 239 f.

Der Leitgedanke der Freiheitsschrift, wie auch der Reformation im Ganzen lautet: Weil Christus uns die Freiheit erworben hat, ohne die wir nicht leben können, sucht ein Christenmensch die Bindung an ihn, um diese Freiheit immer wieder von Neuem zu empfangen. Es geht hier – wie stets, wenn es um die Freiheit geht – zunächst um *eine* schlichte Entscheidung. Nämlich: „Woran hängst Du Dein Herz? Was lässt Du Dich unbedingt angehen? Womit verknüpfst Du, woran – da Du ohne Bindung nicht leben kannst – bindest Du Dich?" Auf einer tieferen Ebene geht es um die Frage: „Wie kann ich getrost leben und – wenn es dann einmal soweit sein muss – auch getrost sterben?".

Aber das ist nicht alles. Luther zielt auch noch auf etwas anderes:
Frei ist ein Christenmensch, weil er bezogen ist auf das *eine* Werk Christi, das dieser mit seinem Kreuz und seiner Auferstehung vollbracht hat. Daraus folgt für den Christenmenschen die Freiheit von den *eigenen* Werken. Sie hat eine ambivalente, zwiegesichtige Gestalt und eine dabei doch höchst einfache Struktur. Sie ist die Freiheit vom „Du musst". Vom „Es genügt nicht". Vom „*Du* genügst" nicht. Deswegen ist sie aber keineswegs die Freiheit des „Tu, was Du willst". Hören wir Martin Luther noch ein letztes Mal:

> *Hier wollen wir allen denen antworten, die* [...] *zu sprechen pflegen: Ei wenn der Glaube alle Dinge tut und allein gilt, um uns genügend fromm zu machen warum sind dann die guten Werke geboten? So wollen wir guter Dinge sein und nichts tun. Nein, lieber Mensch, nicht so.* [... Hierher] *gehört, was droben gesagt ist: „Ein Christenmensch ist ein dienstbarer Knecht und jedermann untertan"* [...] *Obwohl der Mensch inwendig nach der Seele durch den Glauben genügend gerechtfertigt ist und alles hat, was er haben soll* [...], *so* [...] *muss* [er doch] *seinen eigenen Leib regieren und mit Leuten umgehen. Da heben nun die Werke an* [...][17] – [Und es] *sind zwei Sprüche wahr: Gute Werke machen nimmermehr einen guten frommen Mann, sondern ein guter Mann macht gute und fromme Werke. Böse Werke machen nimmermehr einen bösen Mann, sondern ein böser Mann macht böse Werke.* [...] *Die Früchte tragen nicht den Baum, sondern umgekehrt: Die Bäume tragen die Früchte (Mt 7,18).* [...] *Dasselbe sehen wir in allen Handwerkern. Ein gutes oder schlechtes Haus macht keinen guten oder schlechten Zimmermann sondern ein guter oder schlechter Zimmermann macht ein schlechtes oder gutes Haus. Kein Werk macht einen Meister so, wie das Werk ist, sondern wie der Meister ist, danach ist auch das Werk.* [...] *Ebenso, wie die Werke nicht gläubig machen, so machen sie auch nicht fromm. Aber der Glaube macht,* [...] *wie er fromm macht, so auch gute Werke.*[18] – *Darum* [...] *fängt es nicht bei den Werken an sondern beim Glauben, wie der weise Mann sagt: „Anfang aller Sünde ist von Gott weichen und ihm nicht trauen" (Sir 10,14 f)*[19]

17 Ebd., 251-252.
18 Ebd., 255.
19 Ebd., 256.

Es ist nicht so kompliziert, wie wir es gerne hätten. Der Gedankengang versteht sich – in geradezu verblüffender Einfachheit – von selbst. Was Luther hier entwickelt, ist ein dialektisches Verständnis von Gesinnung und Tat. Oder mit seinen Worten: Glaube und Werken.

Dabei geht es ihm nicht um äußerliche, schon gar nicht um politische Freiheit. Das ist – man muss es klar sagen – seine Sache nie gewesen. Aber wir haben gesehen: Unser moderner Freiheitsbegriff entstammt dem 18. bzw. 19. Jahrhundert. Er ist eng verknüpft mit Idealismus und Aufklärung und es ist nicht legitim, die viel frühere Epoche der Reformation an diesem viel späteren Begriff zu messen.

Im Übrigen sollten wir – angesichts seines vielfältigen Scheiterns unter *unserer* Verantwortung – den Zeigefinger nicht gar zu weit ausstrecken.

Was Freiheit betrifft, haben wir Luther und seiner Zeit nur weniges voraus. Zu zahlreich sind die Situationen und Gedanken, die Taten und Worte – eben: die „Werke“ –, angesichts derer wir uns fragen müssen, ob denn das, was am Mittelalter dunkel war, heute tatsächlich schon vorüber sei.

Die Freiheit, von der Luther spricht, ist die sprichwörtliche „Freiheit von den Werken“. Und damit ist wesentlich mehr gemeint, als nur ein Tun. Vielmehr geht es um eine Lebenseinstellung, eine Verfasstheit, eine Haltung, kurz: Um die Freiheit von all dem, wozu Menschen sich durch die Motive der Angst und der Leistung – hier begegnen sie uns wieder – treiben lassen. Vor diesem Hintergrund besteht die Freiheit eines Christenmenschen darin, zu tun, was nötig ist. Ohne den Anspruch, die Welt retten zu müssen. Denn der Glaube weiß, dass *diese* Rettung schon geschehen ist. Unabhängig vom guten oder bösen Willen der Menschen. Geschehen ist sie durch Kreuz und Auferstehung Jesu Christi. Gerettet aus ihrer Selbstbezogenheit, Gottvergessenheit und Blindheit. Auch dort, wo sie es selbst nicht oder noch nicht oder nicht mehr weiß. Deshalb kann und soll der Christenmensch in großer Entspanntheit tun, was nötig ist. Im Bewusstsein, dass der Psalmist Recht hat, wenn er sagt:

> *Es ist umsonst, dass ihr früh aufsteht und hernach lange sitzet und esset euer Brot mit Sorgen; denn seinen Freunden gibt er es im Schlaf* (Ps 127, 2)

Es ist klar: In den Ohren von Menschen, die ihren Wert nur aus dem beziehen können, was sie *selbst* schaffen, und deshalb spätestens dann scheitern *müssen*, wenn sie es *nicht mehr* schaffen, können solche Worte nur obszön klingen. Das wird man nicht ändern können. Unberührt davon liegt jedoch im Gedanken von der Freiheit eines Christenmenschen das überaus Tröstliche der herrlichen Freiheit der Kinder Gottes, die allein an Christus und *sein* Werk gebunden sind. An niemanden und nichts sonst.

Ich fasse das Gesagte in sechs Thesen zusammen:

1. Freiheit verlangt die Fähigkeit, Scheidungen zu vollziehen und Verzicht zu üben.
2. Das philosophisch-idealistische Verständnis von Freiheit ist ambivalent: Freiheit und Unfreiheit wohnen Tür an Tür.
3. Es gibt einen Unterschied zwischen äußerer und innerer Freiheit, der dazu führt, dass jemand – obwohl mit allen Freiheitsrechten ausgestattet – dennoch unfrei sein kann.
4. Die Freiheit, von der Martin Luther spricht, ist keine menschliche Eigenschaft, sondern ein Attribut Gottes.
5. Deshalb wächst Freiheit in Luthers Verständnis aus der persönlichen Vertrauensbeziehung zu Christus und seinem Willen.
6. Die (guten) Werke sind nicht Voraussetzung, sondern Folge der Freiheit. Sie „verdienen" nichts, sondern sind Antwort auf Gottes befreiendes Handeln in der Person Jesu Christi.

Die Reformation und ihre Musik

HENDRIK STÖSSEL

Man hat die Reformation als eine *Singbewegung*[1] bezeichnet. Das hat damit zu tun, dass in den Anfängen der Evangelischen Kirche geistliche Musik vor allem *gesungene* Musik war. Von daher bestand eine enge Verbindung zwischen ihr und der neuen Theologie. Zwischen nach*gesprochener* und nach*gesungener* Botschaft der Bibel. War in diesem Sinn geistliche Musik bis dahin vor allem in den Klöstern oder kirchlichen Schulen zu Hause, eine lateinische Angelegenheit der Kleriker, von der die Menschen außerhalb relativ wenig verstanden haben, so hat die reformatorische Bewegung sie buchstäblich „zur Welt" gebracht.

I. Martin Luther

Knapp 40 geistliche Lieder deutscher Sprache stammen allein aus der Feder Martin Luthers[2].

Bereits früh hat er Texte mit geistlichem Inhalt *und* Melodien dazu zu entworfen. Ziemlich viele von ihnen finden sich heute in unseren Gesangbüchern:[3] Lieder, die biblische Geschichte deuten, vertonte Psalmen oder Übertragungen mittelalterlicher bzw. altkirchlicher lateinischer Hymnen. Lieder zum christlichen Unterricht, zum Katechismus oder zu liturgischen Stücken, aber auch freie geistliche Dichtung. „Vom Himmel hoch, da komm ich her" (EG 24) gehört dazu: Eine Nachdichtung der Engelsbotschaft aus der Hirtenszene in der Weihnachtsgeschichte (Lk 2,9-16). Oder auch: „Ein feste Burg ist unser Gott" (EG 362), das sich an Psalm 46 anlehnt. Ähnlich bekannt – ein Beispiel aus der Gattung der freien geistlichen Dichtung – ist EG 319 mit Worten, die der Frau Musica in den Mund gelegt sind: *Die beste Zeit im Jahr ist mein, da singen alle Vögelein, Himmel und Erden sind der voll, viel gut Gesang, der lautet wohl.* (EG 319).

Zugegeben: Nicht alles steht auf dieser Höhe. In einer Nachdichtung des 128. Psalms aus den Jahren 1523/1524 – also relativ kurz nach der ersten großen Konfrontation mit Rom und dem Kaiser auf dem Reichstag zu Worms – heißt es z.B.: *Dein Weib wird in Deim Hause sein / wie ein Reben voll Trauben fein / und Dein Kinder um Deinen Tisch / wie Ölpflanzen gesund und frisch.*[4] Das knittelt schon gewaltig.

---

1 SCHAEDE, Stephan: Vater der Lieder. Mit dem Dichter Luther begann die Singbewegung der Reformation, in: EKD (Hg.): Reformation und Musik. Das EKD-Magazin zum Thema der Luther-Dekade, Nr. 4, 2012, [SCHAEDE], 8 ff.

2 * 10. November 1483 in Eisleben, Grafschaft Mansfeld; † 18. Februar 1546 ebenda.

3 SCHAEDE, a.a.O.

4 Zitiert nach SCHAEDE, a.a.O.

1. Die Torgauer Formel als Voraussetzung evangelischer Kirchenmusik

Doch wie auch immer: *Ein* entscheidender Grund für die schnelle Verbreitung der Reformation liegt darin, dass Martin Luther sie also „singbar" gemacht hat. Er hat komponiert und getextet. Und zwar: Für den gottesdienstlichen Gebrauch. Diese Ergänzung ist wichtig. Denn im reformatorischen Verständnis handelt es sich beim Gottesdienst nicht in erster Linie um ein *rituelles,* sondern um ein *dialogisches* Geschehen, das die versammelte Gemeinde im Wechsel mit dem Pfarrer bzw. der Pfarrerin im Angesicht Gottes vollzieht. Wäre der Gottesdienst ein rituelles Geschehen, dann ginge es nur darum, ihn einfach an sich vollziehen zu lassen. Da er aber auf Dialog angelegt ist, geht es um die *eigene* Aktivität, die *eigene* Position. Niemand kann sich da raushalten: Wer drin ist, ist dabei.

Luther hat das bei der Einweihung der Schlosskirche zu Torgau 1544 in seiner Predigt so auf den Punkt gebracht: *... wir wollen jetzt dieses neue Haus einsegnen und unserem Herrn Jesus Christus weihen* [. Doch] *das gebührt nicht mir allein. Sondern ihr sollt auch* [...] *mit angreifen* [. Auf] *dass dieses neue Haus dahin gerichtet werde, dass nichts anderes darin geschehe, als dass unser lieber Herr selbst mit uns rede durch sein heiliges Wort und wir umgekehrt mit ihm reden durch unser Gebet und Lobgesang.*

Im Gottesdienst redet also Gott mit uns durch sein Wort, und wir antworten ihm durch Gebet und Lobgesang. Man hat das die „Torgauer Formel" genannt.

Ihre Bedeutung liegt u.a. darin, dass sie die gottesdienstliche Gemeinde zur Mitwirkung bei der Verkündigung beruft. Das hat nichts mit „Demokratisierung" zu tun. In der Kirche sind wir nicht dazu bestimmt, der Herrschaft des δῆμος – des Volkes – Ausdruck zu verleihen. Wenn man bedenkt, was dessen Stimme gelegentlich hervorbringt, ist die Herrschaft des δῆμος hier eher zu fürchten. Nein. Unsere Aufgabe als Kirche besteht darin, der Herrschaft Jesu Christi Ausdruck zu verleihen. Dabei wissen alle: Das ist und bleibt eine Aufgabe, an der wir ständig scheitern. Oft und in vielerlei Hinsicht. Keinesfalls jedoch ändert unser Scheitern etwas an unserer Bestimmung, der Herrschaft Christi Ausdruck zu verleihen. Nur und ausschließlich aus diesem Grund gibt es uns.

Die „Torgauer Formel" zielt auf die Verkündigungsaufgabe der gottesdienstlichen Gemeinde. Dafür ist nicht nur die Pfarrerin oder der Pfarrer zuständig. Die gottesdienstliche Gemeinde sorgt dafür, dass zum Himmel und nach draußen dringt, was in der Kirche zu hören ist. Das Mittel, dessen sie sich zu diesem Zweck bedient, ist – der Gesang. Das Lied. Genauer gesagt: Das geistliche Lied in der Volkssprache. Da jedoch – selbst bei einer gewissen Geisteswilligkeit – unser armes Fleisch schwach, weil ungeübt ist, ist es die theologisch-katechetische Aufgabe der Kantoren und Kantorinnen, derer die die Musik in der Kirche machen, uns zu befähigen, zuzurüsten und anzuleiten zu dieser unserer Verkündigungsaufgabe. Mit der „Torgauer Formel" liegt die Wurzel vor uns, die hervorgebracht hat, was heute in aller Welt als „Evangelische Kirchenmusik" ein Begriff ist und sogar an Orten finstersten Heidentums immer wieder ein Licht anzündet.

Dabei war Luther keineswegs der einzige, dem sich die Reformation als Singbewegung verdankt. Viele andere haben ihren Teil beigetragen, meistens freilich weniger durch Melodien als durch Texte, die andere – allermeistens die Kantoren – vertont haben.

II. Philipp Melanchthon

Von besonderer Bedeutung war dabei z.B. Philipp Melanchthon. Eigentlich mehr noch als Luther hat er die erste Kantorengeneration und die Musikauffassung der reformatorischen Bewegung insgesamt geprägt. Im badischen Gesangbuch ist er mit drei Texten – nicht Melodien (!) – vertreten: interessanterweise Hymnen, die in ihrer lateinischen Fassung auf ihn zurückgehen.

Da ist zunächst ein Heiligenlied zum 24. Juni, dem Tag Johannes des Täufers, genau ein halbes Jahr vor dem Christfest: *Wir wollen singn ein' Lobgesang Christus dem Herrn zu Preis und Dank, der Sankt Johann vorausgesandt, durch ihn sein Ankunft macht bekannt* (EG 141). Außerdem gibt es einen Engelhymnus. Zum Michaelistag am 29. September hat Melanchthon den lateinischen Text geschrieben, den Detlev Block in modernes Deutsch übertragen hat (EG 143): *Heut singt die liebe Christenheit Gott Lob und Dank in Ewigkeit, für seine Engelscharen, die uns in Angst, Not und Gefahr auf viele Weisen wunderbar behüten und bewahren.* Schade eigentlich, dass man auch das kaum singt.

Ebenso das bekannte *Ach, bleib bei uns Herr Jesu Christ, weil es nun Abend worden ist. Dein göttlich Wort, das helle Licht lass ja bei uns auslöschen nicht.* (EG 246), wo von Melanchthon die erste Strophe stammt und die restlichen von Nikolaus Selnecker, von dem wir noch hören werden.

Auch hier steht im Hintergrund ein lateinischer Hymnus[5]. Wenn man freilich bedenkt, *wie* zentral der Zusammenhang zwischen Theologie, Gottesdienst und deutscher Sprache für die Reformatoren gewesen ist, dann muss man sich fragen: Warum nun ausgerechnet *lateinische* Hymnen?

Dazu muss man sich klar machen, dass es – neben der „Torgauer Formel“ – drei Hauptaspekte sind, welche die Rolle der Musik in der reformatorischen Bewegung beschreiben.

1. Das reformatorische Selbstverständnis

Zunächst hat sie sich begriffen als eine Bewegung hin „to the roots“. Zu den Wurzeln. Oder um es mit Melanchthon und den Humanisten des 16. Jahrhunderts zu sagen: „Ad Fontes!“ *Vorwärts* zu den Quellen wollten sie, um ihre Theologie auf einen verlässlichen biblischen Text- und Unterweisungsbestand zu gründen. Je genauer wir wissen, was Jesus gesagt hat, umso präziser können wir ihm folgen und umso gewisser wird unser Glaube, unser Vertrauen, unsere persönliche Beziehung zu ihm. Das war ihr Kompass. Daraus folgt alles andere.

Deshalb haben sie herauszufinden versucht, was genau und präzis eigentlich „da“ steht und was genau und präzis die vor ihnen eigentlich gesagt haben. Deshalb die Bibelübersetzung. Das war keine Klaustrophobie-Therapie, der sich der Junker Jörg in seiner geheimen Kammer auf der Wartburg aus Langweile unterzogen hätte. Sondern die Erkenntnis: Echten, wahren, beständigen Glauben findest Du nur, wenn Du verstehst, was Du liest. Frucht bringen wirst

5 RIEHM, Heinrich: Melanchthon und die Musik. Vortrag bei der Reformationsfeier am 31. Oktober 1997 in der Stadtkirche Karlsruhe, in: Verband evangelischer Kirchenmusikerinnen und Kirchenmusiker in Deutschland (Hg.), Forum Kirchenmusik, 49. Jg., Heft 4,1988, [Riehm], 138.

Du nur, wenn Du nicht aufhörst die Wurzel kennen zu lernen, die Dich trägt – und dazu braucht es ein ganzes Leben.

Diese Bewegung „Vorwärts zu den Wurzeln" macht plausibel, warum es ihnen geradezu programmatisch wichtig war, nichts „Neues" zu bringen. Als Hauptargument gegen die römischen Vorwürfe von Ketzerei, Abfall und Irrlehre verweisen sie mit Nachdruck auf ihre Kontinuität zu den Kirchenvätern und den Bekenntnissen der Alten Kirche, was für sie selbstverständlich das gottesdienstlich-liturgische Handeln umfasst. Bis heute ist das so. Die Grundstruktur des evangelischen Gottesdienstes folgt – viele wissen das gar nicht – der römischen Messe. Und hier findet nun auch der lateinische Hymnus seinen Platz im Protestantismus.

Latein war ja nicht nur die Sprache von Klerisei und Gelehrsamkeit. Dass die Reformatoren sie verwendet haben, trug *auch* die Botschaft in sich: „Wir stehen in der Gemeinschaft und Tradition des Gottesvolkes aller Zeiten. In der Gemeinschaft und Tradition der Kirche. Auf den Schultern derer, die Christus vor uns bekannt haben. Und wir tun nichts anderes, als das Alte von Neuem in Geltung zu setzen. Deshalb gründen wir auch unsere liturgisch-musikalische Praxis darauf." Deshalb also: lateinische Hymnen.

2. Die scholastische Bildungstradition

Daneben tritt ein zweiter Aspekt. Philipp Schwartzerdt entstammt der spätmittelalterlich – scholastischen Bildungstradition.[6] Dabei handelt es sich um ein Wissens- und Wertesystem, in dem die Musik an herausragender Stelle steht.[7]

Als 11-Jähriger kommt Philipp aus Bretten auf die Lateinschule nach Pforzheim und hier in Kontakt mit den Grundlagen des christlichen Humanismus. Er ist hochbegabt, schulisch erfolgreich und entdeckt die alten Sprachen. Natürlich über Pythagoras[8] und Platon[9], Aristoteles[10], Cicero[11] und all die andern, die bis zur Stunde die europäische Kultur prägen, auch, wenn sie sich dessen nicht mehr bewusst ist. Er verfasst Lyrik nach Vorbild und Maßgabe der antiken Dichter und wächst – wir sind in der römischen Kirche an der Wende vom 15. zum 16. Jahrhundert – in die lateinische Welt der Liturgie und des Hymnus hinein.

Sein Onkel Johannes Reuchlin begleitet ihn aus mittlerer Distanz von Stuttgart aus.[12] Er hält den Kontakt und erkennt das intellektuelle Potential des Jungen. Kurz nach seinem 12. Geburtstag gräzisiert er dessen Namen. Eine große Ehre für Philipp. Er heißt jetzt nicht mehr Schwartzerdt, sondern eben: Melanchthon und gehört zum Kreis der Humanisten um Johannes Reuchlin und Erasmus von Rotterdam. Das ist schon was.

6 Zum Folgenden RIEHM, 140.
7 Zum Folgenden RIEHM, 140.
8 * 570 v. Chr.; † nach 510 v. Chr.
9 * ca. 428 v. Chr.; † ca. 348 v. Chr.
10 * 384 v. Chr.; † 322 v. Chr.
11 * 106 v. Chr.; † 43 v. Chr.
12 SCHEIBLE, Heinz: Philipp Melanchthon, Gestalten der Kirchengeschichte, Reformationszeit II, Band 6, Hg. Martin GRESCHAT, Stuttgart 1993, 76.

Bald darauf beginnt er das Studium in Heidelberg.[13] Im Sinne der Scholastik umfasst es die „Sieben Freien Künste“. Das sind – zunächst im Rahmen des sog. Triviums – die großen Drei: Grammatik, Rhetorik und Logik. Da geht es um die Ordnung im Denken und die Ordnung im Reden. Daran, wie Du sprichst, zeigt sich, wie Du denkst – und ob überhaupt etwas. Dem Trivium schließt sich – sozusagen als Magisterstudiengang – das Quadrivium an, mit den vier Kernfächern: Arithmetik und Geometrie (also: Mathematik), sowie Astronomie (Himmelskunde) und Musik bzw. Musiktheorie. Man war der Überzeugung, mit diesen „sieben Künsten“ den Schlüssel in der Hand zu haben zum Verständnis der Welt und des Menschen.

Was übrigens die Auffassung der Musik als astronomisch-mathematische Disziplin betrifft, müssten wir – wie jene damals – nun ebenfalls über Pythagoras, Aristoteles und Augustinus[14] sprechen. Über Johannes Kepler[15] mit seiner „Harmonik der Welt“, wo er den Kosmos als ein Regelwerk beschrieben hat, das im Zusammenhang mit den Prinzipien der Harmonielehre steht. Unglaublich! Wir müssten über Leonhard Euler[16] sprechen, der die mathematischen Gesetzmäßigkeiten und Formproportionen erkannt hat, denen Töne und Intervalle, Akkorde und Rhythmen folgen.[17] Eine wirklich spannende Geschichte.

Praktisch ließe sich das alles z.B. am Werk von Johann Sebastian Bach anschaulich machen. Aber das wäre ein anderer Vortrag. Für heute mag die Feststellung genügen, dass die Musik als Form angewandter Mathematik integraler Bestandteil des scholastischen Bildungsbegriffs gewesen ist. Sie hat die Weltsicht der Reformatoren und ihre Auffassung von Gott und dem Menschen entscheidend beeinflusst.

3. Die Reformation als Vernetzungsphänomen

Doch neben der Hinwendung zu den Wurzeln und dem scholastischen Bildungsbegriff, von dem das Musikverständnis der Reformation durchdrungen war, tritt nun noch ein dritter, gewissermaßen „moderner“ Aspekt.

Der Brettener Reformator hatte mit dem Menschen von heute insofern eine gewisse Ähnlichkeit, als er hochvernetzt war. Dies hat entscheidend dazu beigetragen, dass die Wittenberger Reformation kein kursächsisches Einzelphänomen geworden bzw. geblieben ist.

Oft über Schüler, die seinetwegen nach Wittenberg gekommen und dann mit der Reformation im Kopf nach Hause zurückgekehrt sind, entwickeln sich Beziehungen zu den Zentren der Zeit. Im deutschsprachigen Raum sowieso. Aber auch darüber hinaus: Von London bis Venedig. Von Paris bis ins Baltikum nach Riga in Lettland und Reval – dem heutigen Talinn – in Estland.

In dieses Netzwerk waren die bedeutenden Musiker der Zeit eingebunden.[18]

---

13 Zum Folgenden RIEHM, 137.

14 *354; † 430.

15 * 27. Dezember 1571 in Weil der Stadt; † 15. November 1630 in Regensburg

16 * 15. April 1707 in Basel; † 18. September 1783 in Sankt Petersburg.

17 HARTFELDT, Christian u.a.: Mathematik in der Welt der Töne, Magdeburg 2002, 1, http://www.math.uni-magdeburg.de/reports/2002/musik.pdf (18.6.2016).

18 Zum Folgenden RIEHM, 140 f.

Allen voran der Torgauer Kantor und spätere Hofkapellmeister in Dresden Johann Walter,[19] Verfasser und Herausgeber des ersten evangelischen Chorgesangbuchs von 1524. Zu seiner Melodie singen wir z.B. heute noch den Text von Johannes Zwick[20], einem Freund und Weggefährten Ulrich Zwinglis: „All Morgen ist ganz frisch und neu". (EG 440)

Oder Sixtus Dietrich[21], der in Anlehnung und Weiterentwicklung niederländischer Kunst die Mehrstimmigkeit in die evangelische Kirchenmusik des deutschsprachigen Raums eingeführt hat.[22]

Oder auch der Dresdner Hofprediger und spätere Leipziger Superintendent Nikolaus Selnecker.[23] Von ihm haben wir u.a. gelernt: *Nun lasst uns Gott, dem Herren Dank sagen und ihn ehren für alle guten Gaben, die wir empfangen haben.* (EG 320)

Oder auch Christoph Prätorius, der Onkel von Michael, der 1560 den Trauergesang zum Tode Melanchthons verfasst hat.

Wir kennen etwa 60 zeitgenössische, in ihrem Charakter sehr unterschiedliche und für den protestantischen Kontext – mindestens auf den ersten Blick – einigermaßen erstaunliche Kompositionen, die seine Texte vertonen oder seiner Person bzw. seinem Andenken gewidmet sind.

Da gibt es z.B. die Gattung der Motette mit gregorianischem Cantus firmus. Das ist ein Chorsatz, bei dem eine Stimme – i.d.R. der Tenor – die Melodieführung innehat und von den andern gewissermaßen begleitet wird. Einen Höhepunkt dieser musikalischen Form bildet 1610 im römischen Katholizismus die Marienvesper von Claudio Monteverdi[24].

Auf evangelisch-reformatorischer Seite ist z.B. Leonhard Paminger[25] zu nennen, eine der herausragenden Künstlerpersönlichkeiten des 16. Jahrhunderts, die der Wittenberger Reformation und ihrem humanistischen Bildungsideal eng verbunden war. Von ihm besitzen wir – neben einer umfangreichen literarischen Produktion – über 700 geistliche Vokalwerke unterschiedlichster Art.[26] Im Vorfeld des Regensburger Religionsgesprächs zwischen Johannes Eck und Philipp Melanchthon hat er diesem 1541 zwei solcher mehrstimmiger Antiphone gewidmet.[27] Sinnigerweise unter dem Leitmotiv des Jesuswortes aus Mt 10,16, wo es heißt: *Siehe, ich schicke Euch wie Lämmer unter die Wölfe, seid klug wie die Schlangen und sanft wie die Tauben.*

Daneben gibt es – noch erstaunlicher – die Gattung des gregorianischen Chorals im engeren Sinne. Textlich angepasst an die reformatorische Theologie, ist er im normal-evangelischen Gottesdienst lange Zeit durchaus zuhause gewesen ist. Noch heute wird er praktiziert. Etwa

19 * 1496 in Kahla a. d. Saale; † 10. April 1570 in Torgau.
20 * um 1496 (?) in Konstanz; † 23. Oktober 1542 in Bischofszell (Thurgau).
21 * 1494 in Augsburg; † 21. Oktober 1548 in St. Gallen.
22 http://www.deutsche-biographie.de/sfz10058.html (12.4.2016).
23 * 6. Dezember 1530 in Hersbruck; † 24. Mai 1592 in Leipzig.
24 * vor 15. Mai 1567 in Cremona; † 29. November 1643 in Venedig.
25 * 29. März 1495 in Aschach an der Donau; † 3. Mai 1567 in Passau.
26 http://www.ooegeschichte.at/themen/kunst-und-kultur/literaturgeschichte-oberoesterreichs/literaturgeschichte-ooe-in-abschnitten/1500-1800/dichtung-in-oberoesterreich.html (20.6.2016).
27 KNOPP, Ludwig: Melanchthon in der Musik seiner Zeit. In: ALBRECHT, Christoph u.a. (Hg.): Musik und Kirche, 67. Jg., Heft 3, 1997, [KNOPP], 166 f.

in den Stundengebeten von Kloster Kirchberg in Sulz am Neckar, einer Einrichtung der lutherischen Landeskirche in Württemberg – und nicht nur da.[28]

Im 16. Jahrhundert war in diesem Feld einer der wichtigsten Protagonisten Lucas Lossius[29] aus Lüneburg. Wenn man so will: Der Hymnologe der Reformation. Heute eher unbekannt, unter den Musikern seiner Zeit aber einer der *ganz* Großen. Er hat Philipp Melanchthon 1553 eine Sammlung gregorianischer Gesänge gewidmet. Das war im Grunde *ein großangelegter Versuch, die Gregorianik in ihren konstitutiven Elementen für den evangelischen Gottesdienst zu bewahren.*[30] „Ehre sei Dir Christe, der Du littest Not" (EG 75). In der etwas herben Melodie dieses Osterlieds, mit dem Lucas Lossius heute noch in unserm Gesangbuch vertreten ist, klingt noch ein wenig durch von der Atmosphäre jener klösterlichen Musik.

Solche Veröffentlichungen wurden regelmäßig – nicht zuletzt um ihnen theologische Autorität zu verleihen – mit dem Vorwort eines Reformators versehen. Nicht ausschließlich, aber oft auch von Philipp Melanchthon.[31] Auf diese Weise entsteht das Wichtigste, was die Reformation programmatisch an Musiktheorie bzw. Musiktheologie hervorgebracht hat.[32]

III. Theologie und Musik in der reformatorischen Bewegung

So begründen am Ende diese drei Gesichtspunkte die Verbindung zwischen der Reformation und ihrer Musik: Die Sprache. Das Denken und die Lyrik der Antike. Dann die Struktur des spätmittelalterlichen Bildungs- und Ausbildungskonzepts, das die Musik – gleichsam als „Abbild des Himmels" – neben die Mathematik, die Astronomie und die Geometrie stellt. Und schließlich: Der hohe Vernetzungsgrad innerhalb der reformatorischen Bewegung, der insbesondere an Philipp Melanchthon anschaulich wird.

Weil er mit seinen Äußerungen durchaus stellvertretend steht für seine Mitstreiter und zugleich erheblichen Anteil an der Verbreitung der gemeinsamen Programmatik hat, werfen wir im Folgenden noch einen genaueren Blick auf ihn.

1. Musik als Teil der menschlichen Natur

Nicht weniger als eine *Ordnung Gottes*[33], eine Schöpfungsordnung, sieht Melanchthon in der Musik. Denn: Über den Sinn für … *die Unterscheidung der Töne*[34] verfüge der Mensch von Geburt an. Seine Natur sei von Gott so *organisiert, dass sie bestimmte Stufen und Entfernungen der Stimmen empfindet,* […] *durch ihren Zusammenklang freundlich berührt* [und] *durch ihren*

28 Ebenfalls Kloster Stift zum heiligen Grabe, eine Einrichtung im Gebiet der EKBO.

29 * 18. Oktober 1508 in Vaake/Hessen; † 8. Juli 1582 in Lüneburg.

30 https://www.the-saleroom.com/en-gb/auction-catalogues/reiss-and-sohn/catalogue-id-reisss10003/lot-e01b0aaa-da12-4f94-bd95-a60100e966fd (20.7.2016).

31 KNOPP, 170.

32 Zum Folgenden RHEIN, Stefan: Melanchthon und die Musik, in: SCHILLING, Johannes u.a. (Hg.): Luther, 82. Jg., Heft 2, 2011, [RHEIN], 120.

33 Zitiert nach Melanchthons Lob der Musik, in: Monatschrift für Liturgie und Kirchenmusik, Gütersloh, 22 (1897), 2, [LOB], 31.

34 MELANCHTHON, Philipp: Lob der Musik, in: Monatsschrift für Liturgie und Kirchenmusik, Gütersloh 22 (1897), S. 31 [LOB].

Mißklang beleidigt wird [, sodass] *verschiedene Harmonien verschiedene Empfindungen des Herzens und des Geistes erwecken.*[35]

Diese Ordnung Gottes, sagt Melanchthon, *wollen wir anerkennen, obwohl wir sie nicht völlig begreifen, und Gott loben, der* [...] *der Menschennatur den Sinn für Musik eingepflanzt hat.*[36]

Vor diesem Hintergrund erweist sich als trauriger Irrtum, wenn jemand meint, gewissermaßen „von Natur aus" nicht singen zu können. Die Reformatoren würden sagen: „Du hast vielleicht keine Lust, zu üben. Oder Du hast vergessen, wie es sich anfühlt, wenn Du voller Klang bist. Vielleicht ahnst Du auch, was Musik in Dir auslösen könnte und fürchtest Dich davor. Oder Du traust Dich nicht, weil irgendein Schwachkopf – womöglich noch vor andern – mal zu Dir gesagt hat, Du könnest nicht singen. Doch die Wahrheit ist: Du bist voller Musik, und singen kannst Du, weil Gott Dich so gemacht hat."

Weil das so ist, hat Musik die Kraft, die Seele zu beeinflussen, zu Gott hinzulenken und zum Gebet zu entzünden.[37] Darauf kommt es ihnen immer wieder an und in diesem Sinne ruft auch Melanchthon seinen Lesern zu: *Deshalb wollen wir nicht dem Beispiel derer folgen, die die Musik verachten, sondern wollen lieber zum Singen auffordern und wollen durch Beispiele und die Süße der Gesänge die Jugend und alle einladen sich durch musikalische Übungen zum Nachsinnen über Gott anzufeuern.*[38]

Was ist oder tut Kirchenmusik im Lichte der reformatorischen Bewegung?

Sie hilft nicht nur im Sinne der „Torgauer Formel" das Evangelium zu bewahren und zu verbreiten.[39] Sie ist nicht nur Verkündigung. Vor allem ist sie der Königsweg, über Gott nachzusinnen. Erst dann erreicht sie die Virtuosität, die ihr möglich ist: Wenn sie dies nicht aus dem Blick verliert.

2. Die homiletische und katechetische Funktion der Musik

Das führt uns zur katechetischen Funktion der Kirchenmusik.[40] Für die Reformatoren besteht eine klare Beziehung zwischen dem musikalischen Bildungsstand der Menschen und den kirchlichen Verhältnissen, unter denen sie leben.[41] Und weil es in diesem Zusammenhang neben musikalischem auch pädagogisches Können und theologisches Wissen braucht, haben die Protagonisten der Reformation sich am scholastischen Ideal des Kantors als eines akademisch-theologisch gebildeten, kompositorisch tätigen Musikers orientiert,[42] dessen Musik um Gottes Ehre willen der Verkündigung des Evangeliums dient und auf die Unterweisung der Gemeinde zielt.

35 LOB, a.a.O.
36 LOB, a.a.O.
37 LOB, 32.
38 Zit. n. RHEIN, 121.
39 Selectae harmoniae quatuor vocum de passione domini, vgl. dazu SPEHR, Christopher: Musik – Herzschlag der Seele, in: SCHILLING, Johannes u.a. (Hg.): Luther, 83. Jg., Heft 1, 2012, [SPEHR], 5.
40 SPEHR, 4.
41 RHEIN, 121.
42 RIEHM, 138

Noch einmal Philipp Melanchthon: *Die Erinnerung an Melodien und Lieder ist dauerhafter.* [Sie lässt] *die richtigen Lehrsätze besser in die Seelen eindringen* [und] *die Herzen heftiger schlagen* [...] *und bewegen.*[43]

Deshalb stand das *Lied* so sehr im Zentrum der Reformation und ihrer Musik. Deshalb auch haben sie alle so großen Wert auf die Vertonung von Texten – *biblischen Texten!* – gelegt. Und deshalb schließlich Luthers Forderung, das [...] *Singen und die Musik samt der ganzen Mathematik* müsse einen festen Platz im schulischen Lehrplan haben.[44] Kirchenmusik erscheint als Mittel der biblischen Unterweisung bzw. inneren Erneuerung des Menschen durch die Botschaft des Evangeliums: Das geistliche Lied als Hilfe, die Herzen dem Glauben zu öffnen. Denn wenn alles gesagt und gesungen ist, bleibt am Ende nur, was das Herz erreicht und dort seinen Wurzelgrund gefunden hat.

Diesen Zusammenhang können alle bestätigen, die selber singen. Wenn man z.B. mal – sagen wir – „Jesu, meine Freude" (BWV 227) für Tenöre vielleicht ab Takt 210 chorisch geübt hat und über die Wochen in den Proben ungefähr 344 Mal an immer gerade *der* Stelle aus der Kurve getragen worden ist, wo es – Anlehnung an den Römerbrief – darum geht, dass wir nicht fleischlich sind sondern geistlich, dann hat man das irgendwann schon verinnerlicht. Obwohl man es – wie Melanchthon ganz richtig sagt – tatsächlich nicht völlig begreift. „Learning by heart", sagt der Brite, und er meint damit: Wahrheit erschließt sich auf einer tieferen Ebene durch Wiederholung. Selbst, wenn man sie nicht immer gleich kognitiv erfasst. Dass dies in exponiertem Maße für das Evangelium gilt, liegt auf der Hand. Denn wer von uns *begreift* schon Gottes Liebe, die uns zu seinen Hausgenossen macht, obwohl wir Sünder sind. Der – nicht nur von Jugendlichen, sondern auch von Erwachsenen geübten – Klage, der Gottesdienst sei immer dasselbe und so langweilig und die Predigt verstehe man auch nicht, folgt auf dem Fuße deshalb immer die Frage: „Hast Du Dich denn mit der Botschaft *innerlich* auseinandergesetzt?" „Warst Du wirklich ‚da' als Du da warst?"

Das führt uns zu einem letzten Punkt.

3. Musik als Mittel der Seelsorge

Womöglich aus eigener Betroffenheit akzentuiert Philipp Melanchthon – ähnlich wie Luther – die seelsorgerliche Dimension der Musik. Niemand, der davon nicht wüsste. Sie dämpfe – sagt der Reformator – *Traurigkeit und Zorn*[45] und lindere die Unruhe des Herzens. Im Rückgriff auf Traditionen antiker Lyrik[46] hat er ein Lobgedicht auf die Musik verfasst, das deren heilsame Wirkung preist. Wir können es nicht genau datieren, aber es dürfte wohl seinen jüngeren Jahren zuzurechnen zu sein.[47] Es hat etwas unmittelbar Berührendes,

43 SPEHR, 5.

44 LUTHER, Martin: An die Ratsherrn aller Städte deutschen Landes, dass sie christliche Schulen aufrichten und halten sollen, 1524 in: BORNKAMM, Karin u.a. (Hg.): Martin Luther. Werke, Bd. 5, Frankfurt 1982, 64.

45 LOB, 32

46 Elegische Distichen, vgl. dazu und zum Folgenden RHEIN, 121 f.

47 KNOPP, Ludwig: Melanchthon in der Musik seiner Zeit – eine bibliographische Studie, in: FRANK, Günter (Hg.): Der Theologe Melanchthon, Melanchthon-Schriften der Stadt Bretten, Bd. 5, Stuttgart

denn es lässt den *Menschen* Philipp Melanchthon erahnen, der schon weiß, warum Musik ihm so viel bedeutet:

Musica, sanft und mit Wohlklang berührst Du die Ohren der Menschen und das traurige Herz richtest Du uns mit wunderbarer Gabe auf.
Einzigartig gewinnend in mannigfachem Gesange,
wehrst Du der Trauer, lobpreist mit heller Stimme Du Gott.
Göttlicher Geist entzündet mit Feuer die heiligen Herzen,
bindet an sich durch Musik, was schmerzvoll darniederliegt.
Er hat gegeben den traurigen Sinnen fröhliche Lieder
er lässt das menschliche Herz jubeln in frohem Gesang…

Die Wertschätzung, die – mit den Reformatoren im Allgemeinen – Philipp Melanchthon der Musica entgegengebracht hat, wurde von ihr durchaus wahrgenommen und erwidert. Universität und Stadt Wittenberg sind durch ihn Orte intensiver Musikpflege geworden und die Anekdote weiß zu berichten, dass sich vor seinem Hause immer wieder Studenten zu nächtlichen Serenaden versammelt haben, um, wie es heißt: … *das traurige Herz des göttlichen Mannes aufzuheitern, indem sie mit Stimme und süßtönendem Saitenspiel Lieder*[48] vorgetragen haben.

Wir fassen den Vortrag in vier Punkten zusammen:

1. Die Reformation war eine Singbewegung und geistliche Musik von daher zunächst *gesungene* Musik. Dazu haben die Reformatoren hauptsächlich Texte beigetragen, wobei vor allem Martin Luther sich auch als Komponist betätigt hat. Das deutet auf die enge Verbindung zwischen Text und Ton. Zwischen der Theologie als nach*gesprochener* und der Musik als nach*gesungener* Botschaft der Bibel. Für die Reformation ist sie Mittel der Verkündigung des Evangeliums durch die Gemeinde.
2. Deshalb schuldet evangelische Kirchenmusik den Menschen von heute immer noch beides: die Musik *und* den Text. Die Kantoren und Kantorinnen stehen folglich vor einer doppelten Aufgabe: Der musikalisch-pädagogischen, die zum Singen hilft, ermutigt und befähigt. Und der theologischen, die dem Verständnis des gesungenen Textes dient. Erst dann erreicht evangelische Kirchenmusik ihre eigentliche Virtuosität. Nicht das einzige, aber eines der fulminantesten Beispiele ist die H-Moll-Messe von Johann Sebastian Bach.
3. Im reformatorischen Verständnis ist die Fähigkeit zur Musik eine Schöpfungsordnung. Unabhängig davon, wie sie mit dieser Gabe umgehen, sind Menschen musikalisch, weil Gott sie so gemacht hat.
4. Im Licht dieser Voraussetzungen bestand für die Reformation ein dreifaches Interesse an der Musik:

2000, 430.
48 Zit. n. RHEIN, 119.

- Sie ist Teil und Ausdruck des scholastisch-humanistischen Bildungsverständnisses, das seinerseits die Reformatoren geprägt hat und dem sie gefolgt sind.
- Sie hat geistliche Relevanz, indem sie die Botschaft des Evangeliums „ins Herz pflanzt" und die Seele zu Gott hinlenkt bzw. zum Gebet entzündet.
- Sie hat tröstende und heilende Kraft. Deshalb steht sie nahe bei den Früchten bzw. Gaben des Geistes im Neuen Testament.[49]

49 z.B. Röm 12, 8 (Wer zum Trösten und Ermahnen berufen ist, der tröste und ermahne.); 1 Kor 12, 7.9 (Jedem aber wird die Offenbarung des Geistes geschenkt, damit sie anderen nützt [...] dem dritten im gleichen Geist Glaubenskraft, einem andern – immer in dem einen Geist – die Gabe, Krankheiten zu heilen.); Gal 5,22 (Die Frucht des Geistes aber ist Liebe, Freude, Friede, Langmut, Freundlichkeit, Güte, Treue...); Eph 5, 19 f (Ermuntert einander mit Psalmen und Lobgesängen und geistlichen Liedern, singt und spielt dem Herrn in eurem Herzen und sagt Dank Gott, dem Vater, allezeit für alles, im Namen unseres Herrn Jesus Christus.).

Das Amt des Papstes und die Reformation

Hendrik Stössel

Als Papst Franziskus nach seiner Wahl am Abend des 14. März 2013 auf die Loggia des Petersdoms trat, präsentierte er sich als der neue „Bischof von Rom".[1]

Er hätte auch einen andern Titel wählen können, denn er hat jede Menge davon. „Patriarch des Abendlandes" etwa. Oder auch: „Pontifex maximus"[2]. Größter Brückenbauer. So nennen sich die römischen Bischöfe seit etwa der Mitte des 5. Jahrhunderts.[3] Und so haben sie sich auch verstanden. Als eine Art „Brücke" zwischen Kulturen und Völkern. Der „Pontifex-Titel" manifestiert den Anspruch des römischen Bischofs, Repräsentant und Symbol kirchlicher Einheit und der Zusammengehörigkeit der bewohnten Welt zu sein. Der οἰκουμένη, und man ahnt es: Darin steckt natürlich unser Wort „Ökumene".

1. Die frühe Kirche und ihre Teilkirchen

In der Zeit, in der der Pontifex-Titel aufkommt, existiert die Christenheit als relativ lockere *Gemeinschaft von Teilkirchen*. Die fünf wichtigsten unter ihnen sind die Patriarchate. Unbeschadet gewisser Unterschiede im Einzelnen bilden sie eine Einheit in versöhnter Verschiedenheit. Sie ruht auf einem dreifachen Fundament: Dem gemeinsamen Glauben an Jesus Christus. Der Bibel als gemeinsames Grunddokument. Und auf einer im Großen und Ganzen gemeinsamen Äußerungsform: Der gottesdienstlichen Liturgie. Ihre leitenden Geistlichen werden „Vater" genannt. Auf lateinisch „pater". Daher: Patriarch. Auf griechisch „papa"(„πάππα"). Daher: „Papst". Zunächst ist das ein relativ verbreiteter Ehrentitel.[4] Er unterstreicht u.a. die Bedeutung und Gleichrangigkeit der 5 frühkirchlichen Patriarchate.

Eins davon liegt dort, wo die Sonne untergeht: Im weströmischen Reich. Im Abendland. Grob gesagt: Das heutige Europa. Sein Zentrum war Rom, die „Ewige Stadt". Damals steht sie in unmittelbarer Konkurrenz zur Hauptstadt des oströmischen Reichs: Konstantinopel. Lang war das Byzanz. Heute ist es Istanbul. Hier bzw. in unmittelbarer Nähe haben sieben von den ersten acht großen Konzilsversammlungen der frühen Kirche stattgefunden.[5] Man kann

1 https://www.youtube.com/watch?v=dYYI2WCBvHo (25.1.17).

2 https://www.kath.de/kurs/vatikan/papst.php (27.1.17).

3 https://www.kath.de/kurs/vatikan/papst.php (27.1.17).

4 Nachdem irgendwann auch Bischöfe von Santiago de Compostela begonnen hatten, sich mit dem Papst-Titel zu schmücken, weil sie ihren Ort mit Andreas und Jakobus in Verbindung brachten, die – noch vor Petrus – Jünger Jesu geworden waren, legte ihn schließlich Gregor VII. exklusiv für den römischen Bischof als Oberhaupt der römisch-katholischen Kirche fest. Im 11. Jahrhundert war das. Unter dem Gesichtspunkt der Ewigkeit ist es also noch nicht so lange her, dass der Papsttitel im modernen Sinne als eine weitere von mehreren offiziellen Amtsbezeichnungen des römischen Bischofs etabliert wurde. https://www.kath.de/kurs/vatikan/papst.php (27.1.17).

5 Nicäa I (325), Konstantinopel I (385), Ephesus (431), Chalcedon = Kadiköy, Stadtteil v. Instanbul,

es sich kaum vorstellen, aber bis ins 15. Jahrhundert hinein war Byzanz alias Konstantinopel alias Istanbul eine wichtige Metropole der Christenheit.

Neben diesen beiden gab es noch – weiter im Osten, wo die Sonne aufgeht, im Morgenland – Jerusalem und Antiochia. Das liegt heute im Süden der Türkei. An der Grenze zu Syrien. Nicht so sehr weit weg von Aleppo. Der türkische Name „Antakya“ bewahrt den Nachklang an das alte „Antiochia“. Das NT berichtet, hier sei für die Jünger erstmals die Bezeichnung „Christen“ aufgekommen.[6]

Und dann war da noch– ebenfalls im Morgenland – das ehrwürdige Patriarchat von Alexandria. Heute ist das – nach Kairo – die zweitgrößte Stadt Ägyptens. Hier hat die koptisch-orthodoxe Kirche ihren Ursprung. Sie führt sich auf den Evangelisten Markus zurück. Obwohl die Kopten unsere Schwestern und Brüder in Christus sind, kennen wir ihren Namen – wenn überhaupt – beschämenderweise nur von den verheerenden Anschlägen, deren Opfer sie gerade jüngst wieder geworden sind. Kopten – das Wort bedeutet eigentlich: „Ägypter“ – gibt es in der ganzen Welt. Auch in Deutschland leben mehrere tausend. Bei Höxter in Westfalen haben sie zwei Klöster und Gemeinden gibt es von Bremen bis München und von Berlin bis Heidelberg.

Im Nahen Osten sind die Kopten die mitgliederstärkste aller christlichen Kirchen. Allein in Ägypten bekennt sich 1/5 der Bevölkerung zu ihr. Zur römisch-katholischen und zur evangelischen Kirche in Deutschland gehört je etwa 1/3. So sehr viel mehr ist das nicht. Das Oberhaupt der koptisch-orthodoxen Kirche ist der Bischof der Diözese Kairo. Sein offizieller Amtstitel – und hier wird es spannend – lautet: „Papst und Patriarch von Alexandrien und ganz Ägypten, unserer Gottesstadt Jerusalem, von Nubien (das ist das südliche Grenzgebiet Ägyptens zum Sudan hin), der Pentapolis (das ist in etwa das heutige Libyen[7]) und aller Länder der Predigt des heiligen Markus“.[8]

Auch das Oberhaupt der sehr viel kleineren griechisch-orthodoxen Kirche in Ägypten, das seinen Dienstsitz ebenfalls in Alexandria hat, führt die Amtsbezeichnung eines Papstes. Es ist wichtig, sich das klar zu machen. Denn es zeigt: „Papst“ können andere auch. Und der römische ist keineswegs der einzige auf Erden.

2. Der Ehrenprimat des römischen Bischofs

Rom also im Westen. Konstantinopel alias Byzanz alias Istanbul im Osten. Und daneben Alexandria, Antiochia und Jerusalem. In dieser Gemeinschaft der Teilkirchen ist dem Bischof von Rom mit der Zeit eine quasi-schiedsrichterliche, schlichtende Rolle zugewachsen, wenn es z.B. Meinungsverschiedenheiten gab in Fragen des Glaubens oder der Ethik. Das war weniger

asiatische Seite (451), Konstantinopel II (553), Konstantinopel III (680), Nicäa II (787), Konstantinopel IV (869).

6 Apg 11, 26.

7 Die mehr oder weniger feste Allianz der fünf antiken Städte Kyrene, Ptolemais, Apollonia, Taucheira und Euhesperides im Ostteil des heutigen Libyen gelegen.

8 Religionswissenschaftlicher Medien- und Informationsdienst e.V., Kurzinformation Religion: Koptisch-Orthodoxe Kirche, http://remid.de/info_kopten/ (23.1.17).

als autoritative „Führung“ und mehr als „Moderation“: Eine um Überzeugung werbende Verantwortung für die Einheit in der Gemeinschaft der Teilkirchen.

Ein Beispiel gibt der Erste Brief des Klemens an die Korinther, etwa aus dem Jahr 95 n. Chr.[9] Sein Verfasser ist Klemens I. Vermutlich der dritte oder vierte Nachfolger von Simon Petrus im Amt des römischen Bischofs. Also: Ganz früh. Man erkennt gut, wie die ganz frühen römischen Bischöfe der ihnen zugewachsenen Verantwortung gerecht zu werden versuchten. Klemens I. schreibt an die Korinther:

> *Wer ist unter euch edelmütig? Wer barmherzig? Wer voller Liebe? Der soll sprechen: „Wenn ich schuld bin an Aufruhr, Streit und Zwietracht, so will ich auswandern. Fortziehen, wohin ihr wollt, und tun, was die Mehrheit vorschreibt. Nur soll die Herde Christi mit ihren bestellten Ältesten in Frieden leben.“ Wer so handelt, wird sich großen Ruhm in Christus erwerben, und jeglicher Ort wird ihn aufnehmen.*[10]

Es sind vorrangig die Bitte, der Appell, die Mahnung, durch welche die Rolle des römischen Bischofs in der frühen Kirche definiert ist. Er ist „primus inter pares“. Erster unter Gleichen. *Vorsteher des Liebesbundes*[11] nennt man ihn und bezeichnet damit einen Ehrenvorrang. Einen Ehrenprimat, dessen Autorität darauf ruht, dass er in seinem Dienst an der Einheit von der Gemeinschaft der Kirchen – repräsentiert durch die fünf Patriarchate – im Großen und Ganzen akzeptiert und anerkannt wird.[12] Im Hintergrund stand der Gedanke, die sogenannten „Apostelfürsten“ Petrus und Paulus hätten Rom und seinen Bischof dadurch gleichsam „geadelt“, dass sie hier den Märtyrertod gestorben seien. Dies hat die Gläubigen seit frühesten Zeiten von überall her in die „Ewige Stadt“ gezogen und ihrem bischöflichen Amt zu Bedeutung, Reichtum und Ansehen verholfen.[13]

3. Das Schlüssel- und das Hirtenamt

Die biblische Grundlage bildet eine Szene im NT. Dort fragt Jesus seinen Jünger Petrus – auf Deutsch bedeutet dieser Name „Felsen“ –, wer er seiner Meinung nach sei. Und Petrus sagt:

> *Du bist Christus, des lebendigen Gottes Sohn!*

---

9 Vgl. zum Folgenden MCGUCKIN, John A.: Die frühen Kirchenväter, in: MUSELL, Gordon (Hg.): Die Geschichte der christlichen Spiritualität. Aus dem Englischen übersetzt von Bernardin Schellenberger, Stuttgart 2002, 34-35.

10 Bibliothek der Kirchenväter, Apostolische Väter, Erster Brief des Klemens an die Korinther, 54. Kapitel, 1-3, https://www.unifr.ch/bkv/kapitel4-54.htm (6.3.17).

11 Gruppe von Farfa Sabina (Hg.): Gemeinschaft der Kirchen und Petrusamt. Lutherisch-katholische Annäherung, Leipzig ²2014, [Farfa Sabina], 133.

12 Konstantinopel wurde auf dem Konzil von Chalcedon (451) ein „zweitrangiger Primat“ zugewiesen, weil diese Stadt jünger sei und sich – früher in Rom – nun hier Kaiser und Senat befänden, Farfa Sabina, 133.

13 LAUDAGE, Johannes: Gregorianische Reform und Investiturstreit, Darmstadt 1993, 77.

Auf dieses Bekenntnis hin antwortet wiederum Jesus:

> *Und du bist Petrus. Auf diesen Felsen will ich meine Gemeinde bauen und die Pforten der Hölle sollen sie nicht überwältigen. Dir will ich die Schlüssel des Himmelreichs geben. Was du binden wirst auf Erden, soll auch im Himmel gebunden sein. Und was du auf Erden lösen wirst, soll auch im Himmel gelöst sein.*[14]

Und an einer andern Stelle erhält Petrus von Jesus den Auftrag:

> *Weide meine Schafe.*[15]

Das „Schlüssel-" und das „Hirtenamt": Kraft der Anordnung Jesu[16] durch göttliches Recht dem Apostel Petrus verliehen. Und: Von diesem übergehend auf alle, die ihm in seinem Amt folgen. Diese Zuschreibung verändert mit der Zeit die Wahrnehmung des Amtes und seines Trägers. Der Patriarch des Abendlandes rückt auf vom „Vorsteher des Liebesbundes" zum „Stellvertreter Christi"[17]. Bis der einst wiederkommen und die Dinge zurück in die eigenen Hände nehmen wird. Darüber verändert sich auch der Papsttitel. Er hört auf, ein durch Menschen verliehener „Ehrentitel " zu sein und wird stattdessen zu einem durch Gott verliehenen „Rechtstitel". Gegründet und verbunden mit der Vollmacht Christi. Aber auch das Kirchenverständnis verändert sich. An die Stelle *einer* Gemeinschaft unterschiedlicher Kirchen tritt *eine* Kirche, in der allein die Kirche Jesu Christi sich „verwirklicht".[18] Untrennbar verknüpft mit dem päpstlichen Amt. Jetzt ist Kirche da – und *nur* noch da –, wo dieses Amt ist. „Einheit" wird identisch mit „Ausschließlichkeit".[19]

14 Mt 16, 15-19.

15 Joh 21, 15-17.

16 https://www.kath.de/kurs/vatikan/papst.php (27.1.17).

17 https://www.kath.de/kurs/vatikan/papst.php (27.1.17).

18 Die Erklärung DOMINUS IESUS weist nachdrücklich darauf hin, dass die in diesem Zusammenhang verwendete Formel *verwirklicht sich in (= subsistit in)* dem II. Vatikanum dazu gedient hat, [...] *zwei Lehrsätze miteinander in Einklang bringen: auf der einen Seite, dass die Kirche Christi trotz der Spaltungen der Christen voll nur in der katholischen Kirche weiter besteht,* und auf der anderen Seite, *dass außerhalb ihres sichtbaren Gefüges vielfältige Elemente der Heiligung und der Wahrheit zu finden sind* [...]. Von daher widerspreche die *authentische Bedeutung* von Art. 8 der Dogmatischen Konstitution „Lumen Gentium" vom 21.11.1964 der *Meinung* [...], *dass die einzige Kirche Jesu Christi auch in andern Kirchen verwirklicht sein könnte.* Im Blick auf diese sei vielmehr festzuhalten, dass *deren Wirksamkeit sich von der der katholischen Kirche anvertrauten Fülle der Gnade und Wahrheit herleitet,* vgl. Kongregation für die Glaubenslehre, Erklärung DOMINUS IESUS über die Einzigkeit und die Heilsuniversalität Jesu Christi und der Kirche Antworten auf Fragen zu einigen Aspekten bezüglich der Lehre über die Kirche, Deutsche Bischofskonferenz (Hg.), Verlautbarung des Apostolischen Stuhls Nr. 148, Bonn 2008, [Dominus Iesus], 30-31,http://www.dbk-shop.de/media/files_public/puofefuebv/DBK_2148_Auflage4.pdf (23.2.17).

19 Dominus Iesus, 52.

Das betrifft weite Teile der Orthodoxie[20] des Ostens. Aber vor allem und in ganz besonderer Weise betrifft es die Welt des Protestantismus. Hier erkennt der römische Blick gar keine richtige Kirche, sondern nur kirchenähnliche Gebilde. „Kirchliche Gemeinschaften". Mindere, unvollständige Formen. Defizitär und mit Mängeln behaftet.[21] Was Jesus mit dem Schlüssel- und dem Hirtenauftrag gemeint habe, verwirkliche sich in Vollständigkeit nur da, wo ein Zusammenhang bestehe zur römischen Kirche[22], die vom jeweiligen Nachfolger des Apostelfürsten Petrus in Gemeinschaft mit ihren Ortsbischöfen geleitet werde.[23] Wo das nicht der Fall sei, handle es sich um eine Fehlerhaftigkeit, die nur geheilt werden könne durch die Rückkehr zum Bischof von Rom.[24] Bis dies geschehe, ermangele den „kirchlichen Gemeinschaften" des Protestantismus *ein wesentliches* [...] *Element des Kircheseins* [sodass sie] *nicht „Kirchen" im eigentlichen Sinne genannt werden* [können][25].

So sagt es – ziemlich wörtlich – die Erklärung „Dominus Iesus", die im Jahr 2000 unter der Federführung Josef Kardinal Ratzingers im Namen und Auftrag des damaligen Papstes Johannes Paul II. veröffentlicht und 2008 in 4. Auflage neu erschienen, d.h. in ihrem Bestand bestätigt worden ist. In der Orthodoxie wurde sie kaum zu Kenntnis genommen. Anders im Protestantismus. Hier hört man, was Rom sagt. Denn bei allen Unterschieden weiß man sich doch *demselben Herrn* verpflichtet und deshalb auch – um es in Anlehnung an Philipp Melanchthon zu sagen – dem wechselseitigen Gespräch. Und das beginnt nun mal mit dem Hören auf das, was die sagen, denen man sich verbunden weiß. Allerdings beklagte man auf evangelischer Seite schon bei Erstveröffentlichung *manifeste theologische Irrtümer*. Die Erklärung der Glaubenskongregation erwecke den Eindruck, als *identifiziere die römisch-katholische Kirche in falscher Weise die Autorität Jesu Christi mit ihrer eigenen.*[26] Man sprach von der *Verfestigung* [des] *traditionellen* [römisch-katholischen] *Selbstverständnisses* und von dem Rückschlag, den dies bedeute *für das ökumenische Miteinander in versöhnter Verschiedenheit.*[27]

Wie mich mein Vater gesandt hat, so sende ich Euch! [...] *Nehmt hin den Heiligen Geist! Welchen ihr die Sünden erlasst, denen sind sie erlassen; und welchen Ihr die Sünden behaltet, denen sind sie behalten*, sagt Jesus im Johannesevangelium.[28] Von daher hat die reformatorisch

20 Insgesamt erkennt die römisch katholische Kirche insgesamt 23 katholisch-orthodoxe Ostkirchen als katholische Teilkirchen an, u.a. die armenisch-katholische, die äthiopisch-katholische, die griechisch-katholische oder auch die koptisch-katholische (im Gegensatz zur koptisch-orthodoxen) Kirche. Entscheidendes Kriterium ist die Unterstellung unter den Jurisdiktionsprimat des römischen Bischofs.

21 Dominus Iesus, 32.

22 Dominus Iesus, 32.

23 Dogmatische Konstitution Lumen gentium, 8, http://www.vaticarsten.de/theologie/vatii/lg.htm (23.2.17).

24 Dominus Iesus, 52.

25 Dominus Iesus, 54.

26 Synode der EKD, Zur Vatikanischen Erklärung Dominus Iesus, 5.-10. November 2000, http://www.ekd.de/synode2000/beschluesse_dominusiesus.html (23.2.17).

27 KOCK, Manfred: Stellungnahme zu der von der Kongregation für die Glaubenslehre der römisch-katholischen Kirche veröffentlichen Erklärung „Dominus Iesus", 9. September 2000, http://www.ekd.de/presse/949.html (23.2.17).

28 Joh 20, 21-23.

– protestantische Sicht in die ökumenische Debatte u.a. auch dies einzubringen: Keineswegs ist das Hirten- und das Schlüsselamt *exklusiv* an Petrus gebunden, sondern mit ihm an den Jüngerkreis insgesamt, zu dem im Übrigen auch Frauen gehört haben.[29]

In der Tat haben uns die Reformatoren gelehrt, die Einheit der Kirche nicht über ein *Amt* zu definieren. Und schon gar nicht über den Menschen, der es trägt. Sondern über den *einen und gemeinsamen Herrn* Jesus Christus bzw. seine in Wort und Sakrament – Predigt, Abendmahl und Taufe – verkündigte Botschaft. In diesem Sinne sind Ämter in der evangelischen Kirche *Funktionen*. Zugegebenermaßen war und ist dies in der evangelischen Kirche nicht immer allen hinreichend klar. Umso wichtig ist es, daran zu erinnern: Aus protestantischer Perspektive gibt es keine geistlich-theologisch begründete Sonderstellung. Das gilt auch für das Amt des Papstes. Jedenfalls dann, wenn es mehr sein sollte, als ein Ehrenprimat im Sinne der frühen Kirche. Ganz abgesehen davon, dass der römische Papst – wie wir gesehen haben – innerhalb der Weltchristenheit eine solche Sonderstellung ja *faktisch* auch gar nicht hat. In evangelischem Verständnis gelten Schlüssel- und Hirtenauftrag – im Sinne des Priestertums aller Gläubigen[30] – niemals einem *Einzelnen*, sondern immer der *ganzen* Kirche in *allen* ihren Ämtern bzw. Funktionen.[31] Das zugrundeliegende neutestamentliche Bild ist das vom Leib Christi und seinen Gliedern.[32] In unterschiedlichen Funktionen, aber gleichberechtigt. *Ihr seid alle einer in Christus*, schreibt der Apostel Paulus.[33]

4. Der universale Jurisdiktionsprimat

Deshalb:

> [...] *wo kein Priester ist, tut jeder Christ genauso viel* [...]. *Denn wenn ein Christ Dir sagen kann:* „[Gott] *vergibt Dir Deine Sünde im Namen* [des Vaters und des Sohnes

29 Lk 8, 1-4: *Und es begab sich danach, dass er von Stadt zu Stadt und von Dorf zu Dorf zog und predigte und verkündigte das Evangelium vom Reich Gottes; und die Zwölf waren mit ihm, dazu etliche Frauen, die er gesund gemacht hatte von bösen Geistern und Krankheiten, nämlich Maria, genannt Magdalena, von der sieben Dämonen ausgefahren waren und Johanna, die Frau des Chuza, eines Verwalters des Herodes, und Susanna und viele andere, die ihnen dienten mit ihrer Habe.*

30 1 Petr 2,9: *Ihr aber seid ein auserwähltes Geschlecht, ein königliches Priestertum, ein heiliges Volk, ein Volk zum Eigentum, dass ihr verkündigen sollt die Wohltaten dessen, der euch berufen hat aus der Finsternis in sein wunderbares Licht* [...].

31 Joh 20, 21-23: *Wie mich mein Vater gesandt hat, so sende ich Euch!* [...] *Nehmt hin den Heiligen Geist! Welchen ihr die Sünden erlasst, denen sind sie erlassen; und welchen Ihr die Sünden behaltet, denen sind sie behalten.*

32 1 Kor 12,12-18: *Denn wie der Leib einer ist und hat doch viele Glieder, alle Glieder des Leibes aber, obwohl sie viele sind, doch ein Leib sind: so auch Christus. Denn wir sind durch einen Geist alle zu einem Leib getauft, wir seien Juden oder Griechen, Sklaven oder Freie, und sind alle mit einem Geist getränkt. Denn auch der Leib ist nicht ein Glied, sondern viele. Wenn nun der Fuß spräche: Ich bin keine Hand, darum gehöre ich nicht zum Leib!, gehört er deshalb etwa nicht zum Leib? Und wenn das Ohr spräche: Ich bin kein Auge, darum gehöre ich nicht zum Leib!, gehört es deshalb etwa nicht zum Leib? Wenn der ganze Leib Auge wäre, wo bliebe das Gehör? Wenn er ganz Gehör wäre, wo bliebe der Geruch? Nun aber hat Gott die Glieder eingesetzt, ein jedes von ihnen im Leib, so wie er gewollt hat.*

33 Gal 3,28.

> und des Heiligen Geistes], *und Du kannst das Wort mit festem Glauben erfassen, als würde es Gott* [selbst] *zu Dir sprechen, dann bist Du in einem solchen Glauben zuverlässig freigesprochen.* [Also] *hängt alles voll und ganz vom Glauben an Gottes Wort ab, denn der Papst, Bischof oder Priester können zu Deinem Glauben nichts hinzutun.* [Und die] *Gewalt, die Sünden zu vergeben, ist nichts anderes, als daß* [...] *wenn es nötig ist, jeder Christ zu dem andern sagen* [...] *kann: ‚Sei getrost, Dir sind Deine Sünden vergeben* [...] *Wer glaubt, dem ist alles zum Nutzen und nichts zum Schaden. Wer nicht glaubt, dem ist alles zum Schaden und nichts zum Nutzen.*"[34]

So sieht es Martin Luther. Damit wendet er sich gegen die Anschauung seiner eigenen Kirche. Für Viele ist das zu einer Befreiung geworden und zur Neuentdeckung des Evangeliums. Denn mit der Veränderung des römischen Bischofs vom Ersten unter *Gleichen* hin zum Ersten von *Allen* entwickelte sich die Idee einer umfassenden Entscheidungsgewalt in Sachen des Glaubens und der Ethik, des Rechts und – zuzeiten auch! – der Politik. Jetzt ging es nicht mehr um „schlichten" und „werben", sondern um „herrschen". Der frühkirchliche Ehrenprimat wird zum *universalen Jurisdiktionsprimat.* Das klingt etwas kompliziert, beschreibt aber eine ganz einfache Sache: Der Patriarch des Abendlandes, der Bischof der „Ewigen Stadt", der römische Papst verfügt als Stellvertreter Christi in der Kirche über

> *die höchste, volle, unmittelbare und universale ordentliche*[35] *Gewalt, die er immer frei ausüben kann.*[36]

Er steht dabei zwar in der Gemeinschaft mit den Bischöfen und Kardinälen, ja mit der ganzen römischen Kirche. Ihrer aller erste Pflicht ist es, ihn zu unterstützen und ihm zu helfen.[37] Am Ende aber hat er das Recht, selbst und frei

> [...] *zu bestimmen, ob er dieses Amt persönlich oder im kollegialen Verbund ausübt.*[38]

Und gegen das, was er in dieser Weise entscheidet, gibt es kein Rechtsmittel. Keine Berufung. Keine Beschwerde.[39] *Roma locuta causa finita: Wenn Rom gesprochen hat, ist die Sache erledigt.* So sagt es das geltende katholische Kirchenrecht, das insoweit seine Wurzel im Ersten Vatikanischen Konzil hat. Dort wurde am 18. Juli 1870 – also vor knapp 150 Jahren – der

34 Martin Luther, Sermon vom Sakrament der Buße (1519) in: BEINTKER, Horst u.a. (Hg.): Martin Luther Taschenausgabe, Band 3, Sakaramente, Gottesdienst, Gemeindordnung, Berlin ^{2}1983, Rdnr. 9, 30-31, Rdnr. 21, 38-39.

35 Sie ist *allein* und ausschließlich an die Person des römischen Papstes gebunden, vgl. Farfa Sabina, 74-75.

36 Can. 333, § 1 CIC, http://www.codex-iuris-canonici.de/buch2.htm (25.1.17).

37 Can. 334 CIC, http://www.codex-iuris-canonici.de/buch2.htm (25.1.17).

38 Can 333, § 2 CIC, http://www.codex-iuris-canonici.de/buch2.htm (25.1.17).

39 Can. 333 § 3 CIC, http://www.codex-iuris-canonici.de/buch2.htm (25.1.17).

universale Jurisdiktionsprimat des Papstes zum Dogma erhoben. Also: Zum verbindlichen Lehrsatz mit absolutem Wahrheitsanspruch. Seitdem gilt als vom Heil getrennt

> *.... wer sagt der römische Bischof habe nur das Amt einer Aufsicht oder Leitung und nicht die volle und oberste Gewalt der Rechtsbefugnis über die ganze Kirche* [oder auch] *wer sagt,* [er] *habe nur einen größeren Anteil, nicht aber die ganze Fülle dieser höchsten Gewalt,* [oder wer schließlich bestreitet, dass] *diese seine Gewalt* [sich] *ordentlich und unmittelbar,* [...] *über die gesamten und* [...] *einzelnen Kirchen wie über die gesamten und einzelnen Hirten und Gläubigen* [erstreckt][40].

Umfassender geht es nicht. Und doch wurde diese Entscheidung dadurch maximalisiert, dass ihr das I. Vatikanum von 1870 ein weiteres Dogma an die Seite gestellt hat. Wenn nämlich der römische Bischof

> *...in Ausübung seines Amtes als Hirte und Lehrer aller Christen kraft seiner höchsten apostolischen Autorität entscheidet, dass eine Glaubens- oder Sittenlehre von der gesamten Kirche festzuhalten sei, dann besitzt er mittels des ihm im seligen Petrus verheissenen Beistands jene Unfehlbarkeit, mit der der göttliche Erlöser seine Kirche bei der Definition der Glaubens- und Sittenlehre ausgestattet sehen wollte; daher sind solche Definitionen des römischen Bischofs aus sich* [selbst heraus] *unabänderlich.*[41]

Das Dogma von der Unfehlbarkeit. Es flankiert gleichsam das Jurisdiktionsdogma.

Selbstverständlich ist damit nicht gesagt, dass der Papst *persönlich* immer Recht hätte. Und als Franziskus kürzlich meinte, er sei *ein Sünder und* [...] *fehlbar*[42], hatte er natürlich ebenfalls nicht das Unfehlbarkeitsdogma im Sinn. Denn unfehlbar sind nur Entscheidungen in Fragen des Glaubens und der Ethik, die der Papst ausdrücklich und förmlich trifft in Ausübung seines Amtes als Hirte und Lehrer aller Christen und kraft der damit verbundenen Autorität.[43] Das geschieht nicht weder in jeder Frage noch jeden Tag.

Doch: Selbst, wenn es schon lange keine solche Entscheidung mehr gegeben hat; und auch, wenn heute die Amtsführung des römischen Bischofs eingebunden ist in gewisse kollegiale und synodale Strukturen, und er seinen Jurisdiktionsprimat mit der Gesamtheit der Bischöfe in der weltweiten Kirche teilt; auch, wenn die Bischofskonferenzen der Teilkirchen in relativ hohem Maße autonom sind:

40 I. Vatikanisches Konzil, Pastor Aeternus, Ziff. 15, http://www.kathpedia.com/index.php?title=Pastor_aeternus_%28Wortlaut%29 (23.2.2017).

41 DENZINGER, Heinrich: Kompendium der Glaubensbekenntnisse und kirchlichen Lehrentscheidungen, hg. v. Peter HÜNERMANN, 37. Aufl. 1991, 3074.

42 http://www.zeit.de/gesellschaft/2017-03/papst-franziskus-zeit-interview (22.3.17).

43 WIJLENS, Myriam: Die Reformation, die Gemeinschaft der Kirchen und das Petrusamt, in: SEIDEL, Thomas (Hg.): Melanchthon, der Papst und die Ökumene. Beiträge zum 3. Thüringer Melanchthon-Tag am 8. bis 9. Mai 2015 in Schmalkalden, Weimar 2016, 57-58.

Der Unfehlbarkeitsanspruch und der Jurisdiktionsprimat sind eine Tragödie. Insbesondere für die, die es mit der römischen Kirche gut meinen. Und von denen gibt es schon einige, auch außerhalb ihrer.

Denn was *eigentlich* die *Einheit der Kirche* hätte sichern sollen, war tatsächlich an schlimmsten Verwerfungen beteiligt. Etwa an der Trennung zwischen weströmischer und oströmischer Kirche im 11. Jahrhundert: Rom und Konstantinopel, wir erinnern uns. Und auch am Aufbruch der Reformation im 16. Jahrhundert mit all den kollektiven und individuellen Verletzungen, die daraus entstanden sind. Das an sich ist schon schwerwiegend genug.

Noch schwerwiegender ist aber etwas anderes: Dogmen sind gefährlich. Es ist wie im wirklichen Leben: Von einer Position, die Du zum *Dogma* erhoben hast, kommst Du ohne Beschädigung nicht mehr runter. Selbst, wenn Du erkennst, dass es so nicht oder nicht mehr funktioniert, vielleicht auch nie richtig war: Ein Dogma steht für die Ewigkeit. Du kannst es interpretieren. Du kannst es ergänzen. Du kannst es von seinen Voraussetzungen her verstehen lernen. Du kannst es im Lichte veränderter Bedingungen neu lesen. Du kannst es sogar durch Deine Praxis ein Stück weit – sagen wir mal – „anpassen". Und das alles ist bis zu einem gewissen Grad auch geschehen.

Insoweit war ein Meilenstein – knapp hundert Jahre nach dem Ersten – das Zweite Vatikanische Konzil. Bei seiner Eröffnung im Herbst 1962 hat der große Papst Johannes XXIII. von der Notwendigkeit einer *Vergegenwärtigung*[44] und geistlichen *Vertiefung*[45] der Kirche gesprochen. Sie sollte an ihren Strukturen reformiert wie auch in bestimmten Lehraussagen korrigiert und so in eine neue Zeit geführt werden. Das Zweite Vatikanum wollte die Einheit der Christen voranbringen.[46] Dennoch: Die Dogmen von der Unfehlbarkeit und der universalen Jurisdiktion des Bischofs von Rom sind unaufhebbar und für den Katholizismus, der sich an ihm orientiert, unaufgebbar, geradeso, wie sie für den Protestantismus unannehmbar sind.

5. Das Amt des römischen Bischofs und die Reformation

Martin Luther hatte es da leichter. Zu seiner Zeit gab es das Unfehlbarkeitsdogma noch nicht. Auch der Jurisdiktionsprimat war im 16. Jahrhundert nicht mehr und nicht weniger als ein *Anspruch* des päpstlichen Amtsverständnisses.

Einer der ersten, die diesen Anspruch machtvoll zuspitzen, ist Gregor VII[47]. Auch eine herausragende Papstpersönlichkeit. Auf der Grundlage des von Christus verliehenen Schlüssel- und Hirtenamtes beansprucht er nicht weniger, als das Recht, den Kaiser ein- und abzusetzen.[48]

44 *aggiornamento.*

45 *approfondimento.*

46 Zum Folgenden https://www.kath.de/kurs/vatikan/zweites_vatikanisches_konzil.php (6.3.17).

47 * zwischen 1025 und 1030; † 1085.

48 *XII. Quod illi liceat imperatores deponere.* Dictatus papae, http://www.mittelalter.uni-tuebingen.de/?q=personen/schmitz/ps0001/quelle5.htm (16.2.2017), [Dictatus papae].

Die Bischöfe sowieso.[49] Er versteht sich als letztinstanzlicher[50] Richter über die Gläubigen aller Stände.[51] Zum Zeichen ihrer Unterwerfung seien deshalb – verkündet er – auch die weltlichen Herrscher verpflichtet, ihm die Füße zu küssen.[52] Starke Worte. Aber eben kein *Dogma*. Doch Gregor VII. braucht das gar nicht. Unterstützt durch verbündete Fürsten setzt er seinen Anspruch im Jahre des Herrn 1077 auch so machtvoll gegen den Kaiser durch. Das ist verbunden mit dem legendären „Gang nach Canossa", einer Burg am Rande des Apennin zwischen Bologna und Parma. Dort zwingt er Heinrich IV., ihm *tatsächlich* die Füße zu küssen bzw. sich ihm zu unterwerfen. Heute ist umstritten, wo das historische Faktum aufhört und die Legende beginnt. Aber Canossa bleibt eine spannende Geschichte und ein markantes Beispiel für die Durchsetzung des päpstlichen Jurisdiktionsanspruchs.

Rund 300 Jahre später – die römisch-katholische Kirche denkt in großen Zeithorizonten – kommt es zu einer weiteren klassischen Zuspitzung. Im Streit mit dem französischen König über die Frage, wem das Recht zustehe, kirchliche Amtsträger in Frankreich zu besteuern – also: Wer bekommt das Geld?– bringt Bonifatius VIII.[53] den universalen Jurisdiktionsprimat kurz und bündig so auf den Punkt:

> *Wir erklären, sagen und definieren* [...], *daß es für jedes menschliche Geschöpf zum Heil unbedingt notwendig ist, dem römischen Bischof unterworfen zu sein.*[54]

Gregor VII. im 11. und Bonifatius VIII. im 13. Jahrhundert.[55]

Eben dieser Gedanke ist es, den die Reformatoren angreifen. Dass der Bischof von Rom nicht mehr nur Hirte derer sei, die sich in dieser Eigenschaft ihm als Schwestern und Brüder unterstellen, wie das in der frühen Kirche ja schon der Fall war.[56] Sondern, dass er den An-

49 *II. Quod solus Romanus pontifex iure dicatur universalis. III. Quod ille solus possit deponere episcopos vel reconciliare*, Dictatus papae.

50 *XVIIII.Quod a nemine ipse iudicari debeat,* Dictatus papae.

51 *XVIII. Quod sententia illius a nullo debeat retractari et ipse omnium solus retractare possit*, Dictatus papae.

52 *VIIII. Quod solius pape pedes omnes principes deosculentur. X. Quod illius solius nomen in ecclesiis recitetur*, Dictatus papae.

53 * um 1235; † 1303.

54 Bonifatius VIII., Unam Sanctam, 1302, http://katholischedokumente.de.tl/UNAM-SANCTAM--k1-Die-EINE-HEILIGE,-apostolische-und-r.oe.mische-KIRCHE-JESU-CHRISTI-UNTER-DEM-CHRISTUS_-UND-PETRUSNACHFOLGER-k2-.htm (27.1.17).

55 Generell kann man sagen, dass der Prozess der „Monarchisierung" des Papstamtes um die Wende vom 12. zum 13. Jahrhundert an Dynamik gewinnt. Die römischen Bischöfe beginnen, sich zunehmend *als oberste Hirten, Gesetzgeber und Lehrer der gesamten Kirche* [zu verstehen], *deren Lehre und Handeln dem Urteil und der Kritik jedweder menschlicher Instanz entzogen waren.* Eine besondere Rolle spielt in diesem Zusammenhang z.B. auch *Innocenz III (1198-1216 Bischof von Rom), der den Anspruch stellte, der alleinige vicarius Christi für die Gesamtkirche und damit „Haupt der (sichtbaren) Kirche" zu sein ....*, WIJENS, Myriam: Die Reformation, die Gemeinschaft der Kirchen und das Petrusamt, in: SEIDEL, Thomas (Hg.): Melanchthon, der Papst und die Ökumene. Beiträge zum 3. Thüringer Melanchthon-Tag am 8. bis 9. Mai 2015 in Schmalkalden, Weimar 2016, 54.

56 *Episcopus et pastor Ecclesiae, quae est Romae, et eorum* [...] *se ad eum conferunt* [...] *cum eo tanquam fratres, college, sodales* [...] *quemadmodum hoc ispum vetrea Concilia et aetas Cypriani ostendunt.*, Schmalkaldische

spruch erhebt, von Gottesrechts wegen Haupt *aller* Christen zu sein.[57] *Das* ist der Kern der reformatorischen Papstkritik. Denn – so sagten sie – *Haupt aller Christen* ist nur Einer allein: Christus. Und wenn nun zum Heil *auch* noch notwendig werde – gar *unbedingt* notwendig – dem römischen Bischof unterworfen zu sein, dann sei dies ein Übergriff. Eine Verletzung von Gottes Ehre. Weil es dann eben nicht mehr *allein* Christus wäre. Sondern – auch noch – der Gehorsam gegenüber einem Menschen. *Das* war der Punkt. Dieses *„auch noch!"* – „Nein!", sagten sie da. „Das greift an den Kern!" Solus Christus: *Allein* er. Sola Gratia: *Allein* seine Gnade. Sola Scriptura: *Allein* sein Wort. Sola Fide: *Allein* die Bindung an ihn führe den Menschen zur Erlösung. Nichts und niemand sonst. *Auch nicht* der Gehorsam gegenüber dem Bischof von Rom.

Dabei hat Martin Luther – unbeschadet der z.T. inakzeptablen Polemik vor allem seiner späten Jahren – unter dem Gesichtspunkt der *rechten Lehre* und der *Einheit der Kirche* eine *grundsätzlich* positive Auffassung vom Papstamt. Er anerkennt, dass der Dienst des römischen Bischofs seine Berechtigung hat als Dienst an der rechten Lehre und der Einheit der Kirche. Vor diesem Hintergrund galt ihm als letzter legitimer Papst Gregor der Große an der Wende vom 6. zum 7. Jahrhundert.[58] Eine der überragenden Persönlichkeiten auf dem Stuhl Petri. Es ist eine bittere Frucht protestantischer Papstpolemik, dass wir dies weithin verdrängt, vergessen und verdunkelt haben: Im Grundsatz war es nie das römische Papstamt *an sich*, sondern die *Form seiner Ausübung*, die Martin Luther vor Augen stand[59] und die er kritisiert hat.[60]

Nach dem Augsburger Reichstag, als in den 1530iger Jahren klar wurde, dass es eine Verständigung nicht geben würde, und man auf evangelischer Seite bereits begann, antirömische Waffenbündnisse zu schmieden, da schreibt er:

> *Ich würde die Herrschaft des Papstes gerne ertragen, ihn ehren und seiner Person halben achten, …*

Man merkt: Hier kommt wieder der „Ehrenprimat" ins Spiel. Nicht aufgrund göttlichen Rechts, sondern aufgrund menschlichen Respekts und menschlicher Anerkennung der Person.

Artikel, 2. Teil, Über den Papst, Art. 4 in: DINGEL, Irene u.a. (Hg.): Die Bekenntnisschriften der Evangelisch-Lutherischen, Göttingen 2014, 741, Rdnr. 1-5.

57 […] *Papa non sit iure divino seu secundumdum verbum Die caput totius Christianis (hoc enim nomen uni et soli Iesu Christo debetur)*, Schmalkaldische Artikel, 2. Teil, Über den Papst, Art. 4, in: DINGEL, Irene u.a. (Hg.): Die Bekenntnisschriften der Evangelisch-Lutherischen, Göttingen 2014, 739, Rdnr. 33-34.

58 WIJENS, Myriam: Die Reformation, die Gemeinschaft der Kirchen und das Petrusamt, in: SEIDEL, Thomas (Hg.): Melanchthon, der Papst und die Ökumene. Beiträge zum 3. Thüringer Melanchthon-Tag am 8. bis 9. Mai 2015 in Schmalkalden, Weimar 2016, 54.

59 Besonders zu erwähnen ist hier Leo X. (Giovanni de' Medici, 1513-1521), der den Reformator exkommuniziert hat. Aber auch: Hadrian VI. (1522-1523), Clemens VII. (Giulio de' Medici, 1523-1534, ein Neffe Leo X.) und Paul III. (1534-1549), der die erste Sitzungsperiode des Tridentinischen Konzil eröffnet hat.

60 Dazu und zum Folgenden Farfa Sabina, 43.

„... wenn er mir nur mein Gewissen freilassen wollte und mich nicht zwingen würde, Gott selbst zu beleidigen.[61] *Das begehren wir nämlich, dass Gottes Ehre und die Glaubensgerechtigkeit unverletzt bewahrt werden, sodass wir selbst gerettet werden können. Wenn wir die Anerkennung erlangen, dass es Gott ist, der allein aus lauter Gnade rechtfertigt durch Christus, dann wollen wir den Papst nicht nur auf Händen tragen, sondern ihm auch die Füße küssen.*[62]

Aus dem 11. Jahrhundert winkt Gregor VII.!

Kühn, weil – wie meistens – den Horizont seiner Zeit hoch überragend, ist die Position Philipp Melanchthons. Auch er lehnt den Jurisdiktionsprimat aufgrund göttlichen Rechts kategorisch ab.[63] Was jedoch seine Bereitschaft betrifft, dem römischen Bischof einen Ehrenprimat nach menschlichem Recht zuzugestehen, geht er weit über Luther und alle andern Reformatoren hinaus. Im Vorfeld des Augsburger Reichstags knüpft er 1530 Kontakte zu wichtigen Repräsentanten der Kurie[64], um ihnen nicht weniger anzubieten als die Wiederherstellung der bischöflichen Kirchengewalt in den evangelisch gewordenen Gebieten. Faktisch wäre dies die Anerkennung des römischen Bischofs gewesen in seiner frühen Rolle als Repräsentant kirchlicher Einheit. Stichwort: „Vorsteher des Liebesbundes". *Voraussetzung* wären dafür aber Zugeständnisse römischerseits gewesen. Vor allem im Blick auf die Priesterehe und das Abendmahl mit Brot *und* Wein. Also: unter beiderlei Gestalt. Für alle Christenmenschen. Das hat ihm alsbald die heftige Kritik der eigenen Leute eingebracht. In Teilen des evangelischen Lagers sogar den Vorwurf des Verrats. Vom Nürnberger Bürgermeister Hieronymus Baumgartner[65] ist das böse Wort überliefert, Philipp habe in Augsburg gehandelt *wie ein vom Papst Bestochener* [...] *und dem Evangelium mehr Schaden zugefügt* als irgendjemand anderes.[66]

Abgesehen davon, dass kaum ein Vorwurf Philipp so getroffen haben dürfte, offenbart er einen katastrophalen Mangel an theologischem und strategischem Verstand. Sie waren vollständig blind für den überaus weitsichtigen Versuch, das reformatorische Anliegen zu verknüpfen mit dem *Schutz der reformatorischen Prediger.*[67] Die waren ja in vielen Fällen Priester. Deshalb wurde es für sie gefährlich, wenn sie gegen das römische Kirchenrecht verstoßen haben. Und genau das war der Fall, wenn einer geheiratet oder das Abendmahl in beiderlei Gestalt ausgeteilt hat. Das *durften* sie nicht. Erst jenseits *dieser* roten Linie mussten sie mit Konsequenzen rechnen. Diesseits war dagegen vieles möglich. Wie auch heute.

61 WA 40 I, 177.

62 WA 40 I, 181; 357.

63 Farfa Sabina, 44.

64 u.a. Erzbischof Albrecht von Mainz und dem Kardinallegaten Lorenzo Campeggio, vgl. dazu und zum Folgenden SCHEIBLE, Heinz: Philipp Melanchthon. In: GRESCHAT, Martin (Hg.): Gestalten der Kirchengeschichte, Reformationszeit II, Bd. 6, Stuttgart 1993, 84.

65 *1498 in Nürnberg; †1565 ebd.

66 Zit. n. PETERS: Christian, Reformatorische Doppelstrategie. Melanchthon und das Augsburger Bekenntnis. In: FRANK, Günter (Hg.): Der Theologe Melanchthon, Stuttgart 2000, [Peters], 169, m.w.N.

67 Vgl. dazu und zum Folgenden SCHEIBLE, Heinz: Philipp Melanchthon. In: GRESCHAT, Martin (Hg.): Gestalten der Kirchengeschichte, Reformationszeit II, Bd. 6, Stuttgart 1993, [Scheible], 84.

Deshalb wäre die römische Anerkennung der Priesterehe und der Eucharistie unter beiderlei Gestalt nicht weniger gewesen, als der *praktische Durchbruch der Reformation*. Sie wäre eine innerrömische Bewegung geworden. Aber dazu waren sie eben zu kurzsichtig. Auf beiden Seiten. Einer der *ganz* wenigen, vielleicht der einzige, der es begriffen und auf dieser Grundlage die Einheit des Leibes Christi betrieben hat, war der Magister Philippus. Ein kluger Kopf! Wäre er erfolgreich gewesen, dann würden wir heute alle miteinander das „Ave Maria" singen und wahrscheinlich – im Protestantismus hat es ja auch bis in die 70iger des letzten Jahrhunderts gedauert – wahrscheinlich gäbe es mittlerweile Priesterinnen auch in der römisch-katholischen Kirche. Wer weiß das schon?

Am Ende ist der Augsburger Reichstag aus reformatorischer Sicht gescheitert. Doch selbst, als man daran ging, die Meinungsverschiedenheiten mit Waffengewalt auszutragen, hat der Magister – völlig isoliert unter seinen Mitstreitern – seine Überzeugung vertreten:

> *Ich, Philippus Melanchthon bin hinsichtlich des Papstes folgender Meinung: Wenn er dem Evangelium Raum geben wollte, sollten wir ihm den Vorrang über die Bischöfe, der ihm nach menschlichem Recht zukommt, einräumen. Um des Friedens willen und der allgemeinen Einigkeit mit den Christen, die ihm untertan sind und zukünftig sein möchten.*[68]

Wir halten also fest:

Grundsätzlich stand die Reformation dem Papstamt im Sinne eines Ehrenvorrangs des römischen Bischofs positiv gegenüber. Ihre Kritik war keine *Grundsatz-* sondern eine *Tatsachenkritik*[69]. Sie hat sich auf Fehlentwicklungen bezogen, die die Reformatoren für zwar evangeliumswidrig, aber doch für umkehrbar gehalten haben.[70] Festgemacht hat sich dieses Jurisdiktionsprimat nach göttlichem Recht. Man sah den römischen Bischof dadurch in eine Position gerückt, die keinem Menschen zukommt: Auf *einer* Ebene mit Christus. Im 16. Jahrhundert zeigt sich dies in reformatorischer Sicht in dem Anspruch, von aller Kritik – auch durch die Heilige Schrift – ausgenommen zu sein; glaubensverbindliche Gebote und Lehren aufstellen zu können und vor allem daran, den Gehorsam der Gläubigen als unbedingt heilsnotwendig fordern zu dürfen.[71]

---

68 *Ego Philippus Melanthon* [de] *Pontifice autem statuo, si Evangelium admitteret, posse ei propter pacem et commune tranqullitatem Christianorum, qui iam sub ipso sunt et in posterum sub ipso erunt, superioritatem in Episcops, quam alioqui habet, iure humano, etiam a nobis permitti.*, Schmalkaldische Artikel, 2. Teil, Über den Papst, Art. 4, in: DINGEL, Irene u.a. (Hg.): Die Bekenntnisschriften der Evangelisch-Lutherischen, Göttingen 2014, 781.

69 Farfa Sabina, 44.

70 Farfa Sabina, 43.

71 Farfa Sabina, 43.

6. Das Amt des römischen Bischofs und seine ökumenische Verträglichkeit

Im Jahr des Reformationsjubiläums 2017 ist klar, dass die Suche nach einem ökumenisch verträglichen Papstamt in den letzten 50 Jahren – beginnend beim Zweiten Vatikanischen Konzil – wichtige Impulse erhalten hat. Gemeinsam haben wir gelernt, dass der Primat des Papstes nicht erörtert werden kann ohne seine Beziehung zur Gemeinschaft der Kirchen weltweit in den Blick zu nehmen.[72] Wir haben verstanden, dass die „Einheit" der Gemeinschaft der Kirche nicht gleichbedeutend ist mit „Uniformität". Vom neutestamentlichen Bild des Leibes und der Glieder legt sich vielmehr das Ziel einer *versöhnten Vielfalt* nahe, welche die Einheit der *Kirche* mit der Pluralität der *Kirchen* verknüpft. In diesem Sinne hat man begonnen, zurückliegende Entscheidungen neu zu lesen.[73]

In diesem Zusammenhang steht z.B. die Erklärung Papst Pauls VI.[74] von 1967, er sei sich *vollkommen bewusst, dass der Papst das größte Hindernis auf dem Weg zur Ökumene*[75] sei. In ähnliche Richtung zielt die Einladung Papst Johannes Pauls II. aus dem Jahr 1995, auf der Basis der bereits vorhandenen – wenn auch unvollkommenen – Gemeinschaft über den Dienst des Bischofs von Rom an der Einheit der Kirche mit ihm

> *einen geduldigen Dialog aufzunehmen und – jenseits fruchtloser Polemik – einander anzuhören, im Lichte des auf die Einheit seiner Kirche gerichteten Willens Christi.*[76]

Anknüpfungspunkte gab es also schon lange. Aber nun gibt es für sie auch ein *Bewusstsein*, das im Zeitalter der Reformation – und in den konfessionspolemischen Epochen danach – nicht präsent gewesen ist. Darüber ist in Vergessenheit geraten, dass die Christenheit während eines ganzen Jahrtausends in einer Gemeinschaft der versöhnten Verschiedenheit gelebt hat. Auf diesem Hintergrund hat Johannes Paul II. erklärt, er sei sich der Verantwortung bewusst, den Primat des Bischofs von Rom als Aufgabe an der Einheit der Kirche zu gestalten und das päpstliche Amt der neuen Situation zu öffnen, ohne dabei auf sein Wesentliches zu verzichten,[77] bzw. die

72 Farfa Sabina, 72.

73 Farfa Sabina, 177.

74 * 1897; † 1978

75 *Le Pape, Nous le savons bien, est sans doute l'obstacle le plus grave sur la route de l'oecuménisme.* Stellungnahme vor dem Päpstlichen Rat zur Förderung der Einheit der Christen, Amtsblatt des Apostolischen Stuhls, Amtliche Veröffentlichungen des Papstes und der Kurie 59 [1967], 498, http://www.vatican.va/archive/aas/documents/AAS-59-1967-ocr.pdf (24.2.17).

76 Johannes Paul II, Ut Unum Sint. Über den Einsatz für die Ökumene, Ziff. 96, http://www.vatican.va/holy_father/john_paul_ii/encyclicals/documents/hf_jp-ii_enc_25051995_ut-unum-sint_ge.html (24.2.17).

77 Johannes Paul II, Ut Unum Sint. Über den Einsatz für die Ökumene, Ziff. 96, http://www.vatican.va/holy_father/john_paul_ii/encyclicals/documents/hf_jp-ii_enc_25051995_ut-unum-sint_ge.html, (24.2.17).

Vollmacht und Autorität zu wahren, ohne die dieses Amt illusorisch wäre.[78]
Dies war verschiedensten Aspekten Gegenstand des Dialogprozesses, der sich seit 1971 vollzogen hat.[79] In diesen Kontext gehören auch die zahlreichen Begegnungen bis in die 2000er Jahre hinein, die die zurückliegende Reformationsdekade mit einem stark ökumenischen Akzent versehen haben.

Ein wichtiger Impuls war z.B. die Vereinbarung zwischen dem ehemaligen Ratsvorsitzenden der EKD, Nikolaus Schneider, und Papst Franziskus. Seither besteht zwischen den beiden großen Kirchen Deutschlands Einigkeit, das Reformationsjubiläum nicht als konfessionalistische Jubelfeier, sondern als Christusfest zu gestalten. Zu den wichtigen Voraussetzungen gehörte es römischerseits, die Reformation nicht mehr allein unter dem Aspekt der Spaltung, sondern des notwendigen Neuaufbruchs christlicher Frömmigkeit zu verstehen und auch Martin Luther als Zeugen des Evangeliums neu in den Blick zu nehmen.[80]

Jüngster Höhepunkt war am 31. Oktober 2016 das gemeinsame Reformationsgedenken im schwedischen Lund, bei dem sowohl Papst Franziskus als auch der Generalsekretär des LWB den Willen bekundet haben, gemeinsam daran zu arbeiten, die *Gaben der Reformation gemeinsam zu bedenken und im Leben der Kirchen zur Geltung zu bringen.*[81] Auch die Verleihung der Luther-Medaille der EKD an den ehemaligen Vorsitzenden der Deutschen Bischofskonferenz Kardinal Lehmann – ebenfalls am Reformationstag 2016 – in der Berliner Marienkirche, ist ein Zeichen in diese Richtung. Und schließlich der Versöhnungsgottesdienst, den die amtierenden Vorsitzenden des Rates der EKD und der deutschen Bischofskonferenz, Heinrich Bedford-Strohm und Kardinal Reinhard Marx, im März 2017 unter dem Motto „Erinnerung heilen – Jesus Christus bezeugen“ in Hildesheim gefeiert haben.

Dennoch ist das Ziel einer Gemeinschaft der Kirchen in versöhnter Verschiedenheit noch weit entfernt.

Für die evangelische Seite besteht die Aufgabe darin, sich einen nüchternen, unpolemischen und insofern neuen Zugang zum Amt des Papstes als römischem Bischof anzueignen. Seine besondere Bedeutung als Symbol für die Einheit der Kirche ist praktisch und theologisch im Sinne eines Ehrenprimats evangelischerseits förmlich anzuerkennen. Wir haben gesehen, dass dies im Kern nichts anderes ist, als eine Rückbesinnung auf die Sichtweise der Reformatoren, die sich ihrerseits stets auf die Handhabung des Amtes durch die frühe Kirche bezogen haben.

Außerdem setzt der aktuelle ökumenische Prozess den selbstkritischen Blick auf die heute vorfindliche Gestalt des Protestantismus voraus. Seine Gliederung in Landes- bzw. Nationalkirchen ist erwachsen aus der organisatorischen Bindung an den Landesfürsten. Was freilich

---

78 Johannes Paul II, Ut Unum Sint. Über den Einsatz für die Ökumene, Ziff. 94, http://www.vatican.va/holy_father/john_paul_ii/encyclicals/documents/hf_jp-ii_enc_25051995_ut-unum-sint_ge.html, (24.2.17).

79 Insbesondere zwischen dem LWB und dem Päpstlichen Rat für die Förderung der Einheit der Christen, der aus dem Sekretariat zur Förderung der Einheit der Christen hervorgegangen ist und im Vorfeld des Zweiten Vatikanums von Papst Johannes XXIII. gegründet wurde.

80 THÖNISSEN, Wolfgang: Vom Konflikt zur Gemeinschaft. Gemeinsames lutherisch-katholisches Reformationsgedenken in Lund, in: Konfessionskundliches Institut Bensheim (Hg.), Materialdienst des Konfessionskundlichen Instituts Bensheim 06/2016, 117.

81 Ebd., 118.

für Martin Luther stets ein Provisorium in Ermangelung von Besserem gewesen ist, hat die dauerhafte, vielfache und fatale Nähe zwischen Evangelischer Kirche und dem Staat hervorgebracht, bisweilen verbunden mit der Tendenz zu Partikularismus und Provinzialismus. Dass *Kirche* mehr ist, als der Kirchturm, unter dem gerade *ich* gerade *jetzt* lebe, ist ein Gedanke, der es im Protestantismus nicht leicht hat.

Vor diesem Hintergrund erweist sich die Idee von der sogenannten „evangelischen Freiheit" als durchaus zwiespältig. Sie steht in einer Spannung zwischen der berechtigten – weil biblisch begründeten – Vielfalt des Leibes Christi und dem unberechtigten – weil biblisch nicht begründeten – Herrschaftsanspruch individueller Anschauungen. Die Frage: „Was gilt in der Kirche?" ist eine *zutiefst* evangelische. Positiv gewendet erinnert sie daran, dass die Beziehung zu Jesus Christus unter sich wandelnden Bedingungen eine sich ebenfalls wandelnde Gestalt verlangt. Negativ gewendet bringt sie Orientierungslosigkeit und Beliebigkeit als latente Gefahr des Protestantismus zur Sprache. Sein Abgrenzungspathos hat es den evangelischen Kirchen oft erschwert, ihre Verwurzelung in der Gesamtkirche bzw. der universalen Kirche Jesu Christi *theologisch* mit der erforderlichen Klarheit wahrzunehmen und *praktisch* mit der erforderlichen Konsequenz umzusetzen.[82] Das sarkastische Wort, im römischen Katholizismus gebe es *einen* Papst, im Protestantismus jedoch tausende, hat signifikanten Anhalt an der Wirklichkeit. Gleichermaßen unter Haupt- und unter Ehrenamtlichen.

Sowohl im Blick auf die Einheit als auch auf die Weltgesamtheit bzw. Universalität der Kirche Jesu Christi wird sich also der Protestantismus dem Amt des römischen Bischofs öffnen müssen. Nicht als einem von Gottes Gnaden gesetztem mit universalem Jurisdiktionsanspruch versehenem, sondern als einem, dem nach menschlichem Maß und Recht die Sorge für Frieden und Einheit der Kirche obliegt. Das ist es *vor allem*, was wir beitragen *können,* aber auch beitragen müssen zu einer Gemeinschaft der Kirchen in der versöhnten Verschiedenheit ihrer jeweiligen konfessionellen Profile.[83] Vor diesem Hintergrund verdient die Einladung Johannes Paul II. von 1995 nach wie vor besondere Beachtung, mit dem Bischof von Rom einen „geduldigen Dialog" über eine ökumenisch verträgliche Gestaltung seines Amtes aufzunehmen. Gerade unter Papst Franziskus kann man dies für ausgesprochen perspektivreich halten.

Dem römischen Katholizismus stellt der weitere ökumenische Prozess die Aufgabe, die Festlegungen des Ersten und Zweiten Vatikanums – in der Tat – *neu zu lesen*. Der Spielraum ist eng, denn wir reden heute – anders als Luther zu seiner Zeit – über Dogmen. Exklusive Maximalaussagen zum Kirchen- und Amtsbegriff – wie etwa in der Erklärung „Dominus Iesus" – sind kaum hilfreich. Der Leitgedanke einer *Ökumene in versöhnter Verschiedenheit* der konfessionellen Profile, die Idee einer „Gemeinschaft der Kirchen" – nicht zu verwechseln mit *einer gemeinsamen Kirche*! – bleibt entscheidende Voraussetzung für einen sinnvollen ökumenischen Dialog über kirchliche Einheit.[84]

82 Farfa Sabina, 173.
83 Ebd., 172.
84 Ebd., 170.

Dies sollte umso eher möglich sein, als man auch im römischen Katholizismus kaum von „Uniformität" reden kann, sondern nur von einer Vielgestaltigkeit der Kirche, die ihrerseits die biblische Vielgestaltigkeit des Leibes Christi widerspiegelt. Die Herausforderung würde auch insoweit darin bestehen, verstärkt an dem Bild anzuknüpfen, das die frühe Kirche vom Amt des römischen Bischofs entwickelt hat als eines primus inter pares. Eines, der der Erste unter Gleichen und nicht der Erste unter allen ist. Das wäre eine Annäherung an den Gedanken, dass Kirche nicht durch das Amt eines Einzelnen begründet wird, sondern durch die Heilige Schrift und das Bekenntnis zu Jesus Christus als dem, von dem die Schrift zeugt.[85]

Wenn es in der Zukunft in diese Richtung ginge: Wer weiß, was dann im ökumenischen Prozess der nächsten Jahre möglich würde. Am Ende werden die Dinge jedoch – *ganz genauso* wie schon im 16. Jahrhundert – maßgeblich davon abhängen, ob der *Wille* zur versöhnten Verschiedenheit tatsächlich und substantiell vorhanden ist. Im Zeitalter der Reformation war dies – mit Ausnahme von ganz wenigen, vielleicht einzig Philipp Melanchthon – weder in Wittenberg noch in Rom der Fall. Man darf also gespannt sein, ob sich daran 500 Jahre später etwas geändert hat.

85 Ebd., 171.

Friedrich Myconius als Historiograph der Reformation

GÜNTER FRANK

Wenige Jahre vor seinem Tod gab Myconius seine „Geschichte der Reformation" heraus, an der er in den Jahren 1541/42 gearbeitet hatte. Myconius' Darstellung stellt eine, wenn auch sehr persönliche, dennoch frühe Form einer Historiographie der Reformation dar. Vor allem auch wegen ihrer verschiedenen neuzeitlichen Drucke hat diese Historiographie die Wahrnehmung des Ereignisses der Reformationszeit nicht unerheblich bestimmt. Die hier in der Forschungsbibliothek aufbewahrte Myconius-Handschrift wurde erstmals im Jahr 1715 von dem Theologen Ernst Salomon Cyprian (1673-1745), der selbst Direktor der Friedensteinischen Bibliothek war, in Gotha herausgegeben und mehrfach neu aufgelegt.[1] Bereits drei Jahre später erfolgte ein Neudruck in Leipzig. 1914 erfolgte eine der deutschen Umgangssprache angepasste Neuausgabe dieser Reformationsgeschichte durch den Zwickauer Theologen Otto Clemen (1871-1946)[2], die zum 500. Geburtstag von Myconius im Jahr 1990 von dem damaligen Direktor der Forschungsbibliothek, Helmut Claus, erneut herausgegeben worden war.

Myconius' Geschichte der Reformation ist neben vielem anderen – etwa der Beschreibung der Reichstage in Worms und Augsburg, des sogenannten „Sacco di Roma" oder auch Begebenheiten in den Gothaer Landen – auch eine Schilderung der weiteren und der engeren Ursachen, also der Anlässe der Wittenberger Reformation. In ihr spiegelt sich bereits jenes Bild über die Ursachen der Reformation, wie sie in der Forschung des vergangenen halben Jahrhunderts konfessionenübergreifend sichtbar geworden sind. Geschichtliche Zusammenhänge sind selten monokausal begründ- und beschreibbar. Unbestritten ist gleichwohl heute die Beobachtung: *So sehr ist das Laster selbstverständlich geworden, dass die damit Befleckten den Gestank der Sünde nicht mehr merken.*[3] Diese Beobachtung stammt nicht etwa aus dem Kreise von Kirchenkritikern aus der Zeit der Reformation, sondern von Papst Hadrian VI., der am 9. Januar 1522 zum Nachfolger von Leo X. gewählt worden war. Hadrian fällte dieses Urteil in seiner ersten Konsistorialrede.

---

1 Friderici Myconii Historia Reformationis, vom Jahr Christi 1517. Bis 1542. Aus des Autoris autographo mitgetheilet, und in einer Vorrede erläutert von Ernst Salomon Cyprian D., Gotha 1715. Zu Myconius vgl.: DELIUS, Hans-Ulrich: Der Briefwechsel des Friedrich Mykonius (1524-1546), Tübingen 1960; DERS.: Friedrich Myconius, in: Des Herren Name steht uns bei. Luthers Freunde und Schüler in Thüringen (hg. v. Karl BRINKEL, Herbert VON HINTZENSTEIN), Berlin 1961, 35-53; ULBRICH, Heinrich: Friedrich Mykonius 1490-1546. Lebensbild und neue Funde zum Briefwechsel des Reformators, Tübingen 1962.

2 MYCONIUS, Friedrich: Geschichte der Reformation, hg. von D. Dr. Otto CLEMEN, Leipzig 1914 (Voigtländers Quellenbücher, Bd. 68).

3 Zit. nach: Reformation, Katholische Reform und Gegenreformation (hg. v. Erwin ISERLOH u.a.), Freiburg i. Br. u.a. 1985 (HKG IV), 7.

Der Freiburger Dogmatiker Peter Walter hat m.E. zurecht – nicht anders übrigens als der Göttinger Kirchenhistoriker Thomas Kaufmann[4], der die ganze Komplexität der kirchlichen Phänomene an der Schwelle vom späten Mittelalter zur Frühen Neuzeit in einem breit diskutierten Beitrag in der „Frankfurter Allgemeinen Zeitung" beschrieben hatte – darauf hingewiesen, dass auch die Geschichte der Katholischen Kirche in der Frühen Neuzeit angemessen nur im Zusammenhang dieser Komplexität von verschiedenen Bewegungen begriffen werden kann. Dennoch lassen sich einzelne Etappen beschreiben, die zunächst mit der allgemein anerkannten Reformbedürftigkeit der Kirche im späten Mittelalter beginnen müssen. Auch wenn die Formel „Ecclesia semper reformanda" erst von den evangelischen Theologen Wilhelm Schneemelcher und Karl Gerhard Steck im Jahr 1952[5] geprägt worden war, so schien die Reformbedürftigkeit der Kirche über die allgemeine Annahme, dass die Kirche ständiger Reform bedarf, allenthalben sichtbar. So war die zu Beginn des 14. Jahrhunderts geprägte Formel einer „reformatio tam in capite quam in membris" (Reform im Haupt als auch in ihren Gliedern) im 15. Jahrhundert eine stehende Wendung.[6] Mit dem „Haupt" war allgemein der Papst gemeint, während unter den „Gliedern" verschiedene Stände wie die Angehörigen des niederen und höheren Klerus, die Ordensleute oder auch die sogenannten Laien gemeint sein konnten. Dass das Papsttum in einer sichtbaren Krise war, verdeutlichte augenscheinlich nicht zuletzt das sogenannte „Abendländische Schisma" zwischen 1378 und 1417, während dem drei Päpste gleichzeitig den Anspruch auf den „Stuhl Petri" erhoben hatten. Die Forderung nach einer Reform an Haupt und Gliedern wurde vielfach kirchenpolitisch verstanden als Forderung nach Abschaffung von Missbräuchen, die dem Papst und der Kurie vorgeworfen wurden. Zusammengefasst waren diese Forderungen im 15. Jahrhundert in den „Gravamina nationis Germanicae" aus dem – wie es der Titel schon sagt – deutschsprachigen Raum.[7] Die in den verschiedenen Beschwerdeschreiben zusammengefasste Kritik bezog sich dabei

4 Das schwierige Erbe der Reformation, in: F.A.Z., Nr. 265, 14. November 2011, 7.

5 SCHNEEMELCHER, Wilhelm / STECK, Karl Gerhard (Hg.): Ecclesia semper reformanda. FS Ernst WOLF, München 1952, 3. Vgl. hierzu die Hinweise bei MAHLMANN, Theodor: Art. Reformation, in: HWP 8 (1992) 416-427, hier: 421.

6 Als „Reformation an Haupt und Gliedern" war dabei an eine grundlegende Umgestaltung der Organisation der Kirche gedacht. Die Forderung wurde ursprünglich in einem Text zur Vorbereitung des Konzils von Vienne im Jahr 1311 von dem Pariser Theologen und Philosophen Wilhelm Durandus (gest. 1334) aufgestellt. Dort heißt es: *... dass vor allem das, was in der Kirche Gottes zu verbessern und zu reformieren ist, verbessert und reformiert werden möge, und zwar an Haupt und Gliedern.* Als Reform der Kirche an Haupt und Gliedern wurden dann gewöhnlich die Hauptziele der großen Konzilien des 15. Jahrhunderts bezeichnet. Papst Clemens V. berief für das Jahr 1311 ein Konzil nach Vienne. Von allen hier eingereichten Gutachten ist nur der „Tractatus de modo generalis concilii celebrandi" von Wilhelm Durandus erhalten. Dort heißt es: *Videretur deliberandum, perquam utile fore et necessariurn quod ante omnia corrigerentur et reformarentur illa quae sunt in ecclesia Dei corrigenda et reformanda, tam in capite quam in membris.* (*Es scheint in Erwägung gezogen werden zu müssen, dass es sehr nützlich und notwendig sein würde, vor allem das, was in der Kirche Gottes verbesserungs- und reformbedürftig ist, zu verbessern und zu reformieren an Haupt und Gliedern.*). Vgl. hierzu auch die Hinweise bei ALBERIGO, Giuseppe (Hg.): Geschichte der Konzilien. Vom Nicaenum bis zum Vaticanum II, Wiesbaden 1998, 228.

7 WOLGAST, Eike: Art. Gravamina nationis germanicae, in: TRE 14 (1985) 131-133.

hauptsächlich auf das kirchliche Finanzierungssystem, vor allem auf das Benefizienwesen, d.h. auf die Trennung des Einkommens eines kirchlichen Amtes von seiner Ausübung, der Pfründenkumulation und der Vergabe von Benefizien an Unwürdige. Noch 1556 besaß etwa Kardinal Alessandro Farnese (gest. 1589), ein Enkel Papst Pauls III., 10 Bistümer, 26 Klöster und 133 andere Benefizien, unter ihnen Kanonikate, Pfarreien und Kaplaneien. Trotz der erklärten Absicht auf den sogenannten Reformkonzilien des 15. Jahrhunderts (Konstanz 1414-1418 und Basel 1431-1437/49) und trotz mancher Reformbereitschaft humanistisch gesinnter Päpste wie Nikolaus V. (1447-1455) oder Pius II. (1458-1464) scheiterten alle Reformversuche am Beharrungsvermögen der betroffenen Akteure. Im Gegenteil: der anhaltende Reformstau im kirchlichen Finanzierungs- und Benefizwesen führte geradezu zu einer europaweiten „Gravamina-Bewegung" (Eike Wolgast), wie sie dann auch in einer der drei reformatorischen Hauptschriften Luthers erneut aufgegriffen wurde und populäre Verbreitung fand, die Schrift „An den christlichen Adel deutscher Nation" aus dem Jahr 1520. Luther ging mit seinen eigenen Vorschlägen zur Kurien- und Kirchenreform weit über eine allgemeine Aufzählung von Beschwerden hinaus, indem er die weltliche Gewalt der Kirche und die Lehrautorität des Papstes leugnete.

Neben diesem allgemeinen Fiskalismus spielte natürlich auch das desaströse Erscheinungsbild des Papsttums eine wichtige Rolle, insbesondere im 15. und zu Beginn des 16. Jahrhunderts. Das Papsttum Alexander VI., des berüchtigten Borgia-Papstes, war nur der Höhepunkt eines Verständnisses vom „Stuhle Petri", das im Kern von einem frivolen Lebenswandel und skrupelloser Machtpolitik bestimmt war. Aber selbst Leo X. (1513-1521), unter dessen Pontifikat der Beginn der Reformation fiel, ließ keinen Zweifel daran bestehen, wie er dieses Pontifikat verstand. In einem großen Festzug nahm er in Rom Besitz von seinem Amt, in Gestalt einer Sakramentsprozession als großer Zurschaustellung des Papstes und seines Hofes. Auf einem großen Transparent war zu lesen: *Einst herrschte Venus (d.h. unter Alexander VI.), dann Mars (Julius II.); nun führt das Zepter Pallas Athene.*[8] Die Künstler und Humanisten, die dieses Transparent erstellt hatten, kündigten damit die *frivole Weltlichkeit* und *leichtfertige Sorglosigkeit* (Hubert Jedin) an, die das Pontifikat Leos kennzeichnete, in dem Luthers Reformation ihren Ausgang nehmen sollte.

Nicht besser stand es um den Klerus, dessen vielfache Verwahrlosung und Unbildung offensichtlich war. Als 1527 Kurfürst Johann, der Beständige, Visitationen über die kirchlichen Zustände beauftragte, leitete Melanchthon die Visitation in Thüringen. Mitglied dieser Visitation war neben Christoph von der Planitz und Justus Menius auch Friedrich Myconius.[9] Entsetzt über die seelsorgerlichen Zustände und die Geistlichkeit, veröffentlichte Melanchthon ein Jahr später mit seinem „Unterricht der Visitatoren" eine amtliche Kirchenordnung, die für das ganze Land verbindlich eingeführt wurde.[10] Sie sollte Pfarrer über die Organisation und die Aufgaben in der Gemeinde und über die Leitung von Gottesdienst

8 Zit. nach JEDIN (wie Anm. 3), 7.

9 Die Korrespondenz um die Gutachten der Visitation, in denen auch pfarramtliche Einzelheiten diskutiert wurden, findet sich in MBW 727-736; 739 f; 742-744; 747 f.

10 MEYER, Carl S.: Melanchthon's visitation articles of 1528, in: The journal of ecclesiastical history 23 (1972), 309-322.

und Schulunterricht informieren. Auch das Kirchen- und Schulwesen in Sachsen wurde nach dieser Ordnung aufgebaut. Aber auch in anderen evangelischen Ländern wurde sie für die Kirchenorganisation vorbildlich. Dieser Reformstau, das Unvermögen der Kirche, nicht nur die in den „Gravamina" aufgeworfenen Kritikpunkte an der Kirche aufzugreifen und einer tiefgreifenden Reform zu unterziehen, sondern auch grundlegenden Bedürfnissen der Seelsorge nachzukommen, führte in Europa zu einem weitverbreiteten Ressentiment gegen Rom, das sich in Deutschland geradezu zu einem *antirömischen Affekt* (Hubert Jedin) steigerte.

Von diesem *antirömischen Affekt* gibt auch die „Geschichte der Reformation" von Myconius ein beredtes Zeugnis. So wird z.B. die Situation des Papsttums, vor allem auch des weit verbreiteten Fiskalismus in drastischen Bildern geschildert. Schon das erste Kapitel steht unter der bezeichnenden Überschrift: *Wie es im Papsttum gestanden und wohin der Endchrist die Christenheit verführet.* Das *päpstliche Antichristentum* [...] sei *ein* [so] *greulichs, häslichs, unflätigs Tier gewesen, daß es auch Paulus, Daniel und Johannes in Apocalypsi nicht genug haben beschreiben können.*[11] Die Polemik vom Papst als Antichrist, die sich auch bei Luther zeigt[12] und in einem Holzschnitt von Dürer in Luthers sogenannter Septemberbibel sichtbar ist, verweist unverkennbar auf die von dem Buch Daniel beeinflusste Apokalypse des Johannes, der in 13,1-18 zwei Tiergestalten als Widersacher des Lammes (Jesus Christus) und seiner Herrschaft auftauchen lässt, die zusammen mit einem zuvor erwähnten Drachen eine Antitrinität bilden. Nichts würde man – so Myconius – über den Glauben, in dem man seines Leidens, seiner Unschuld, Gerechtigkeit, Heiligkeit und seines ewigen Lebens aus reiner Gnade teilhaftig werden würde, hören. Hingegen habe man neue Werke erfunden, die den Pfaffen und Mönchen viel Geld einbrachten, und behauptet, wer derselben viel täte, verdiente das ewige Leben.[13] Wer solche Werke jedoch nicht verrichte, würde in die Hölle, ewige Verdammnis oder in das Fegefeuer fahren. Zu solchen Werken, die Myconius aufzählte, gehören, dass man häufig „Vater Unser", „Ave Maria" beten solle, ganze Rosenkränze, Rautenkreuze (also geweihte Rauten als Amulette zur Beräucherung), „Mäntel Maria" (Schutzmantelbilder), Ursulas Gebete (Legende von der Ursula und den 11000 Jungfrauen, die eine Wallfahrt nach Rom machen sollen), Brigittas Gebete (Verheißungen aus den „15 OS"), Psalter und Stundengebete.

Es sind vor allem die fiskalischen Aspekte der vielfältigen Kirchengebräuche, die – so Myconius – das wahre Evangelium verdunkelten. Wer nicht wie die Pfaffen, Mönche und Nonnenorden leben konnte, sollte sich mit Geld freikaufen. Wer nicht fasten konnte und sündigte, konnte sich dennoch immerhin durch Geld davon freikaufen, so z.B. durch Butterbriefe, die von dem mit dem Fasten verbundenen Verbot, auch auf Produkte von Tieren zu verzichten (Milch, Butter, Käse, Eier), dispensierten. Da waren die Wallfahrten nach Rom, nach St. Jakob (di Compostella), nach Jerusalem, zum Katharinen-Berg in Sinai, nach St. Michael (Mont St. Michel), nach Aachen, Fulda und zum hl. Wolfgang, und wenn man noch Geld dazu gebe, erhielte man vom Papst Gnade und Ablass. Konkubinat, Ehebruch und Sidomie würden durch Geld freigekauft,

11 MYCONIUS (wie Anm. 2), 6.

12 Zu Luthers Antichrist-Deutung vgl. LEPPIN, Volker: Art. Antichrist. II. Kirchengeschichtlich. 1. Alte Kirche bis Reformation, in: RGG ([4]1998), 532 f.

13 MYCONIUS (wie Anm. 2), 6.

neue Sakramente (Firmung, Ölung, Chrisam) erfunden und Glocken, Kirchen, Kapellen, Bilder, Fladen, Eier, Kirchhöfe usw. geweiht. *Darzu hatten sie große Einkommen und trug alles viel Geldes.*[14] Vor allem das Messopfer-Wesen stand im Fokus der Kritik des Myconius. Auf der einen Seite würde die Pfarrmesse und der Empfang der Sakramente für gering erachtet. Auf der anderen Seite hielte man überall vielfältige Messen auch für die Verstorbenen, deren Opfer die Besucher teilhaftig würden, wenn sie entsprechend Heller und Pfennig auf den Altar legten. Allein für die Stadt Gotha zählt Myconius vierzehn Kanonikpfaffen (Domherren im damaligen Marienstift), vierzig Messpfaffen, dreißig Augustinermönche, zwei Terminarienmönche und ca. dreißig Nonnen auf, die man zwar für lebendige Heilige erachtete, die aber dennoch das hässlichste und unflätigste Leben führten, indem sie die Welt mit *ungläublicher, unsäglicher Hurerei, Ehebrecherei, Sodomiterei und anderen Sünden und Schanden* überzogen. In Summe also – wie Myconius in apokalyptischer Absicht zusammenfasst – *Es war der Mensch der Sünde, das Kind des Verderbens, der sich überhebt über alles, was Gott oder Gottesdienst heißt.* (2 Thess 2, 3 f)[15].

Neben diesen allgemeinen Missbräuchen der Kirche seiner Zeit war es dann vor allem der Auftritt des Dominikaners Johann Tetzel und das mit dieser Namen verbundene Ablasswesen, das Myconius als Ursache der Reformation in engerem Sinn darlegt. Nach einer biographischen Überlieferung von Hans-Ulrich Delius, der sich in der Mitte des vergangenen Jahrhunderts um die Myconius-Forschung verdient gemacht hatte, sei dieser dem berühmten Ablassprediger Tetzel persönlich begegnet.[16] Myconius habe aufgrund einer Klausel im päpstlichen Ablassbrief, der den Armen umsonst gegeben werden sollte, um einen solchen, kostenlosen Ablass gebeten. Nach einer längeren Auseinandersetzung wollte man dem damals noch jungen Mann das Geld geben, damit er der Form genüge und den Ablass bezahlen könne. Myconius habe jedoch auf seinem Recht bestanden und ging deshalb unverrichteter Dinge nach Hause. Aus tiefer Sorge um sein Seelenheil habe er nun die kommenden Tage verbracht, ehe er sich seinem Lehrer anvertraute. Dieser empfahl ihn dann auch zum Klostereintritt, der tatsächlich am 14. Juli 1510 bei den Franziskanermönchen in Annaberg erfolgte.

Damit wir die Dramatik dieser Diskussion um das Ablasswesen dieser Zeit begreifen, lassen Sie mich kurz die historischen Hintergründe in Erinnerung rufen. Der Ablass war und ist ein von der Kirche gewährter und vor Gott wirksamer Nachlass zeitlicher Sündenstrafen, d.h. er betrifft die Folgen einer sündhaften Handlung (Diebesgut muss erstattet, der gute Ruf wieder hergestellt, angerichteter Schaden wieder gut gemacht werden). Zwar ist dieser seit dem 11. Jahrhundert kirchliche Praxis, wie er aber theologisch näher zu bestimmen sei, war bis zum Beginn der Reformation unter den Theologen alles andere als geklärt. Deutlich ist jedoch, dass sich im späten Mittelalter eine Häufung der Ablässe feststellen lässt, bei ihrer gleichzeitigen bedenkenlosen fiskalischen Ausnutzung. Ablassprediger brachten diese Lehre entsprechend vergröbert auf die Kanzel. Von hier erklärt sich der Spottvers, der 1482 an der Sorbonne in Paris Verwendung fand: *Sobald das Geld im Kasten klingt, die Seele aus dem Fegfeuer springt.*[17]

14 Ebd. 8.

15 Ebd. 10.

16 DELIUS 1961 (wie Anm. 1), 35; ULBRICH (wie Anm. 1), 11.

17 PAULSEN, Nikolaus: Geschichte des Ablasses im Mittelalter vom Ursprung bis zur Mitte des 14. Jhdt., Bd. 3, Paderborn 1923, 386.

Zur Verschärfung der Praxis des Ablasses hatte jedoch Papst Julius II. (1503-1513) geführt. Am 18. April 1506 war der Grundstein zum Neubau der Peterskirche gelegt worden und zur Finanzierung wie üblich ein vollkommener Ablass ausgeschrieben. Die Ausschreibung eines Ablasses sicherte jedoch noch lange nicht ihre Predigt. So weigerten sich einige Landesherren, die Ablass-Predigt zu erlauben, wenn sie nicht selbst an dem finanziellen Ertrag beteiligt sind. In den Ländern der Erzbischöfe von Mainz und Magdeburg, des Bischofs von Halberstadt und des Markgrafen von Brandenburg bot sich dem Papst eine besonders günstige Gelegenheit. Albrecht von Brandenburg war 1513 als 23-jähriger Jüngling Erzbischof von Magdeburg und Administrator von Halberstadt geworden. Bereits ein Jahr später ermutigte das Mainzer Kapitel den Prinzen auch noch zum Erzbischof und Kurfürsten von Mainz. Albrecht hatte dafür in Aussicht gestellt, die fälligen Servitien (Gebühren, die man bei der Bestätigung durch den Papst zu zahlen hat) und Palliengelder (bei einer Wahl zum Erzbischof dem Papst zu zahlen) selbst zu übernehmen, immerhin eine stattliche Summe von 14000 Dukaten (Goldmünzen; ein Handwerker verdiente damals durchschnittlich einige Dutzend Dukaten). Dazu musste er noch einmal eine Dispensgebühr von 10000 Dukaten zahlen, weil Albrecht neben dem Mainzer Erzstift auch seine bisherigen Bistümer Magdeburg und Halberstadt behalten wollte, was eigentlich eine unstatthafte Kumulation von Seelsorgspfründen darstellte. Albrecht lieh sich daraufhin 29000 Goldgulden vom Bankhaus der Fugger, mit der Genehmigung der römischen Kurie, über acht Jahre die Predigt des Ablasses zuzulassen, die Hälfte der Einnahmen der Finanzierung des Petersdoms zuzuführen und die andere Hälfte selbst einzubehalten. In Summe musste Albrecht 52286 Dukaten aufbringen, damit der Ablass sein Ziel erreichte. *Das Ganze war ein ausgemachter Skandal* (so der Lutherforscher Karl August Meissinger, 1883-1950).

In der „Instructio summaria“ gab Erzbischof Albrecht als päpstlicher Kommissar eine umfangreiche Anweisung zum Ablass. Neben anderem war hierbei bemerkenswert, dass man auch einen vollkommenen Ablass für die Toten erlangen könne, ohne Reue und Beichte, allein durch Hinterlegung des Geldes. Gerade diese Form des Ablasses wurde als *efficacissime* und *certissime* beschrieben und damit jenem oben zitierten Spottvers Vorschub geleistet. Für die Magdeburger Kirchenprovinz wurde am 22. Januar 1517 der Leipziger Dominikaner Johannes Tetzel zur Ablasspredigt bestellt und ihm dafür eine hohe Entschädigung bereitgestellt. Luther erhielt als Seelsorger im Beichtstuhl Kenntnis von dessen Ablasspredigt und den Vorstellungen in den Köpfen der Poenitenten. Myconius hebt in seinen Schilderungen des Ablasswesens Tetzels zunächst eine papalistische Argumentation hervor. Danach schien Tetzel die Wirksamkeit des Ablasses nicht nur begangenen Sünden, sondern auch zukünftigen, d.h. noch ausstehenden Sünden zugeschrieben zu haben und dies mit dem päpstlichen Selbstverständnis seiner Machtfülle begründet zu haben. *Der Papst hätte mehr Macht denn alle Apostel, alle Engel und Heiligen, auch Maria die Jungfrau selb(st). Denn diese wären alle noch unter Christo, aber der Papst wäre Christo gleich. Ja nach der Himmelfahrt hätte Christus nun in der Kirchen nichts mehr zu regieren bis aufn jüngsten Tag, sondern hätte solchs alles dem Papst als seinem Vicario und Statthalter befohlen.*[18] Wie Myconius fortfährt, habe Luther von Tetzels Missbrauch des Ablasses im Beichtstuhl erfahren. In seinen drastischen Worten

18 MYCONIUS (wie Anm. 2), 19 f.

würden sich die Poenitenten brüsten, weder vom Ehebruch, der Hurerei, Wucherei, unrechtem Gut noch vergleichbarer Sünde und Bosheit ablassen zu wollen und verwiesen in ihrer Begründung auf den Papstbrief und auf Tetzels Ablass. „Geld statt Bekehrung" – das war die Formel, in der Myconius Tetzels Missbrauch des Ablasswesens zuspitzte. Luther weigerte sich in der Folge, die Absolution zu erteilen und schrieb an die vier Bischöfe von Meissen, von Frankfurt (eigentlich Brandenburg), Zeitz und Merseburg mit der Aufforderung, dem Missbrauch Einhalt zu gewähren. Als die Bischöfe erwiderten, sie könnten nicht gegen *des Papst Geschäft* vorgehen, habe Luther etliche „porpositiones" vom Ablass unter dem Titel „Dominus et Magister noster Christus dicens: poenitentiam abite, voluit omnem omnium hominum vitam esse peonitentiam" geschrieben. Diese „propositiones" habe Luther drucken lassen und er wollte *nur mit den Gelehrten der hohen Schule Wittenberg davon disputieren, was doch Ablass wäre, was er vermöcht, wo er herkäme und wie viel er gülte etc.*[19] Aber – wie Myconius ergänzt – diese „propositiones" hätten schon nach 14 Tagen ganz Deutschland und in vier Wochen die ganze Christenheit durchlaufen, als wären die Engel selbst Botenläufer und trügen es vor aller Menschen Augen.

Diese Bemerkungen des Myconius aus dem Jahr 1541 sind von einiger Brisanz in der anhaltenden Diskussion um den sogenannten Thesenanschlag Luthers an der Wittenberger Schlosskirche. Die „propositiones", von denen Myconius spricht und die Luther 1517 verfasst hatte, an vier Bischöfe versandt und die später als Drucke weite Verbreitung fanden, sind keine anderen als die sogenannten 95 Ablassthesen, denn diese beginnen genau mit jenen Worten, in denen sie Myconius vorgestellt hat: *Unser Herr und Meister Christus hat gesprochen: Tut Buße, er hat gewollt, das das ganze Leben aller Menschen Buße sei.* Es gehörte zu einem langen und bei Vielen noch anhaltenden Narrativ, dass Luther die 95 Ablassthesen am Vorabend des Allerheiligenfestes 1517 an die Wittenberger Schlosskirche angeschlagen habe. Bei manchen schlug es dagegen wie ein Blitz ein, als 1961 der katholische Lutherforscher Erwin Iserloh mit der Behauptung an die Öffentlichkeit trat, der Thesenanschlag gehöre in das Reich der Legende. Die Fakten hierfür waren durchaus einleuchtend. Zum einen stammt die erste schriftliche Darstellung dieses Ereignisses von Philipp Melanchthon aus dem Jahr 1546, der jedoch kein Augenzeuge gewesen sein konnte, da er erst 1518 als Professor an die Wittenberger Universität berufen wurde. Darüber hinaus erscheint diese Überlieferung erst nach Luthers Tode; von ihm selbst ist also kein Kommentar zu dem Thesenanschlag des Jahres 1517 überliefert. Erst in Melanchthons Vorrede zu den Werken Luthers, die auch als „Historia Lutheri" überliefert ist, ist die Rede davon, dass dieser *sie* [die propositiones] *am Vortag von Allerheiligen 1517 öffentlich an der Kirche an*[schlug], *die an das Schloss von Wittenberg grenzt.*[20] Nicht nur in dieser Hinsicht scheint sich Melanchthons Darstellung als unzuverlässig zu erweisen.

19 Ebd. 22.

20 CR 6, 162: *Et has publice Templo, quod arci Witebergensi contiguum est affixit pridie festi omnium Sanctorum anno 1517.* Vgl. hierzu auch die deutsche Übersetzung von WENG, Gerhard in: Melanchthon deutsch, Bd. 2 (hg. v. Michael BEYER / Stefan RHEIN / Günther WARTENBERG), Leipzig 1997, hier: 177.

Diese Diskussion hatte erneut Fahrt aufgenommen durch einen jüngeren Handschriftenfund des Theologen und Lutherzeitgenossen Georg Rörer (1492-1557). Der Assistent Luthers hatte möglicherweise 1541 (das Datum ist umstritten) notiert: *Im Jahr 1517 am Vorabend von Allerheiligen sind in Wittenberg an den Türen der Kirchen die Thesen über den Ablass von Doktor Martin Luther vorgestellt worden.* Die Mitteilung im damaligen Gelehrtenlatein befindet sich auf der letzten Seite einer Luther-Bibel aus dem Jahr 1540, die der Reformator und sein Mitarbeiter in Wittenberg gemeinsam für eine geplante Neuausgabe der Bibelübersetzung nutzten. Das Exemplar war in Rörers Besitz, als er später nach Jena ging.

Martin Treu von der Stiftung Luther-Gedenkstätten in Sachsen-Anhalt ist überzeugt, dass die Bemerkung Rörers *die älteste autographe Quelle* für den Thesenanschlag ist. Damit widersprach der Wittenberger Luther-Kenner Wissenschaftlern wie dem damals in Jena und heute in Tübingen lehrenden Kirchenhistoriker Volker Leppin, der in dem Handschriftenfund bestenfalls *ein wichtiges Zeugnis* für die *Geburtswehen der Legende vom Thesenanschlag* sah. Rörer sei ebenso wie der spätere „Gewährsmann“ Philipp Melanchthon kein Augenzeuge des Geschehens von 1517 gewesen, hatte Volker Leppin betont.

Für Martin Treu hingegen war der Eintrag eine persönliche Notiz Rörers zur Arbeit in der Bibelkommission für die Neuausgabe. *Er wollte nicht Geschichte schreiben, sondern lediglich die ihm wichtigen Daten jener Zeit festhalten*, hatte der Wittenberger Luther-Kenner betont. Für diese Annahme spreche die unmittelbar daneben erhaltene Mitteilung über die Ankunft Melanchthons 1518 in Wittenberg. Beides habe Rörer *absichtslos* notiert, *um es nicht zu vergessen.*

Der jüngste Rörer-Fund in der Jenaer Universitätsbibliothek würde jedoch nicht bedeuten, *dass der Mythos des 19. Jahrhunderts vom weltverändernden Thesenanschlag in sein Recht gesetzt wird*, betont Treu ausdrücklich. Die Ablass-Thesen seien nicht als Aufforderung zu Aufruhr und Aufstand veröffentlicht worden, sondern nach damaligem Brauch als Anregung des akademischen Disputs. Gleichwohl habe „Luthers Eckermann“ gemeinsam mit den anderen Protagonisten der Reformation an einem Anfang gestanden, *von dem damals niemand wusste, dass es ein Anfang war.*

Myconius' Darstellung der damaligen Vorgänge in Wittenberg scheint dagegen – und es überrascht, dass in allen neueren Diskussionen diese Reformationsgeschichte nicht berücksichtigt ist – die Sicht der Kritiker des Thesenanschlags zu bestätigen. Nach dieser Sicht hatte sich Luther nach Kenntnisnahme des Missbrauchs des Ablasswesens durch Tetzel veranlasst gesehen, sich zunächst an die zuständigen Bischöfe, d.h. an den Bischof von Brandenburg als seinen Ortsordinarius und an den Erzbischof von Magdeburg/Mainz (Albrecht), zu wenden und seine Kritik an diesem Missbrauch vorzutragen. Als diese sich dann abschlägig äußerten, habe er die „propositiones“ zum Ablass verfasst und drucken lassen, um sie zunächst mit Gelehrten der hohen Schule Wittenberg, d.h. der Universität zu diskutieren. Diese Tatsache änderte jedoch nichts an der Geschwindigkeit, mit der die Ablassthesen aufgrund des neuen Druckes eine schnelle und weite Verbreitung gefunden hatten. Dass sie bereits innerhalb von 14 Tagen in ganz Deutschland und innerhalb von vier Wochen der ganzen Christenheit bekannt gewesen seien, mag hier vielleicht eher als ein Bildwort zu verstehen sein, das für die Schnelligkeit und Verbreitung der Ablassthesen steht. Dem entspricht aber dennoch, dass – wie Luther wiederholt beteuert hatte – er zunächst das Gespräch unter Gelehrten zur Klärung der noch nicht lehramtlich definierten Ablasslehre gesucht hatte.[21] Die Kollegen, denen er diese Thesen zugesandt hatte, gaben sie dann weiter. So fanden sie sowohl handschriftlich als auch in Druckform in wenigen Wochen eine so schnelle und weite Verbreitung, wie sie keiner, auch Luther selbst nicht, sich hätte vorstellen können.[22]

Myconius und Melanchthon – das ist auch eine vielseitige Geschichte. Der Briefwechsel zwischen beiden – etwa um die Visitation in Thüringen, aber auch um die Verfolgung der Täuferbewegung – zeigt, wie wohlwollend beider Zuneigung war. Beide hatten jedoch auch ein grundverschiedenes Verhältnis zu den Wissenschaften ihrer Zeit. Dies zeigt sehr schön ihre Wahrnehmung des berüchtigten „Sacco di Roma" (der Plünderung Roms) am 6. Mai 1527, einem einschneidenden Ereignis in den Jahren des Werdens der Reformation, dem Melanchthon eine eigene Rede und Myconius ein eigenes Kapitel in seiner Geschichte der Reformation widmeten. Versuchen wir kurz, die historischen Hintergründe dieses „Sacco di Roma" zu vergegenwärtigen.

Der „Sacco di Roma" war die Plünderung Roms und des Kirchenstaats durch deutsche Landsknechte und spanische sowie italienische Söldner. Die Akteure in diesem der Plünderung Roms vorausgehenden politischen Konflikt waren Karl V., der französische König Franz I. sowie Papst Clemens VII. (1523-1534). Karl V., der Spanien regierte, und der französische König kämpften seit 1521 um die Vorherrschaft in Oberitalien. Der Papst wiederum versuchte, diesen Konflikt zur Stärkung des Kirchenstaates auszunutzen. Im August 1524 hatten Karls Truppen erfolglos Marseille belagert. Bei ihrem Rückzug wurden sie von den französischen Truppen bis nach Pavia zurückgedrängt, wo es zur entscheidenden Schlacht zwischen den Truppen Karls V. und des französischen Königs kam. In dieser Schlacht wurde Franz I. vernichtend geschlagen und gefangen genommen. Franz I. musste den Friedensvertrag von Madrid unterzeichnen, den er jedoch sofort aufkündigte, sobald er wieder frei gekommen war. Der Papst unterstützte den französischen König und erteilte ihm daraufhin öffentlich die Absolution. In der Folge formierte sich gegen Karl V. die „Heilige Liga von Cognac", der neben dem französischen König und dem Papst auch der Herzog von Mailand, Francesco II. Sforza, angehörte.

Wegen vielfältiger weiterer Konflikte vermehrte sich der Unmut bei den Truppen Karls V., die nun weitgehend führerlos waren. Seit der Schlacht von Pavia waren sie nicht mehr regelmäßig bezahlt worden und mussten sich selbst um ihre Versorgung kümmern. Die brisante Lage entlud sich in einem Söldneraufstand. Zunächst wandten sich die Truppen Karls V. erfolglos gegen Florenz, daraufhin gegen den Papst in Rom, den sie für ihre schlechte Lage verantwortlich machten. Am 4. Mai 1527 erreichten die Truppen die Ländereien um Rom und am 6. Mai begannen sie mit dessen Erstürmung. Die geringen, in Rom stationierten Truppen konnten den Eroberern nicht standhalten.

Rom war eine der reichsten Städte in der Zeit der Renaissance. Die Schweizer Garde (147 von insgesamt 189 Mann) hatte sich auf dem Petersplatz in Stellung gebracht, um den Papst zu beschützen. Bei der Verteidigung fielen alle, der Papst selbst floh in die Engelsburg. Ohne

21 WA Br 1, 138; 152; WA 1, 311; 528.

22 WA Br 1, 170; WA 51, 540.

einen auch nur irgendwie anerkannten Führer geriet die Plünderung in den folgenden Tagen außer Kontrolle. Die Truppen Karls V. raubten, vergewaltigten, folterten und töteten nach Belieben. Kirchen, Paläste, Krankenhäuser sowie der Vatikan wurden geplündert und in Brand gesteckt. Landsknechte lutherischer Gesinnung taten sich besonders durch die Demütigung kirchlicher Würdenträger und Symbole hervor. Über neunzig Prozent der Kunstschätze in Rom, auch die Goldschmiedearbeiten in den Kirchen, wurden geraubt. Bibliotheken wurden in Brand gesetzt und Bücher und Manuskripte vernichtet. Der Wert der Beute wird auf rund 10 Millionen Dukaten geschätzt. Der Papst musste für seine Freilassung 400.000 Dukaten Lösegeld bezahlen.

Wegen dieser verheerenden Plünderung Roms geriet vor allem Karl V. in heftige Kritik. So wurde ihm z.B. vorgeworfen, dass er die Plünderungen zumindest toleriert habe. Die Vernichtung Roms kam jedoch Karl V. tatsächlich nicht ganz ungelegen, denn nun war Papst Clemens in seiner Gefangenschaft. Diese Situation erleichterte es Karl V., seinem Lebensziel näher zu kommen. Zu dessen 30. Geburtstag am 24. Februar 1530 krönte Papst Clemens Karl V. in Bologna zum Kaiser.

Dieser „Sacco di Roma" wurde zu einem einschneidenden Ereignis in Europa. Melanchthon verfasste schon im März 1528 anlässlich einer Magisterpromotion in Jena eine Rede, die unter dem Titel „Deploratio captae Romae" (Bejammern des gefangenen Roms) 1531 in Wittenberg gedruckt wurde.[23] Melanchthon berichtet und bewertet in dieser Rede die *überaus schreckliche(n) Plünderung der Stadt Rom* und klagt über den *Fall einer Stadt*, die *aller Städte Königin und Herrin ist,* ja die *gemeinsame Heimat aller Völker auf Erden ist.*[24] Es sind vor allen Dingen die von Rom überlieferten Gesetze, die Religion und alle ehrwürdigen Disziplinen, also Wissenschaften, deren Zerstörung Melanchthon hier beklagt. Karl V. wird von aller Verantwortung dieser Plünderung freigesprochen. *Den Kaiser trifft aber keine Schuld* [...], *denn es ist außer Frage, dass er von Natur aus zu Milde und Mäßigung neigt und jeder Grausamkeit abgeneigt ist.*[25] Deshalb sei der Kaiser in keiner Weise anzuklagen, da sein Heer in Italien weilte, um den allgemeinen Frieden zu bewahren und nicht um die Hauptstadt des Reiches zu verwüsten, Tempel zu entweihen, Bibliotheken zu plündern, Priester niederzumetzeln und Jungfrauen und ehre Frauen mit Gewalt an sich zu reißen. Es sind die Truppen selbst, die die Verantwortung tragen, weil sie ohne Befehl des Kaisers die Stadt zerstörten, und indem sie das allgemeine Völkerrecht (ius gentium) verletzten, sind sie zu Feinden nicht nur des Reiches, sondern der ganzen menschlichen Gesellschaft geworden.

Melanchthon geiselt mit heftigen Worten die Plünderung Roms durch das führerlos gewordene Heer Karls V. Neben dem Sakrileg des Tempelraubes sei nicht weniger zu beklagen der Verlust der Bücher, in denen die himmlischen Weissagungen, die Lehre der Religion und anderer ehrwürdiger Wissenschaften aufbewahrt sind. Nirgendwo seien die Bibliotheken reicher gewesen als in Rom. Nicht zuletzt durch den Eifer tüchtiger Päpste seien hier Schriftsteller aus der ganzen Welt, vor allem auch aus Griechenland versammelt. Melanchthon klagt:

23 CR 11, 130-139; dt.: Rede über die Eroberung und Plünderung Roms, in: Melanchthon deutsch, Bd. 3, 227-239.
24 Ebd. 228.
25 Ebd. 229.

Welch ein Verlust, den kein Jahrhundert wieder ersetzen könnte![26] Denn durch den Verlust der Schriften und Bücher könnten weder die Wissenschaften gedeihen, noch könnten Barbarei, Verwirrung der Religionen und das Durcheinander des Gemeinwesens verhindert werden. Für Melanchthon ist Rom der Inbegriff seines Humanismus: Rom *hat uns die Gesetze, die Wissenschaften, die Religionen, die Humanitas, alle edlen Künste und schließlich auch die Grundlage aller feinen Lebensart übergeben, damit die Menschen diese Stadt immer als die gemeinsame Heimat aller Völker verehren sollten.*[27]

Melanchthons Rede ist – als Ausdruck seines Humanismus – *ein flammendes Bekenntnis zu Rom als klassischer Bildungsstätte.*[28] Ganz anders die Wahrnehmung unseres Gothaer Superintendenten in seiner zehn Jahre später publizierten Reformationsgeschichte. Zwar geiselt auch Myconius die Plünderung Roms in drastischen Worten, aber die Bedeutung Italiens, und insbesondere Roms für die Ausbreitung der Wissenschaften, wie sie zentral für Melanchthons Wahrnehmung war, spielt bei ihm keine Rolle, bzw. wird in diesem Kapitel der Reformationsgeschichte zumindest nicht thematisch. Für Myconius war der „Sacco di Roma“ vor allem ein Lehrstück seiner Papstkritik, die in der Politik des Papstes die eigentliche und tiefere Ursache für diese Ereignisse sah. Denn wie er seine Schilderung der Ereignisse beschließt: *Es wurden aber die Päpst hernach nichts frömmer, sondern nur hochmütiger und stolzer gegen Gott und der Christenheit. So stießen sich weder König noch Kaiser auch nichts an dieses Werk Gottes (zogen keine Lehre daraus), sondern lecketen und küsseten sich mit des Papsts Füßen wie zuvor.*[29]

26 Ebd. 233.

27 Ebd. 237.

28 RHEIN, Stefan: Italia magistra orbis terrarum. Melanchthon und der italienische Humanismus, in: HuWR, 367-388, hier: 373.

29 MYCONIUS (wie Anm. 2), 74.

Triumphzüge, Außenseiter und Narren.
Humanistische Kampfschriften in Text und Bild[1]

MATTHIAS DALL'ASTA

Γνῶθι σεαυτόν – *Erkenne dich selbst!* stand auf dem antiken Apollotempel der griechischen Orakelstätte von Delphi, und seither mäandert diese wuchtige Aufforderung durch die europäische Kulturgeschichte. Wer aber war und ist der Mensch? Als was erkannte er sich, als was erkennen wir uns? Unter der Anfang des 17. Jahrhunderts gebauten Treppe des Nördlinger Rathauses, am Zugang zur früheren Arrestzelle, befindet sich das Flachrelief eines grinsenden Narren, der den Betrachter mit den als Inschrift darunter angebrachten Worten *NUN SIND UNSER ZWEY* als seinesgleichen begrüßt.[2]

Der Mensch als Narr. Selbsterkenntnis als Lebensaufgabe, mal als griechischer Imperativ formuliert, mal satirisch gebrochen.

Die bereits mittelalterliche Figur des Narren führt uns in die bewegte Zeit um 1500, in der mit Sebastian Brants „Narrenschiff" der große Klassiker der Narrenliteratur entstand und schnell zu einem internationalen Bestseller wurde; 1494 erschien diese gereimte und von zahlreichen Holzschnitten begleitete Narrenrevue erstmalig auf deutsch, 1497 wurde sie durch Brants Schüler Jakob Locher ins Lateinische übertragen. Doch auch andere humanistische Satiren wie das lateinische „Lob der Torheit" des Erasmus von Rotterdam (1511 erstmals gedruckt) oder die lateinischen „Dunkelmännerbriefe" (1515 und 1517 in zwei Teilen anonym erschienen) brandmarkten die ganz allgemein verbreiteten, speziell aber auch die akademischen Torheiten ihrer Zeitgenossen, indem sie ihnen die Narrenkappe aufsetzten. Selbst der alle drei heiligen Sprachen souverän beherrschende und damals zum Lieblingsheiligen der Humanisten avancierte Kirchenvater Hieronymus in seiner Studierstube, dem sogenannten „Gehäuse", konnte als ikonographischer Typus in der Gestalt des Büchernarren sein satirisches Gegenbild finden. Dieser Büchernarr sitzt im Brantschen Narrenschiff ganz vorne und bekennt freimütig:

---

1 Geringfügig überarbeitete und mit Anmerkungen versehene Fassung des Vortrags vom 23. Oktober 2016 im Melanchthonhaus Bretten; der Originaltitel und auch der Vortragsstil wurden beibehalten. Aus den zahlreichen damals gezeigten Bildern kann hier allerdings nur eine Auswahl von fünf Abbildungen präsentiert werden. Zu Abschnitt 3 (Polemik und Satire um 1500) vgl. jetzt auch DALL'ASTA, Matthias: Scholastiker, Schafsköpfe und Schurken. Grenzwertige Satire und grenzenlose Polemik im Judenbücherstreit (1511-1521), in: LUDESCHER, Ladislaus / WAGNER, Marco (Hg.): Grenzüberschreitungen und Wendepunkte. Beiträge aus der Ringvorlesung 2015 im Rahmen der Interdisziplinären Vortragsreihe (IVR) Heidelberg, Frankfurt a.M. u.a. 2017, 9-37.

2 Vgl. MEZGER, Werner: Narrenidee und Fastnachtsbrauch. Studien zum Fortleben des Mittelalters in der europäischen Festkultur, Konstanz 1991 (Konstanzer Bibliothek 15), 68 f.

Abb. 1: Narrendarstellung vom Nördlinger Rathaus, Foto: Wikimedia commons

Von Büchern hab' ich großen Hort, / Versteh' ich gleich drin wenig Wort', / So halt ich sie doch hoch in Ehren: / Es darf sie keine Flieg' versehren. [...] Und les' doch herzlich wenig drin. / Zerbrechen sollt' ich mir den Sinn, / Und mir mit Lernen machen Last? / Wer vil studiert, wird ein Phantast![3]

Der häufig beobachtbare Abstand zwischen Schein und Sein, zwischen Masse und Klasse, zwischen Anspruch und Wirklichkeit wird so zum Gegenstand befreienden, nicht selten aber auch hämischen Gelächters.

Der mit oft harschen Worten und mitunter nicht minder drastischen Bildern geführte Streit zwischen Humanisten und Scholastikern, zwischen reformerisch gesonnenen Köpfen und den Vertretern der alten Ordnung in Universität und Kirche, bestimmte die frühe Phase der Reformation entscheidend. In einer von Repressionen und physischer Gewalt geprägten Gesellschaft konnten Außenseiter dabei leicht ins existenzbedrohende Abseits geraten. Zeitgenössische Illustrationen, mit Hilfe der Druckerpressen massenhaft vervielfältigt, waren damals wie heute wirksame Mittel im Meinungskampf. Diese Darstellungen imaginierten nicht selten genüsslich die Verstümmelung, Vierteilung oder Verbrennung des unterlegenen Gegners und spiegeln so das Gewaltpotenzial einer Auseinandersetzung, die von den Universitäten ausging und bald auch die Kirche und die gesamte Gesellschaft ergriff.

In diese in vielfacher Hinsicht „unheile" Welt werden wir eintauchen, indem wir uns zunächst drei Triumphzüge aus dem frühen 16. Jahrhundert vergegenwärtigen, von denen der eine eher einer Hinrichtung oder Höllenfahrt gleichkommt (1). Bei diesen Betrachtungen begegnen uns Außenseiter, Tod und Teufel (2), die uns dazu anregen werden, die um 1500 besonders explosive Mischung von Polemik und Satire näher zu bedenken (3), um schließlich am Ende wieder bei der faszinierend mehrdeutigen Figur des Narren anzukommen (4), die uns nicht nur viel über das Mittelalter und die Frühe Neuzeit offenbart, sondern auch heute noch zu unserer Selbsterkenntnis beitragen kann.

1. Drei Triumphzüge (1518-1524)

In Bretten braucht man über die suggestive Kraft großer Festumzüge nicht viele Worte zu verlieren; hier kennt sich angesichts des alljährlichen Festumzugs auf dem Peter-und-Paul-Fest vermutlich so ziemlich jeder mit stolz vorbeiziehenden Rüstungs- und Fahnenträgern sowie jubelndem Volk bestens aus. Ähnlich lebhaft ging es auch im antiken Rom zu, wenn einer der siegreichen Feldherrn oder der Kaiser selbst mit einem Triumphzug geehrt wurde. In Yadegar Asisis Installation „ROM 312" im Pforzheimer Gasometer zum Beispiel sieht man die von vier Schimmeln gezogene Quadriga des Triumphators, in diesem Fall Konstantins des Großen nach seinem Sieg über Maxentius, wie sie soeben den Treppenaufgang zum Tempel des Jupiter Optimus Maximus am Fuße des Kapitols erreicht. Bildliche Darstellungen solcher

3 BRANT, Sebastian: Das Narrenschiff, übertragen v. Hermann August Junghans, Leipzig 1877 u.ö., 12 f, Nr. 1 (modernisierte Fassung); für den frühneuhochdeutschen Originaltext siehe BRANT, Sebastian: Narrenschiff, hg. v. Friedrich ZARNCKE, Leipzig 1854, ND Darmstadt 1964, 4 f, Nr. 1.

Triumphzüge gibt es seit der Antike; am berühmtesten sind vermutlich die beiden Reliefs auf dem Gewölbe des Titusbogens in Rom, deren eines den auf der Quadriga von der Siegesgöttin bekränzten Kaiser zeigt, der für seine blutige Niederschlagung des jüdischen Aufstandes und die Zerstörung Jerusalems im Jahre 70 n.Chr. von den Römern als Triumphator gefeiert wird.

Wir überspringen die ikonographischen wie die literarischen Adaptionen der römischen „pompa triumphalis", von Horaz über Dante und Petrarca bis ins frühe 16. Jahrhundert[4] und wenden uns einem Holzschnitt zu, der einer 1524 publizierten reformatorischen Flugschrift mit dem Titel „Triumphus veritatis" oder „Sieg der Wahrheit" (vgl. Abb. 2) beigegeben war und einen gänzlich anderen Triumphator zeigt: Jesus Christus, der bei Joh 14,6 von sich sagt: *Ich bin der Weg, die Wahrheit und das Leben.*

Von rechts sehen wir Christus in das Bild hineinfahren; sein Triumphwagen wird von den symbolisch dargestellten vier Evangelisten gezogen und vorne von den (noch) einträchtig nebeneinander marschierenden Reformatoren Martin Luther (im Vordergrund) und Andreas Karlstadt eskortiert. Vor ihnen, hoch zu Ross und in Rüstung, der ritterbürtige Dichter und Publizist Ulrich von Hutten, der die von einer Kette zusammengehaltenen Gegner der Reformation hinter sich herführt, unter anderem den Franziskaner Thomas Murner mit dem Kopf eines Katers, den als Eber dargestellten Johannes Eck, den Bock Hieronymus Emser und den Inquisitor Jakob Hoogstraeten mit dem Kopf einer Ratte.

Als wichtigste Kriegsbeute wird weiter links auf den Schultern von Patriarchen, Propheten und Aposteln ein kostbarer Schrein vorangetragen; er trägt die Beischrift *Grab der heyligen schrifft*, die nach Auskunft der 2034 deutschen Verse der Flugschrift durch Luther vom *römischen Türken* zurückerobert worden sei. Die ganze Szene knüpft an Christi Einzug in Jerusalem an und inszeniert die reformatorische Wiedergewinnung der Heiligen Schrift, der Bibel, als Rückführung der mythischen Bundeslade in die Heilige Stadt. Dem Holzschnitt beigefügte Großbuchstaben verknüpfen die einzelnen Bildelemente mit den entsprechend gekennzeichneten Passagen der illustrierten Versdichtung und erleichtern so die Text-Bild-Korrelation.[5]

Seine besondere Brisanz erhält dieser Holzschnitt dadurch, dass seine Komposition deutlich erkennbar an einen sechs Jahre älteren Holzschnitt anknüpft, der 1518 ebenfalls als begleitende Illustration einer – in diesem Fall lateinischen – Versdichtung publiziert wurde:

---

4 Vgl. KÜHLMANN, Wilhelm: Ulrich von Huttens Triumphus Capnionis – Der Triumph Reuchlins. Bildzeichen, Gruppenbildung und Textfunktionen im Reuchlin-Streit, in: DERS. (Hg.): Reuchlins Freunde und Gegner. Kommunikative Konstellationen eines frühneuzeitlichen Medienereignisses, Ostfildern 2010 (Pforzheimer Reuchlinschriften 12), 89-105, hier 89-91; siehe außerdem SCHMITT, Lothar: Triumph und Apotheose. Johannes Reuchlin als humanistischer Geistesheld, in: AURNHAMMER, Achim / PFISTER, Manfred (Hg.): Heroen und Heroisierungen in der Renaissance, Wiesbaden 2013 (Wolfenbütteler Abhandlungen zur Renaissanceforschung 28), 235-265, hier bes. 247 f mit ergänzenden Informationen über die antike „pompa triumphalis" und die antiken Quellen zum Ablauf dieser einem festen Schema folgenden Feierlichkeiten.

5 Vgl. KÜHLMANN: Triumphus Capnionis (wie Anm. 4), 101 f; KAUFMANN, Thomas: Stilisierungen. Die Heroisierung Luthers in Wort und Bild, in: DERS.: Der Anfang der Reformation. Studien zur Kontextualität der Theologie, Publizistik und Inszenierung Luthers und der reformatorischen Bewegung, Tübingen 2012 (Spätmittelalter, Humanismus, Reformation 67), 266-333, hier 320-329.

des von Ulrich von Hutten verfassten, aber unter einem Pseudonym gedruckten „Triumphus Capnionis“ (vgl. Abb. 3). Dieser „Triumph Reuchlins“ hat den feierlichen Einzug in seine Vaterstadt Pforzheim zum Inhalt, einen wohlgemerkt nur fiktiven und symbolisch überhöhten Triumphzug. „Capnio“ ist dabei nichts anderes als die gräzisierte Namensform des Humanisten Johannes Reuchlin, der bekanntlich Melanchthons früher Förderer gewesen ist und seinem jungen und hochbegabten „gesippten Freund“ aus Bretten auch den Weg zur Griechischprofessur in Wittenberg geebnet hat.

Die kompositorischen Übereinstimmungen zwischen beiden Holzschnitten springen sofort ins Auge und sind zahlreich: der Triumphwagen Christi entspricht nach Art und gewählter Perspektive demjenigen Reuchlins; Blumen streuende Knaben gibt es in beiden Holzschnitten, hier wie dort; den von der Kette zusammengehaltenen Gegnern der Reformation entsprechen im „Triumphus Capnionis“ die ebenfalls von einer Kette umschlungenen Gegner Reuchlins; dem an der Spitze des Zuges vorangetragenen *Grab der heyligen schrifft* entspricht im „Triumphus Capnionis“ eine Bahre mit vier kleinen Skulpturen; die Posaune spielenden Engel des „Triumphus veritatis“ knüpfen an die Posaunenbläser der Vorlage an; das dem Zug vor dem Jerusalemer Stadttor entgegenblickende *gemeyne volck* entspricht der vor dem Pforzheimer Stadttor versammelten Menschenmenge; das titelgebende Spruchband „Triumphus veritatis“ ahmt – bis hin zu dem Nasalstrich über dem „u“ bzw. „v“ – das ältere Spruchband vom „Triumphus Capnionis“ nach.

Der auf dem Holzschnitt von 1524 majestätisch im Vordergrund reitende Hutten ist bei der Publikation der Flugschrift bereits tot; im August 1523 war er auf der Insel Ufenau im Zürichsee an seiner schweren Syphiliserkrankung gestorben. Dass Hutten, der sich 1518 im „Triumphus Capnionis“ noch hinter dem Pseudonym „Eleutherius Byzenus“ verborgen hatte, in dem späteren Holzschnitt mit offenem Visier und unter seinem richtigen Namen im Klartext erscheint, dürfte kein Zufall sein. Der Künstler kannte die Hintergründe und Zusammenhänge vermutlich sehr genau.

Ulrich von Huttens „Triumphus Capnionis“, eine Versdichtung aus 1063 lateinischen Hexametern, ein sogenanntes Epyllion, entstand bereits 1514 auf dem Höhepunkt von Reuchlins Auseinandersetzung mit dem fanatischen antijüdischen Agitator Johannes Pfefferkorn und den Kölner Dominikanern samt ihrem Inquisitor Jakob Hoogstraeten. Wir erinnern uns: Hoogstraeten wird auf dem Holzschnitt von 1524 mit dem Kopf einer Ratte dargestellt; Sympathie und Antipathie könnten kaum wirkungsvoller sinnfällig gemacht werden. Als der „Triumphus Capnionis“ 1518 endlich auch im Druck erschien, gab sein kämpferischer Autor sich an mehreren Stellen nicht nur als energischer Parteigänger Reuchlins und entschiedener Gegner der Kölner Theologen aus, sondern ausdrücklich auch als Feind der sogenannten „Dunkelmänner“; am deutlichsten in seinem Nachwort am Ende des Druckes: *Laqueum sumite, Theologistae! – Nehmt den Strick, falsche Theologen!* und:

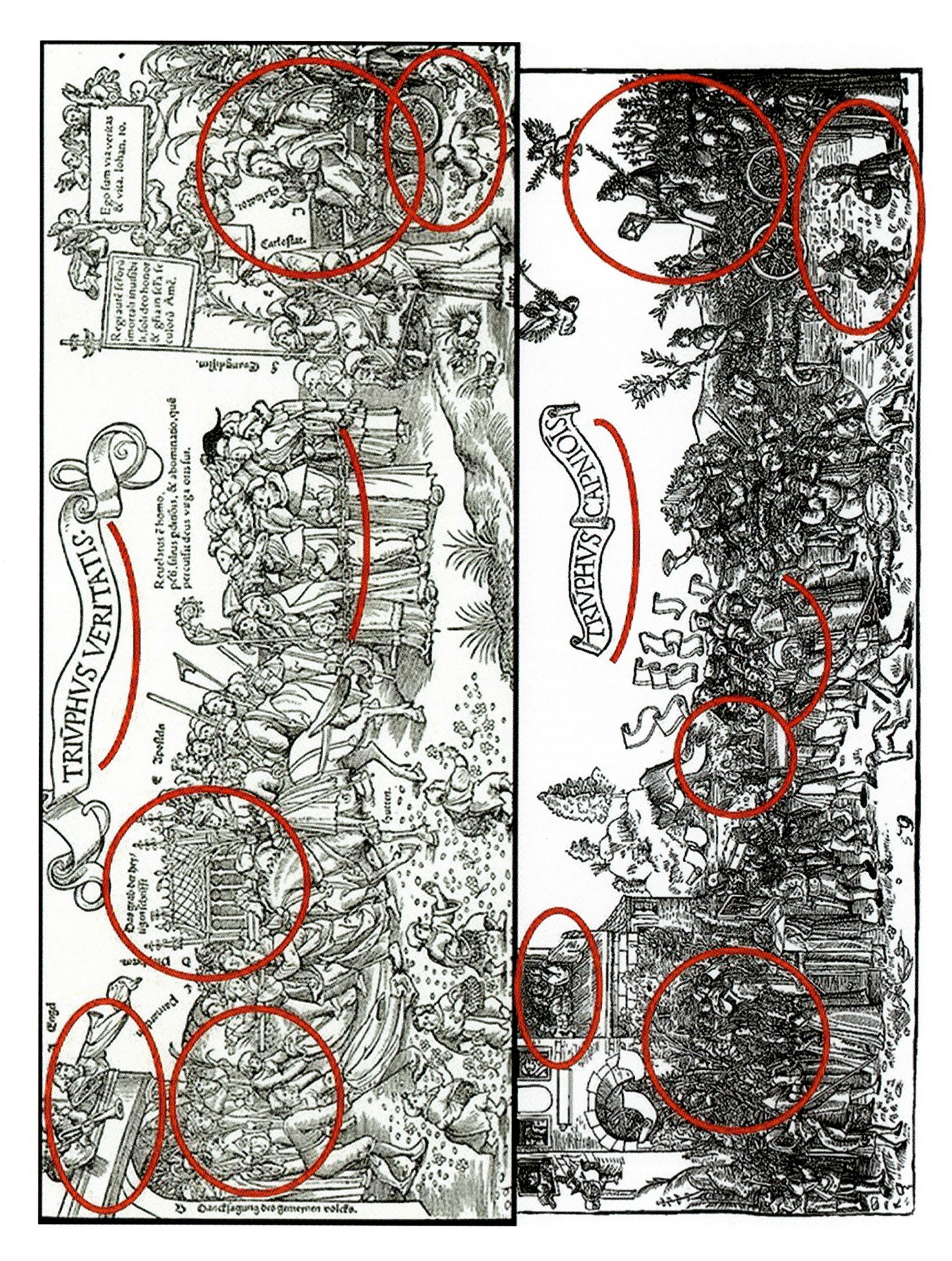

Abb. 2: Holzschnitt zum „Triumphus veritatis" von 1524, Foto: Matthias Dall'Asta
Abb. 3: Holzschnitt zum „Triumphus Capnionis" von 1518, Foto: Matthias Dall'Asta

> *Vos igitur moneo, Coniurati, adeste, incumbite, ruptus carcer est, iacta alea, regredi non licet. Obscuris Viris laqueum praebui. – Euch aber ermahne ich, Verschworene, heran, dran und drauf, der Kerker ist aufgebrochen, der Würfel ist gefallen, es gibt kein Zurück. Ich habe den Dunkelmännern den Strick gereicht.*[6]

Der Heidelberger Germanist Wilhelm Kühlmann wertet diese Passage zu Recht als ein indirektes Bekenntnis Huttens zur Verfasserschaft an den im Jahr zuvor anonym erschienenen „Dunkelmännerbriefen", den „Epistolae obscurorum virorum".[7]

Bevor wir uns diesen satirischen Briefen zuwenden, werfen wir noch einmal einen Blick auf die im „Triumphus Capnionis" mitgeführte Beute. Im „Triumphus veritatis" wird der Schrein mit der Heiligen Schrift mitgeführt, und auf dem südlichen Relief des bereits erwähnten Titusbogens tragen Sklaven auf ihren Schultern die aus dem Jerusalemer Tempel stammende Kriegsbeute, darunter die goldene Menora, den Siebenarmigen Leuchter. Im „Triumphus Capnionis" besteht diese Beute dagegen aus vier kleinen Figuren, durch welche die durch Reuchlin überwundenen negativen Eigenschaften und Defizite verkörpert werden: die „Superstitio" (also der Aberglaube), die „Barbaries" (Unbildung), die „Ignorantia" (Unwissenheit) und die „Invidia" (der Neid)[8]. Neben typisch humanistischen Kampfbegriffen wie „Barbaries" und „Ignorantia" sowie der Todsünde „Invidia" kommt mit der „Superstitio", dem Aberglauben, ein speziell auf die Religion bezogener Missstand zur Sprache: das als abergläubisch und kritiklos empfundene Beharren auf angeblichen Glaubenswahrheiten und Bräuchen, die von weiten Teilen der als verkommen dargestellten römischen Papstkirche ängstlich verteidigt wurden.

Solche an Aberglauben grenzende Kulte gab es einige; die heute noch an vielen Kirchenwänden zu bewundernden mittelalterlichen Darstellungen des Heiligen Christophorus etwa lassen sich auf den weit verbreiteten Glauben zurückführen, wonach derjenige, der ein Christophbild betrachte, an diesem Tage vor einem „jähen Tod" gefeit sei. Erasmus von Rotterdam gießt über eine derartige Wundergläubigkeit im „Lob der Torheit" seinen Spott aus, und Hans Holbein der Jüngere liefert in seinen zeitgenössischen Randzeichnungen zu Erasmus' Satire die passende Illustration zu dieser abergläubischen Bilderverehrung, dem „superstitiosus imaginum cultus", der unter dem Einfluss radikaler Reformer wenig später zum großen Bildersturm führen wird.[9]

---

6 Dt. Übersetzung nach KÜHLMANN: Triumphus Capnionis (wie Anm. 4), 93 f. Vgl. Triumphus Doc. Reuchlini [...] Encomion. Triumphanti illi ex devictis Obscuris viris, id est theologistis Colonien. et Fratribus de Ordine Praedicatorum, ab Eleutherio Byzeno decantatum, [Hagenau: Thomas Anshelm 1518] (VD 16, H 6414), Bl. A1b–2b ([...] *ad Principem ac populum Germanorum praefatio*) und Bl. E6a (*Autor theologistis*, das anzitierte Nachwort).

7 KÜHLMANN: Triumphus Capnionis (wie Anm. 4), 93.

8 Vgl. ebd. 97.

9 Vgl. ZSCHELLETZSCHKY, Herbert: Die „drei gottlosen Maler" von Nürnberg: Sebald Beham, Barthel Beham und Georg Pencz. Historische Grundlagen und ikonologische Probleme ihrer Graphik zu Reformations- und Bauernkriegszeit, Leipzig 1975, 200-205; ERASMUS von Rotterdam: Ausgewählte Schriften, hg. v. Werner WELZIG, Bd. 2 (mit der „Laus stultitiae", lat. / dt.), Darmstadt 1975, 92-97, Kap. 40.

Derartige Kritik an der Römischen Kirche, ihren Gepflogenheiten und insbesondere ihren Kirchenvertretern mündet in einem dritten Holzschnitt in eine veritable Höllenfahrt des Papstes und seiner Vasallen.[10] Der 1524 von dem Nürnberger Künstler Sebald Beham auf zwei Stöcken gedruckte Holzschnitt – gemeinhin als „Höllenfahrt des römischen Klerus" tituliert – zeigt einen von links kommenden und mit allerlei Klerikern dicht besetzten Prunkwagen, welcher unter Mithilfe etlicher tierfratziger Teufel einem Höllenfeuer entgegenrollt, das unter zwei loggienartigen Renaissancebauten munter angefacht wird; aus der Mitte des Wagens ragt ein mit Bullen und Ablassbriefen behängtes Bäumchen, das wie ein Mast wirkt und dem ganzen Gefährt die Anmutung eines Narrenschiffes verleiht. Herbert Zschelletzschky hat diesen Holzschnitt 1975 im Rahmen seiner Monographie über die „drei gottlosen Maler" von Nürnberg[11] eingehend behandelt und dabei erneut den Holzschnitt zum „Triumphus Capnionis" als eines von zwei die Komposition prägenden Vorbildern identifiziert. Ich zitiere nur das Fazit seiner Analyse:

> *Mit dieser Verkehrung einer Huldigungs- und Triumphfahrt in eine Anprangerungs- und Schandenfahrt hat Sebald Beham dazu beigetragen, der in den Kampf um den gesellschaftlichen Fortschritt bewußt eingreifenden graphischen Kunst ein neues, revolutionäres Bildmotiv zu erschließen.*[12]

Ich verzichte an dieser Stelle auf eine nähere Untersuchung der Gemeinsamkeiten und Unterschiede zwischen den beiden Holzschnitten und lenke das Augenmerk lediglich auf ein Detail, das der Aufmerksamkeit der Interpreten bislang entgangen ist: Die am unteren linken Bildrand platzierte Einzelszene, in der ein zu Boden gegangener Ordensmann von zwei tiergestaltigen Teufeln flankiert und von der rechten, lemurenartigen Gestalt an der Kapuze in Richtung auf das Feuer gezogen wird, findet im „Triumphus Capnionis" ihr unverkennbares kompositorisches Gegenstück: In dem sechs Jahre älteren Holzschnitt ist es Reuchlins Gegner Johannes Pfefferkorn, der auf dem Boden ausgestreckt ist und von zwei Henkern malträtiert wird, von denen der rechte seinen Kopf an den Haaren hochreißt. Betrachtet man beide Bilder nebeneinander, fallen die Gemeinsamkeiten – auch hinsichtlich der jeweils kräftig ausschreitenden linken Figuren – besonders ins Auge.

2. Außenseiter, Tod und Teufel

Dass Pfefferkorn in dem Nürnberger Holzschnitt von 1524 durch einen Ordensangehörigen ersetzt und seine beiden Henker gegen zwei Teufelsgestalten vertauscht werden, lässt sich ohne

10 Das Folgende nach ZSCHELLETZSCHKY: Die „drei gottlosen Maler" (wie Anm. 9), 259-267.

11 Das Werk ist noch der „marxistisch-leninistischen Kunstwissenschaft" verpflichtet (vgl. das Vorwort, ebd. 8) und versteht sich als Beitrag zur Erforschung der „frühbürgerlichen Revolution", ist aber solide gearbeitet.

12 Ebd. 266. Vgl. SCHUBERT, Anselm: Das Lachen der Ketzer. Zur Selbstinszenierung der frühen Reformation, in: Zeitschrift für Theologie und Kirche 108 (2011), 405-430, hier 418-420, wo Schubert die von Zschelletzschky aufgezeigte Verbindung zwischen Behams Holzschnitt und dem „Triumphus Capnionis" unterstreicht und weiter ausdeutet.

Weiteres nachvollziehen: Mönche waren in der Frühphase der Reformation ein bevorzugtes Objekt der Verachtung oder des Spottes, und die als unehrlich am Rande der Gesellschaft lebenden Scharfrichter waren häufig kaum besser beleumundet als ihre teuflischen Amtsgenossen im Jenseits.[13] Weil der von den Kölner Dominikanern maßgeblich unterstützte Johannes Pfefferkorn, der 1504 in Köln vom Judentum zum christlichen Glauben konvertiert war, in mehreren Streitschriften vehement gegen Reuchlin polemisiert hatte, wurde ihm in den lateinischen Versen von Huttens Epyllion eine imaginäre Bestrafung zugedacht, die er aber nach Meinung vieler Humanisten tatsächlich verdient hatte: Die verstümmelten Hände auf den Rücken gebunden und sein Gesicht auf den Boden gedrückt, wird Pfefferkorn am Rande des Triumphzugs am Haken mitgeschleift und grausam gefoltert. Schon der begleitende Holzschnitt malt diese Szene im Vordergrund genüsslich aus. In den entsprechenden Versen der Dichtung heißt es dazu aber noch deutlicher:

> *Hierher, ihr Henker!* [...] *Ihr sollt mir an diese Arbeit gehen mit all euren Waffen: mit Kreuz, Stricken und seilbewehrtem Haken. Legt ihn zuerst auf den Boden, mit angehobenen Knien und dem Gesicht auf der Erde, damit er den Himmel nicht sieht und uns von Beschmutzungen durch diese Augen unberührt läßt und damit er, weil er Unreines sprach, mit seinem Mund Erde frißt und eine Portion Staub kaut! Was soll das Zögern, Henker? Warum reißt ihr ihm nicht seine Zunge aus dem zurückgebogenen Maul, den ersten Keim aller großen Übel, auf daß er nicht mitten im Triumph Unverschämtes sagen kann? Warum trennt ihr ihm nicht auch die Nase und beide Ohren ab und zieht durch die Füße einen Haken, warum zieht ihr ihn nicht hoch am Gelenk, daß er dann mit Gesicht und Brust die Erde fegt? Nützen wird es, daß er auch die eingeschlagenen Zähne verliert, damit in diesen Lippen da nichts bleibt, wodurch er jemanden verletzen kann.* [...] *Verstümmelt auch noch die Fingerspitzen an den Nägeln!* [...] *Es lachen die Knaben und Männer. Und zusammen mit ihnen lachen Frauen und empfindsame Mädchen und folgen mit zustimmendem Beifall diesem Judas, aufgehängt an den Füßen, und am Hinterkopf hochgezogen, blutig seine faulen Zähne ausspeiend, mit dem Haken durchbohrt, ohne Zunge und Nase, seine Finger entwaffnet, und auf seine Ohren blickend, die er vormals noch nie gesehen hat. Willst Du etwa, Ruchloser, nicht lieber dem Tod entgegengehen, der verdienten Strafe für dein Verbrechen, als nun so im Elend sein?*[14]

Soweit das in seiner Redundanz geradezu sadistisch wirkende Hohngelächter aus der Feder Huttens. In einer drei Jahre später, 1521, in Köln gedruckten Flugschrift mit dem Titel „Ajn mitleydliche claeg" hat Pfefferkorn auf diesen literarischen Triumphzug mehrfach Bezug ge-

13 Vgl. etwa DEUTSCH, Andreas: Das schwere Schicksal der Henker – zur privaten Seite eines grausamen Handwerks, in: Zeitschrift der Savigny-Stiftung für Rechtsgeschichte: Germanistische Abteilung 118 (2001), 420-437.

14 Dt. Übersetzung (mit geringfügigen Änderungen) aus KÜHLMANN: Triumphus Capnionis (wie Anm. 4), 100 f.

Abb. 4: Holzschnitt aus Johannes Pfefferkorns „Ajn mitleydliche claeg" von 1521: Reuchlin als gescheiterter Wegbereiter Luthers, Foto: Bayerische Staatsbibliothek München

nommen.[15] Reuchlin war inzwischen juristisch unterlegen: Papst Leo X. hatte den sogenannten „Augenspiegel", Reuchlins 1511 publizierte Verteidigungsschrift in der Auseinandersetzung um den richtigen Umgang mit den Büchern der Juden, 1520 verurteilt und verboten. Diese Niederlage seines Kontrahenten musste für Pfefferkorn eine enorme Genugtuung bedeuten.

Gegen Ende von „Ajn mitleydliche claeg" erscheint ein kleinformatiger Holzschnitt, der ganz deutlich als Kontrafaktur des drei Jahre älteren „Triumphus Capnionis" angelegt ist: Der stolz seine Verteidigungsschrift emporhaltende Triumphator ist in Pfefferkorns Flugschrift mitsamt seinem Buch auf dem harten Boden der Realität gelandet, und aus dem unter seinem Humanistennamen *Capnio* triumphierenden Gelehrten ist wieder ein

15 Vgl. SCHMITT: Triumph und Apotheose (wie Anm. 4), 258-262.

ordinäres *Reuchlein* geworden, dessen nur vermeintlicher Triumph sich gleichsam in Schall und „Rauch" aufgelöst hat. Unter dem Bild dieses im Angesicht von Kaiser und Papst von seinem Triumphwagen gestürzten Humanisten heißt es:

> *Ja Reuchlin, hett es dir der Babst vor acht iaren gethan, so hett Martinus Lauther und deine jüngeren Obscurorum virorum deß nit thüren* [= dürfen, wagen], *wünschen noch gedencken, wesß sie jtzundt zu nachteyl Christenliches glaubens offentlichen treyben. Und deßselbigen alles bistu allein eyn funcken und auffrüster, die heilig Kirchen in ein irrung und aberglauben zu füren. Reuchlin noch eins: Werß sach, das du gut und gelt von dir gebest, so sprech ich, du werest der Endtchrist* [also der Antichrist].[16]

Ganz am Ende von „Ajn mitleydliche claeg" zeigt ein weiterer Holzschnitt in einer entlarvenden Imagination dann sogar den bereits in vier Teile zerrissenen und an ebenso viele Holzpfähle gespießten Leib Reuchlins, dem ein Henker post mortem mit einem kleinen Messer noch den Kopf abschneidet. Darunter die so gar nicht mitleidsvollen deutschen Verse:

> *Hetstu nit geredt wider Gott, /*
> *So gschehe dir nit solcher spott. /*
> *Ich hab dir geben deinen lon, /*
> *Spot zum schaden mustu nun han. /*
> *Du henckst aldo mit füß und handt; /*
> *far hien, büchlin, in frembde landt. /*
> *Man wirt dich lesen an all ort, /*
> *Stee nit still und mach dich hin vort. /*
> *Und hüt dich für des Juden hauß; /*
> *Kunstu darein, mach dich bald auß. /*
> *Kumstu du zu eynem frommen Christ, /*
> *Bleyb bey im sonder alle list. /*
> *Auß dir soll mir keyn schertz nit sein. /*
> *P*[f]*efferkoren wont an dem Rhein. /*
> *Zu Cöllen meyster im Spital, /*
> *Zu Recht will er steen überal.*[17]

Am 22. Oktober 1521, sieben Monate nach Erscheinen dieser Verse, ist Pfefferkorn in Köln als Spitalmeister von St. Revilien gestorben; weitere acht Monate später, am 30. Juni 1522, verstarb in Stuttgart auch Reuchlin. Keiner von beiden musste dabei einen der Gewaltexzesse erdulden, die von den beiden verfeindeten Lagern kolportiert und anscheinend schon fast herbeigesehnt worden waren.

16 Ajn mitleydliche claeg [...] Durch Johannes Pfefferkorn gegen den ungetruwen Johan Reuchlin, [Köln] 1521 (VD 16, P 2317), Bl. H2a.

17 Ebd. Bl. H6b (letzte Seite des Druckes).

Huttens und Pfefferkorns Folter- und Hinrichtungs-Phantasien mit ihrer Ästhetik des Schreckens bilden im 16. Jahrhundert keine Ausreißer. Sie kennen vermutlich die eine oder andere der zeitgenössischen Illustrationen zu den Rechtsbüchern und Halsgerichtsordnungen der Zeit, etwa zu Ulrich Tenglers „Laienspiegel"; dass man die im vermeintlich guten, alten und zivilisierten Europa vielfältig angewandten Methoden, einen Menschen zu verstümmeln oder umzubringen, gelegentlich auch noch nachkoloriert hat, macht diese historischen Rechtspraktiken nicht sympathischer.

Von dem Wittenberger Maler Lucas Cranach dem Jüngeren, der mit mehreren Reformatorenporträts (Melanchthon, Bugenhagen, Jonas) auch in der laufenden Ausstellung vertreten ist, stammt ein besonders verstörender Holzschnitt.[18] Er dokumentiert die Wittenberger Hexenverbrennung vom 29. Juni 1540. Am Peter-und-Paul-Tag dieses Jahres – in Bretten möchte man fast sagen: ausgerechnet an Peter und Paul! – wurde eine damals etwa 50-jährige Frau, sie hieß Prista Frühbrot, zusammen mit ihrem Sohn Benedikt und zwei Abdeckergehilfen hingerichtet, nachdem alle vier der Weidevergiftung durch Zauberei für schuldig befunden worden waren. Der noch durch diverse andere Quellen gut bezeugte und inzwischen mehrfach erforschte Fall bildet einen der spektakulärsten Hexenprozesse der Frühen Neuzeit, nicht zuletzt durch die minutiös dokumentierte Brutalität der Hinrichtung. Um es mit den Worten des Melanchthon-Schülers Johannes Mathesius auszudrücken:

> *Zu Wittenberg schmäucht man* [...] *vier personen, die an Eichenpfeilern emporgesetzt, angeschmiedet und mit Feuer, wie Ziegel, jämmerlich geschmäucht und abgedörrt wurden.*[19]

Der Holzschnitt zeigt den Zustand nach der Hinrichtung und lässt erkennen, dass die vier Verurteilten tatsächlich regelrecht gebraten worden sind, und zwar sehr langsam auf kleiner Flamme. Die gespenstische Haltung der Arme erinnert an in die Zügel greifende Reiter und erklärt sich aus den physiologischen Prozessen infolge der Hitzeeinwirkung; durch Halseisen hatte man alle vier unentrinnbar eng an die Pfähle geklammert, unter denen offenbar immer wieder nur Reisig oder Stroh entzündet worden war; die dicken Eichenpfähle sind dabei nahezu unversehrt geblieben; das Stroh ist zu feiner Asche abgebrannt. Cranachs unmittelbar

18 Vgl. BARON, Frank: Ein Einblattdruck Lucas Cranachs d.J. als Quelle der Hexenverfolgung in Luthers Wittenberg, in: Poesis et Pictura. Festschrift für Dieter Wuttke, Baden-Baden 1989, 277-294; HAUSTEIN, Jörg: Martin Luthers Stellung zum Zauber- und Hexenwesen, Stuttgart u.a. 1990, 141-144; 187 (Abb.); SCHIRMER, Uwe: Die Hinrichtung einer Zauberin und ihres Gefolges vor Wittenberg im Juni 1540: die Rekonstruktion des Falles im Lichte der beginnenden Sozialdisziplinierung, in: DONNERT, Erich (Hg.): Europa in der Frühen Neuzeit. Festschrift für Günter Mühlpfordt, Bd. 7, Köln u.a. 2008, 137-151; LÜCKE, Monika / LÜCKE, Dietrich: Ihrer Zauberei halber verbrannt. Hexenverfolgungen in der Frühen Neuzeit auf dem Gebiet Sachsen-Anhalts, Halle a.d. Saale 2011, 119-127; LEPPIN, Volker: Artikel „Martin Luther", in: GERSMANN, Gudrun / MOELLER, Katrin / SCHMIDT, Jürgen-Michael (Hg.): Lexikon zur Geschichte der Hexenverfolgung, in: historicum.net, URL: https://www.historicum.net/purl/45zs3/ (zuletzt abgerufen am 6.10.2016).

19 Zitiert nach HAUSTEIN: Luthers Stellung (wie Anm. 18), 142.

nach der Hinrichtung entstandene und vervielfältigte Flugblatt sollte – wie die Exekution selbst – vor allem der Abschreckung dienen.

1540 war klimatisch ein Krisenjahr mit langanhaltender extremer Hitze und Trockenheit, in deren Folge allerorten das Vieh verendete. In solchen Situationen suchten und suchen die Menschen, damals wie heute, nach den Schuldigen – und meinten sie in der Vergangenheit immer wieder in den Randgruppen der Gesellschaft zu finden, unter den im Text von Cranachs Flugblatt ausdrücklich genannten *Bettlern, Schindern, Henckersknechten, auch Hirten* – und bei Frauen, die sich wie Prisca Frühbrot in solchen „unehrlichen" Kreisen bewegten und dann nicht selten auch der Teufelsbuhlschaft und Zauberei verdächtigt wurden.

> *Man fragt sich unwillkürlich, von was für Empfindungen die Zuschauer der Wittenberger Hinrichtung anno 1540 wohl heimgesucht wurden. Blickt man in die Gesichter der Zuschauer, die auf den alten Holzschnitten zu Brants „Narrenschiff" der Häutung eines Narren beiwohnen,*[20] *dann findet man bemerkenswerterweise keinen Abscheu, sondern eher den Ausdruck erfreuter Genugtuung. Bei Brant werden auch andere Gruppen am Rande der abendländisch-christlichen Leitkultur als närrisch dargestellt: Muslime, Juden, die böhmischen Hussiten, Ausländer generell, die Brant allerdings so wenig interessieren, dass er sie lediglich kurz in einer Praeteritio nennt; allesamt stehen sie auf einem großen Narrengewand, dessen mit zwei Eselsohren und Schellen versehene Kappe auf dem Boden gut erkennbar ist:*
>
> *Vorbei will ich mit Schweigen gehn,*
> *Will lassen sie in Narrheit bleiben,*
> *Von ihrer Thorheit wenig schreiben.*
> *Das sind die Mohren, Türken, Heiden,*
> *All die, so sich vom Glauben scheiden;*
> *Dazu kommt noch die Ketzerschul'*
> *In Prag auf ihrem Narrenstuhl.*[21]

Der „närrische" Selbstmörder, der sich eigenhändig erhängt, erscheint auf dem begleitenden Holzschnitt mit Hut und in einer Gewandung, die vielleicht an Juden erinnern soll.[22] Im Verbund mit den zugehörigen Versen würden die Juden damit nicht nur in die Nähe von Selbstmördern gerückt – und nicht selten haben europäische Juden unter dem Druck der Pogrome tatsächlich den Freitod gewählt –, sondern auch noch in die Nähe von Kindsmördern:

20 Es handelt sich um ein an den antiken Marsyas-Mythos angelehntes Motiv. Vgl. BRANT: Narrenschiff, Nr. 67.

21 Zitiert nach BRANT: Narrenschiff, ed. Junghans (wie Anm. 3), 184, Nr. 98 (mod. Fassung); für den frühneuhochdt. Originaltext siehe BRANT: Narrenschiff, ed. Zarncke (wie Anm. 3), 93, Nr. 98.

22 Anders MEZGER: Narrenidee (wie Anm. 2), 36 und 38 (Abb.), wo die zentrale Gestalt des Holzschnitts von 1494 als Jude (*typisiert dargestellt mit gekrümmter Nase, Bart, Schläfenlocken und spitzem Judenhut*) gedeutet wird, was angesichts des langen Krummschwerts an der Seite des Mannes und seiner doch eher turbanartigen Kopfbedeckung allerdings fraglich erscheint.

Auch will ich derer hier gedenken,
Die selbst sich tödten oder henken
Und Kinder morden und ertränken.[23]

Dass Juden in die Nähe von Narren gerückt wurden, können wir auch sonst beobachten. Auf einer 1592 entstandenen Zeichnung des Schaffhausener Künstlers Daniel Lindmayer werden ein Jude sowie ein irrsinnig und diabolisch wirkender Narr mit einem Zärtlichkeiten austauschenden Bürgerpaar kontrastiert; im Vordergrund unten die beiden Angehörigen der christlichen Ständegemeinschaft, oben die Außenseiter, die wegen ihrer intellektuellen Defizite oder wegen ihrer Weigerung, den christlichen Glauben anzunehmen, beide im Abseits stehen.[24] So konnte es auch nicht ausbleiben, dass in der NS-Zeit an derartige Traditionen[25] ganz im Sinne der nationalsozialistischen Ideologie angeknüpft wurde. In den Umzügen der schwäbisch-alemannischen Fasnacht wurden die Juden in den 1930er Jahren nicht selten verlacht und verhöhnt, nachdem sich die Narrenzünfte ihrer jüdischen Mitglieder zuvor entledigt hatten.[26] Und da wir gerade bei den diversen Randgruppen der mittelalterlichen und frühneuzeitlichen Gesellschaft sind: Behinderte galten damals ohnehin als „natürliche Narren".[27] Doch dazu später. Zunächst vergegenwärtigen wir uns an einigen Beispielen kurz den oft fließenden Übergang zwischen satirischer Verallgemeinerung und persönlicher Verunglimpfung in der frühneuzeitlichen Literatur.

3. Polemik und Satire um 1500

Wir kehren dazu noch einmal zu dem Konvertiten Johannes Pfefferkorn zurück, der uns auch in den satirischen „Epistolae obscurorum virorum", den sogenannten „Dunkelmännerbriefen", an einigen Stellen begegnet. Längere Kostproben aus dieser Briefsatire vorzustellen

23 Zitiert nach BRANT: Narrenschiff, ed. Junghans (wie Anm. 3), 185, Nr. 98 (mod. Fassung); für den frühneuhochdt. Originaltext siehe BRANT: Narrenschiff, ed. Zarncke (wie Anm. 3), 93, Nr. 98.

24 Vgl. MEZGER: Narrenidee (wie Anm. 2), 36 f.

25 Vgl. ebd. 23: *Was nun die Arten der Masken, Vermummungen und Verkleidungen angeht, die an Fastnacht getragen wurden, so waren sie im Frühstadium der Brauchentwicklung den spärlichen Belegen zufolge noch ziemlich uneinheitlich. Spätestens seit 1450 prägte sich jedoch ein immer klarer umrissenes Formenrepertoire aus, dessen Grundtypen – natürlich mit zahlreichen lokalen Oberflächenvarianten – über weite geographische Räume hinweg ähnlich waren. Dabei fällt auf, daß es prinzipiell nur Negativgestalten gab und daß Rollenklischees mit positiver Bewertung praktisch völlig fehlten: Am weitaus häufigsten erwähnen die Quellen vor 1500 den Teufel, der in vielen Fastnachten leibhaftig in Erscheinung trat und sein Unwesen trieb.* [...] *Was die Archivalien außerdem an Figuren nennen, sind Zigeuner, Mohren, Türken und Juden – Vertreter gesellschaftlicher Randgruppen, die dem christlichen Ordogedanken nicht entsprachen.*

26 Vgl. ZIMMERMANN, Michael: Artikel „Narren in der Nazizeit", in: Stuttgarter Zeitung, 6. Februar 2012, online unter http://www.stuttgarter-zeitung.de/inhalt.narren-in-der-nazizeit-bei-der-fasnacht-juden-verhoehnt.f2f35f8e-c4f2-45a3-b3ae-fbc49e535d08.html (zuletzt abgerufen am 8.10.2016).

27 Vgl. hierzu MEZGER: Narrenidee (wie Anm. 2), Abschnitt 1.1: Narrenidee und Ordogedanke, 31-51, hier bes. die beiden Abb. mit Darstellungen von Bettlern und Krüppeln bei Hieronymus Bosch und Pieter Bruegel, 33; 35.

ist an dieser Stelle nicht möglich. Richtig genießen lässt sich der Witz dieser fiktiven Briefe eigentlich ohnehin nur im lateinischen Original, dem äußerst schrägen Küchenlatein der Dunkelmänner, einer Parodie des gleichermaßen von philosophischen Fachtermini wie von sprachlichen Defiziten geprägten Universitätslatein des Spätmittelalters.[28] Ich beschränke mich hier auf einige wenige Bemerkungen zur Entstehung und zum Charakter dieser Satire.

Verfasst wurden die „Dunkelmännerbriefe" in der Hauptsache von zwei jungen Humanisten; ihre Autoren waren zum einen ein ehemaliger Bursengenosse Luthers, nämlich der Erfurter Magister Johannes Jäger alias Crotus Rubeanus, und zum anderen der uns heute bereits mehrfach begegnete Ulrich von Hutten. Die beiden Teile der Satire erschienen jedoch 1515 und 1517 anonym, und der Fiktion nach stammten die dort versammelten Briefe von den gelehrt-ungelehrten Anhängern des Kölner Professors und Priesters Ortwin Gratius, und sie waren bis auf wenige Ausnahmen auch an diesen gerichtet. Die fiktiven Briefschreiber hatten meist sprechende Namen wie „Gänseprediger", „Dollenkopf", „Schlauraff", „Fotzenhut", „Schafmaul" oder „Vollwein von Großflaschenberg", die bereits mehr oder weniger dezent auf die intellektuellen Defizite, Eigenheiten und Vorlieben ihrer Träger hindeuten. Das Latein dieser Dunkelmänner wimmelt dabei nur so von Germanismen und sprachlichen Verschrobenheiten. Ein anderer Name, „Eitelnarrabianus von Pesseneck", verbindet gleich eine ganze Reihe schlechter Eigenschaften: Eitelkeit, Narrheit, Rabiatheit und dazu noch eine übelriechende Herkunft „von der Pissecke".[29]

Engstens verbandelt sind die „viri obscuri" mit den Gegnern Reuchlins, den Kölner Dominikanern und anderen Kölner Theologen; sie haben mehr oder weniger lange an der Universität zugebracht, schwören aber zumeist auf völlig veraltete Lehrbücher; klassische Werke entwerten sie durch unangemessene allegorische Interpretationen, und humanistische Texte werden von ihnen schlichtweg gar nicht verstanden. Krass und nicht selten brutal ist das zur Beschreibung ihrer häufigen sexuellen Eskapaden verwendete Vokabular. Wenn es heißt, Gratius habe die Magd eines Druckers geschwängert, so wird hierfür ein lateinisches Verb benutzt, das wörtlich „(ein)pökeln" bedeutet.[30] Und Magister Konrad von Zwickau singt in einem Brief – unter Anführung verschiedener Bibelstellen – ein Loblied des Konkubinats, denn warum sollte er nicht hier und da seine Nieren ausputzen (*purgare renes*), schließlich sei er kein Engel, sondern ein Mensch, und Gratius lege sich doch als Gottesgelehrter hier und da auch etwas unter (*aliquando supponitis*), weil er nicht immer allein schlafen könne. Solange man sich im Verborgenen vergnüge, sei doch alles gut; man könne schließlich hinterher beichten und auf Gottes Barmherzigkeit vertrauen.[31]

---

28 Vgl. LÖFSTEDT, Bengt: Zur Sprache der „Epistolae obscurorum virorum", in: Mittellateinisches Jahrbuch 18 (1983), 271-289.

29 Vgl. BOWEN, Barbara: Obscure Men and Smelly Goats in Neo-Latin Satyr, in: PARKIN, John / PHILIPS, John (Hg.): Laughter and Power, Bern 2006 (European Connections 19), 19-36, hier 22: *Eitelnarrabianus von Pesseneck* [...] *means „Vanity Fool-raver of Pissing Corner".*

30 Epistolae obscurorum virorum (im Folgenden: EOV), hg. v. Aloys BÖMER, 2 Bde., Heidelberg 1924 (Stachelschriften I, 1-2), ND Aalen 1978, Teil I, 78, Nr. 45, Z. 20-35 („lardare" – „[ein]pökeln").

31 EOV, Teil I, 19 f, Nr. 9.

In den „Dunkelmännerbriefen" findet eine gefährliche Verwischung der Grenzen von Fiktion und Realität, von allgemeiner Satire und persönlicher Polemik statt, denn mochten auch Figuren wie Eitelnarrabianus „von der Pissecke" oder Konrad von Zwickau frei erfunden sein, die im Mittelpunkt der Briefsatire stehenden Kölner Ortwin Gratius, Johannes Pfefferkorn, Jakob Hoogstraeten und Arnold von Tongern waren es nicht; sie waren vielmehr die sehr realen Zielscheiben des Spotts. Ganz bewusst und mutwillig werden die Grenzen von satirischer Erfindung und realem Hintergund verwischt, wenn etwa sowohl Ortwin Gratius[32] als auch Arnold von Tongern[33] ein Verhältnis mit Pfefferkorns hübscher Frau angedichtet wird, ganz nach dem Motto „Audacter calumniare, semper aliquid haeret": „Nur frisch drauflos gelästert und gelogen – etwas bleibt immer hängen". Während Konrad von Zwickau auch in anderen Briefen nicht von seinem Lieblingsthema, wer wen als „Unterlage" benutzt, loskommt,[34] sattelt ein anderer „vir obscurus" namens „Lupold Federfuchser" diesbezüglich noch eine Geschmacklosigkeit drauf und bittet Ortwin Gratius, er möge doch die ihm engstens vertraute Frau Pfefferkorn fragen, ob ihr Ehemann eigentlich eine Vorhaut habe, denn an der Universität Erfurt seien sich die Theologen und Naturwissenschaftler uneins, ob die Vorhaut bei getauften Juden wieder nachwachse oder nicht.[35]

Der Humanist Johannes Reuchlin war in seiner 1513 lateinisch publizierten „Defensio", einer Verteidigungsschrift gegen die Kölner Theologen, auch selber alles andere als zimperlich. Wenn man sich einmal die Schimpfwörter notiert, die Reuchlin in dieser „Defensio" wie einen Mistkübel über seinen Kölner Widersachern ausleert, dann kommt dabei eine recht lange Liste zustande.[36] Hier nur eine kleine (vom Lateinischen ins Deutsche übersetzte) Auswahl: *Trivialsophist, Ränkeschmied, Hurenwirt, Heuchler, Galgenvogel, Schwätzer, Wolf, Bock, Sau, Schwein, Possenreißer, Windbeutel, Stänker, Kaschemmen-Gourmand,*[37] *Apostat der Wahrheit, Meister Arsch, Esel, Hornviper, Büffel, Halbgebildeter* usw. Konrad Mutian, die prägende Gestalt des Erfurter Humanistenkreises, bezeichnete Reuchlin daher in einem 1514 verfassten Brief nicht ohne Witz und tiefere Wahrheit als den Meister der *fünf wichtigsten Sprachen*, die er anschließend einzeln anführt: *Hebraica, graeca, latina, sueva, malelatina*, also *Hebräisch, Griechisch, Latein, Schwäbisch und Lästerlatein.*[38]

Allerdings beherrschten auch andere Zeitgenossen die Kunst des Lästerns und des Schmähens virtuos, allen voran Luther, der die Namen seiner römisch-katholischen Lieblingsfeinde gern etwas abwandelte: Den Theologen Johannes Cochlaeus nannte er einen *Koch- und*

32 Vgl. EOV, Teil I, Nr. 13, 21, 37 und 40.

33 Vgl. EOV, Teil I, 26, Nr. 13, Z. 28 f.

34 EOV, Teil I, Nr. 13 und 21.

35 EOV, Teil I, 65 f, Nr. 37.

36 Vgl. DALL'ASTA, Matthias: Ars maledicendi. Etymologie, Satire und Polemik in den Schriften Johannes Reuchlins, in: PÄTZOLD, Stefan (Hg.): Neue Beiträge zur Stadtgeschichte III, Ostfildern 2003 (Pforzheimer Geschichtsblätter 11), 49-72, hier 62.

37 Im Original: *popinarum gurges* (REUCHLIN, Johannes: Sämtliche Werke, Bd. IV: Schriften zum Bücherstreit, Teil 1: Reuchlins Schriften, hg. v. Widu-Wolfgang EHLERS, Lothar MUNDT, Hans-Gert ROLOFF und Peter SCHÄFER, unter Mitwirkung v. Benedikt Sommer, Stuttgart-Bad Cannstatt 1999, 324).

38 Vgl. DALL'ASTA: Ars maledicendi (wie Anm. 36), 68.

Rotzlöffel, den Ingolstädter Professor Johannes Eck bezeichnete er abwechselnd als *Leck*, *Geck* oder besonders gern als *Dreck*, einer Zusammenschreibung von *Dr. Eck*.[39] Und nachdem sein einstiger Gefolgsmann Johannes Crotus, der kurz zuvor erwähnte Verfasser des ersten Teils der „Dunkelmännerbriefe", sich später wieder der römisch-katholischen Kirche zugewandt hatte, war er für Luther statt Crotus nur noch *Dr. Kröte*.

Ein anderer Virtuose des Lästerns war der Humanist Willibald Pirckheimer, der Nürnberger Patrizier, Gräzist und enge Freund Albrecht Dürers. Er veröffentlichte 1520 unter einem Pseudonym die bitterböse lateinische Satire „Eckius dedolatus", zu deutsch etwa: „Der enteckte Eck"; das lateinische „dedolare" bedeutet soviel wie „glätten" oder „glatt hauen", „von Ecken und Kanten befreien". Diese, den Ingolstädter Professor und Luther-Gegner nach allen Regeln der Kunst durch den Dreck ziehende Schmähschrift[40] interessiert uns hier aber noch aus einem anderen Grund: Sie knüpft nämlich thematisch an den akademischen Brauch der sogenannten „Deposition" an, der zu Luthers und Melanchthons Zeit auch an der Universität Wittenberg praktiziert wurde und mit allen Kernthemen dieses Vortrags gleichermaßen verknüpft ist: mit einem satirischen Triumphzug (diesmal in Wittenberg anno 1520), mit Außenseitern, mit Narren – und mit teilweise roher Gewalt.

Der in Erlangen lehrende Kirchenhistoriker Anselm Schubert hat in seinem 2011 publizierten Aufsatz „Das Lachen der Ketzer" jenen merkwürdigen Wittenberger Studentenumzug näher analysiert,[41] der am Nachmittag des 10. Dezember 1520 stattfand, wenige Stunden, nachdem Luther vor dem Wittenberger Elstertor die Bannandrohungsbulle Papst Leos X. und das kodifizierte Kirchenrecht verbrannt hatte. Dieses Ereignis wird in einer nur wenige Tage später erschienenen lateinischen Flugschrift, den „Acta exustionis antichristianorum Decretalium", die kurz danach auch in deutscher Übersetzung publiziert wurden, genau beschrieben.[42]

Im Kern trug sich dabei Folgendes zu: Eine Gruppe von Studenten hatte sich in die Gewänder der Studienanfänger, der akademischen Grünschnäbel, der sogenannten „Beani", gekleidet und ließ sich auf einem Leiterwagen durch die Stadt ziehen. Einer dieser verkleideten Studenten hielt dabei an einer Fahnenstange ein riesiges Schriftstück empor, das angeblich eine in Rom teuer erkaufte Bulle vorstellen sollte, ein anderer hatte eine Ablassbulle auf ein Schwert gespießt, ein dritter präsentierte ein Plakat mit der Aufschrift *In honorem ordinis Praedicatorum – Zur Ehre des Dominikanerordens*. Ganz vorne auf dem Wagen aber saßen vier Knaben, die inmitten von Reisigbündeln und Holzscheiten hebräische Sprüche vor sich hinmurmelten und offenkundig vier Juden darstellen sollten, die auf dem Weg zu ihrer Verbrennung waren, denn man hatte die Flammen des Scheiterhaufens, der zuvor von Luther befeuert worden war, in Gang gehalten. Jetzt wurden dort unter dem Lachen aller Beteiligten auch Bücher Johannes Ecks ins Feuer geworfen; gesungen wurde dazu das Spottlied „O du armer Judas".[43]

---

39 Vgl. ebd. 65.
40 Vgl. ebd. 69-71.
41 SCHUBERT: Lachen der Ketzer (wie Anm. 12).
42 Vgl. ebd. 406 mit Anm. 7 (Nachweise, Literatur).
43 Vgl. ebd. 411 f.

Auf dieselbe Melodie wie dieses „O du armer Judas" wurde auch das Spottlied „O Beane Beanorum" gesungen.[44] Das studentische Initiationsritual der „Depositio Beanorum", des „Ablegens" der Hörner seitens der „Grünschnäbel", auf welches das letztgenannte Lied Bezug nimmt, sollte den Übergang des noch halb tierischen jungen Mannes zu einem erst durch universitäre Bildung zum Menschen geformten Studenten versinnbildlichen. Zu diesem Zwecke wurden die Studienanfänger in Wittenberg in eine Art Narrenkostüm gesteckt, das auch mit tierischen Attributen versehen war.[45] Im Zuge einer gewaltsamen Prozedur wurden den Neulingen dann nicht nur die Hörner abgeschnitten, sondern die Studienanfänger wurden mit Beil, Schleifstein und Hobel regelrecht „enteckt", „geschliffen" und „geglättet", und gelegentlich arteten diese symbolischen Depositionsriten dabei tatsächlich in üble Quälereien aus.[46] Der Beane galt eben damals als eine Art wildes Tier, das noch „gezähmt" werden musste.

Die Wittenberger Studenten verspotteten Luthers Gegner Johannes Eck also, indem sie ihn – wie Pirckheimer in seinem satirischen „Eckius dedolatus" – als einen unzivilisierten Beanen darstellten, der erst einmal grob angefasst und behauen werden musste und dessen Schriften ins Feuer gehörten. Sie verspotteten aber auch andere Gegner Luthers: den Papst, den Dominikaner Jakob Hoogstraeten und vor allem den päpstlichen Nuntius Girolamo Aleandro, der zuvor in einigen zeitgenössischen Drucken in diffamierender Absicht als Jude bezeichnet worden war, dessen Konversion zum Christentum nur geheuchelt sei. Als vermeintliche Juden aber waren sie allesamt zu verbrennen, denn auf die Rückkehr eines Konvertiten zum Judentum stand die Todesstrafe. Im Holzschnitt zu Huttens „Triumphus Capnionis" ist dieser Vorwurf des Rückfalls auch in Bezug auf Johannes Pfefferkorn erhoben und in ein biblisches (neutestamentliches) Bild gekleidet worden: Wie der Hund rechts neben dem Kopf des am Boden liegenden Pfefferkorn gemäß 2 Petr 2, 22 zu seinem Erbrochenen zurückkehrt (und es aufleckt), so kehrt der *Iudaeus baptizatus* zu seinem alten Glauben zurück – und verdiene dafür den Tod. Der leckende Hund vom „Triumphus Capnionis" ist ein eindrückliches, in diesem Fall leider sehr hässliches Beispiel dafür, dass die Bildsprache der Reformationszeit so manche verschlüsselte Botschaft enthält, die dem heutigen Betrachter zumeist erst „übersetzt" werden muss.

Solche diffamierenden Aufrufe nach einer Hinrichtung der angeblich „jüdischen" Gegner Reuchlins und Luthers haben die Wittenberger Studenten im Dezember 1520 spielerisch aufgegriffen und zu einem satirischen Spektakel gemacht, das sie als kampfbereite Unterstützer Luthers ausweisen sollte. Und doch hat Anselm Schubert ganz recht, wenn er angesichts dieser Judenverbrennung in effigie schreibt:

> *Es sagt einiges über die Mentalität der frühen Reformationsbewegung* [aber auch des Humanismus] *aus, dass die Vernichtung des religiösen Gegners reflexartig in den Ka-*

44 Siehe ebd. 412 mit Anm. 35.

45 Vgl. die beiden Abbildungen ebd. 422.

46 Vgl. FÜSSEL, Marian: Riten der Gewalt. Zur Geschichte der akademischen Deposition und des Pennalismus in der frühen Neuzeit, in: Zeitschrift für Historische Forschung 32 (2005), 605-648. Die volkstümlichen Traditionen des Narrenschleifens und des Narrenscherens erscheinen äußerlich verwandt, sind aber anders motiviert; siehe METZGER: Narrenidee (wie Anm. 2), 64 f; 231-237.

tegorien der Judenverfolgung gedacht wurde. In ihrem Feindbild und in den Mitteln, diesen Feind zu vernichten, waren sich die frühreformatorischen Humanisten und die mittelalterlichen Dunkelmänner jedenfalls beklemmend ähnlich.[47]

4. Narren, Narren, Narren!

Der Umstand, dass das Wittenberger Beanenkostüm den akademischen Neuling nicht nur als noch tierhaft roh charakterisierte, sondern ihn auch mit traditionellen Narrenattributen ausstattete, führt uns nun – wie angekündigt – abschließend noch zu der vielschichtigen mittelalterlichen Figur des Narren. Der heute vermutlich beste Kenner dieser Figur ist der in Freiburg lehrende Germanist und Volkskundler Werner Mezger. In seinen profunden kulturwissenschaftlichen Studien zur „Narrenidee" und zum Fastnachtsbrauchtum[48] hat er eindrucksvoll deutlich gemacht, dass die von uns meist nur noch als ein *Objekt des Gelächters* wahrgenommene Figur des Narren für die Menschen des 15. und 16. Jahrhunderts *in ihrer Gottesferne, Blindheit und Verkehrtheit einst eine wichtige Quelle der Erkenntnis* war.[49] Sebastian Brants Typisierung von über hundert verschiedenen Arten von Narren hat den bedeutenden Straßburger Volksprediger Johann Geiler von Keysersberg (1498-1499) zu einer später veröffentlichten Predigtreihe über das „Narrenschiff" animiert, und Anfang des 16. Jahrhunderts nahm sich dann insbesondere der elsässische Franziskanermönch, Satiriker und Kontroverstheologe Thomas Murner (1475-1537) in mehreren deutschsprachigen Schriften der Narrenfigur an.[50] Die bereits erwähnten Randzeichnungen Hans Holbeins des Jüngeren zum „Lob der Torheit" des Erasmus von Rotterdam enthalten einige der eindrücklichsten Narrendarstellungen der Kunstgeschichte; eine von ihnen zeigt einen Narren, der mit großer Selbstverliebtheit sein Narrenszepter, die sogenannte Marotte, betrachtet und sein dortiges kleines Ebenbild zärtlich am Kinn krault und so seine krankhaft-narzisstische Ichbezogenheit zum Ausdruck bringt.[51] Narzissmus galt als die Triebkraft jeglicher „stultitia", und die Marotte, die auch durch einen Spiegel ersetzt werden konnte, war in der Hand des Narren das Sinnbild für solche übersteigerte Selbstliebe.

Dem erwähnten Franziskaner Thomas Murner verhalf die Narrenfigur unfreiwillig sogar zu einem buchstäblichen „Narrenimage": Weil er Luther 1520 in einigen Schriften heftig kritisiert hatte, wurde er in dem 1521 gedruckten Reformationsdialog „Karsthans" als „Murrnarr": als ein närrischer Kater dargestellt, wie er uns im Rahmen des drei Jahre später erschienenen „Triumphus veritatis" ebenfalls mit einem Katzenkopf begegnet ist. Murner nahm diesen Vorwurf der Narretei nolens volens spielerisch auf, drehte den Spieß um und

47 SCHUBERT: Lachen der Ketzer (wie Anm. 12), 427.

48 Siehe besonders seine Freiburger Habilitationsschrift: MEZGER: Narrenidee (wie Anm. 2).

49 MEZGER, Werner u.a.: Narren, Schellen und Marotten. Elf Beiträge zur Narrenidee, Begleitband zu einer Ausstellung in der UB Freiburg i.Br. vom 9. Februar bis zum 14. März 1984, Remscheid 1984 (Kulturgeschichtliche Forschungen 3), 27.

50 Die klassische Studie hierzu bildet nach wie vor KÖNNEKER, Barbara: Wesen und Wandlung der Narrenidee im Zeitalter des Humanismus: Brant, Murner, Erasmus, Wiesbaden 1966.

51 Vgl. MEZGER: Narrenidee (wie Anm. 2), 190-193.

stellte Luthers Reformation in seiner wohl giftigsten und besten Satire, der mit zahlreichen Holzschnitten 1522 in Straßburg erschienenen Dichtung „Von dem großen Lutherischen Narren", nun ihrerseits als eine große Narretei dar, wobei er auf dem Titelblatt – selber wieder katzenköpfig – als ein Narrenbeschwörer in Erscheinung trat.[52] Diese Katzen-Ikonographie hatte sich in den kontroverstheologischen Flugschriften der Zeit allerdings zuvor schon durchgesetzt: Murner begegnet nämlich 1521 noch mehrfach als närrischer Kater, der neben anderen tierköpfigen Gegnern Luthers und der Reformation erscheint[53] oder sich auf dem (in der Reuchlin-Forschung berühmten) Titelholzschnitt der „History von den fier ketzren Predigerordens" in der schlechten Gesellschaft von Jakob Hoogstraeten befindet und den durch Reuchlin, Hutten und Luther repräsentierten *Anwälten der Freiheit* feindlich gegenübersteht.[54]

Doch selbst nach Murners Tod verschwand der Narr nicht gänzlich aus der konfessionellen Polemik, ja er begegnet zuweilen auch in innerprotestantischen Auseinandersetzungen, wie sie etwa ab 1548 infolge des Interims, eines von Kaiser Karl V. übergangsweise erlassenen Religionsgesetzes, ausbrachen. Auf einem undatierten Magdeburger Einblattdruck zum Interim erscheint neben den singenden Klerikern, Mönchen und einem Säufer erneut auch eine Narrenfigur.[55] Der Göttinger Kirchenhistoriker Thomas Kaufmann hat dem mit zahlreichen Textelementen angereicherten Bild, das den Titel „Des Interims und Interimisten warhafftige abgemalte figur" trägt, eine eingehende Interpretation gewidmet. Die links neben der mittleren Liedtafel stehende Personifizierung des Interims, die an der entsprechenden Aufschrift am Mantelsaum der Figur leicht erkennbar ist, wird in ihrer Falschheit demnach insbesondere von zwei Figuren entlarvt oder „entborgen": dem Narren und dem dreiköpfigen Monstrum in der oberen Bildmitte:

> *Vordergründig präsentiert sich das Interim als geistliches Werk, das zum Heil führen will; hintergründig ist es Narretei, in seinem tiefsten Wesenskern aber ist es Teufelswerk. Die letzte dieser „Entbergungsstufen" ist in der Doppelbedeutung von „Schalck" als Narr und Teufel impliziert.*[56]

---

52 Vgl. SCHILLINGER, Jean: Narr und Narrheit in der konfessionellen Polemik: Thomas Murners „Großer Lutherischer Narr", in: DERS. (Hg.): Der Narr in der deutschen Literatur im Mittelalter und in der Frühen Neuzeit. Kolloquium in Nancy (13.–14. März 2008), Bern u.a. 2009, 83-102; neue Textausgabe: MURNER, Thomas: Von dem grossen Lutherischen Narren (1522), ins Neuhochdeutsche übersetzt und kommentiert v. Thomas NEUKIRCHEN, Heidelberg 2014 (Beihefte zum Euphorion 83).

53 Vgl. das 1521 gedruckte Spottblatt auf Luthers Gegner (Thomas Murner als Kater, Hieronymus Emser als Bock, Leo X. als apokalyptischer Löwe, Johannes Eck als Schwein und Jakob Lemp als Hund), abgedruckt u.a. bei KAUFMANN: Anfang (wie Anm. 5), 395.

54 Vgl. HANNEMANN, Kurt: Das Bildnis Reuchlins. Ein Nachtrag und eine Nachbetrachtung, in: Johannes Reuchlin (1455-1522). Nachdruck der 1955 von Manfred Krebs herausgegebenen Festgabe, neu hg. und erw. v. Hermann KLING und Stefan RHEIN, Sigmaringen 1994 (Pforzheimer Reuchlinschriften 4), 173-196, hier 175 (Abb.) und 192-194 sowie KAUFMANN: Anfang (wie Anm. 5), 390 f.

55 Vgl. KAUFMANN, Thomas: Das Ende der Reformation. Magdeburgs „Herrgotts Kanzlei" (1548-1551/2), Tübingen 2003 (Beiträge zur historischen Theologie 123), 398-401 mit Anm. 869; 408-412; 583 (Abb.).

56 Ebd. 409.

Die verständnislosen Sänger des 1. Psalms (*Beatus vir, qui non abiit in consilio impiorum*) übersehen auch den auf den drei Tafeln mehrfach abgedruckten deutschen Liedtext, der zusätzlich, und zwar ebenso witzig wie deutlich, zum Ausdruck bringt, was vom Interim zu halten ist: *Selich ist der Man, der Gott vertrauen kan und williget nicht ins Interim, dan es hat den Schalck hinterim.*

Der Psalter der Bibel, der den Christen das ganze Mittelalter hindurch als eine Art Gesangbuch diente, aus dem täglich rezitiert wurde, bildet auch den eigentlichen Ursprung der traditionellen europäischen Narrenfigur. Werner Mezger und die ihm verbundene Forschergruppe haben nämlich gezeigt, dass die ältesten der bekannten Narrendarstellungen in illuminierten mittelalterlichen Psalterausgaben auftauchen, und zwar traditionell im Rahmen der D-Initiale zum 52. Psalm der lateinischen Bibel, der mit den Worten beginnt: *Dixit insipiens in corde suo: non est Deus – Der Narr sprach in seinem Herzen: Es gibt keinen Gott.*[57] In dieser die Existenz Gottes verneinenden Grundeinstellung liegt der Ursprung allen Narrentums. Der häufigste Illustrationstypus zum 52. Psalm besteht in der Gegenüberstellung des Narren mit König David, seinem weisen und gottesfürchtigen Gegenbild, der im Titulus dieses Psalms auch genannt ist. In den zahlreichen Ausgestaltungen dieser D-Initiale gibt es natürlich eine gewisse Variationsbreite; schon ab dem 13. Jahrhundert bilden sich aber nach und nach die charakteristischen Narrenattribute heraus: die meist von einem kleinen Narrenkopf gekrönte Marotte in der Hand des Narren, die Eselsohrenkappe, die Schellen, das eng anliegende, verschiedenfarbige Gewand (das sogenannte Mi-Parti),[58] häufig auch die dazu passenden modischen Schnabelschuhe; „Modenarren" sind ja beileibe keine Erfindung des 20. Jahrhunderts.

Dieser religiös-theologische Hintergrund der Narrenfigur kommt in Brants „Narrenschiff" besonders in denjenigen Kapiteln zum Ausdruck, in denen es nicht nur um die kleinen oder großen Laster des menschlichen Alltags wie Habsucht, Selbstgerechtigkeit, Spötterei, Neid oder Trägheit geht, sondern in denen der Narr sich direkt an Gott „vergreift", indem er ihn verachtet und lästert. In den Holzschnitten zu den Kapiteln 86 und 87 des „Narrenschiffs", in denen es eben um solche Gottesverachtung und Gotteslästerung geht, findet der Künstler hierfür drastische Bilder: Der Narr greift Gottvater an den Bart, was im Mittelalter zu den schlimmsten Beleidigungen überhaupt zählte, oder er geht auf den gekreuzigten Christus mit einer dreispitzigen Lanze los.[59] Für Brant sind solche Narren Teufelskinder, die dem Erlösertod Christi verständnislos gegenüberstehen und von jeder Form der Gotteserkenntnis

57 Vgl. MEZGER: Narrenidee (wie Anm. 2), 75 ff; LANGENFELD, Dagmar / GÖTZ, Irene: „Nos stulti nudi sumus – Wir Narren sind nackt". Die Entwicklung des Standard-Narrentyps und seiner Attribute nach Psalterillustrationen des 12. bis 15. Jahrhunderts, in: MEZGER: Schellen und Marotten (wie Anm. 49), 37-96; KÜSTER, Jürgen: Der Narr als Gottesleugner. Zur Bedeutung der Psalmenkommentare für die Beurteilung der Narrenfigur im Fastnachtsbrauch des späten Mittelalters, in: ebd. 97-160.

58 Vgl. hierzu MERTENS, Veronika: Mi-Parti als Zeichen. Zur Bedeutung von geteiltem Kleid und geteilter Gestalt in der Ständetracht, in literarischen und bildnerischen Quellen sowie im Fastnachtsbrauch vom Mittelalter bis zur Gegenwart, Remscheid 1983 (Kulturgeschichtliche Forschungen 1); DIES.: Narrenmode zwischen Realität und Allegorie. Zur Kulturgeschichte des Standard-Narrenkleides, in: MEZGER: Schellen und Marotten (wie Anm. 49), 161-233.

59 Vgl. MEZGER: Narrenidee (wie Anm. 2), 80 f.

Abb. 5: Quinten Massys, Darstellung eines Narren, ca. 1510/20, Foto: Wikimedia commons

ausgeschlossen sind. Narren stehen in direkter Verbindung mit der Sphäre des Teufels und machen sich der schlimmsten Verbrechen schuldig; daher findet man in der bildenden Kunst in Darstellungen von Christi Dornenkrönung, Geißelung oder Kreuztragung mitunter auch Schergen und Peiniger, die mit Narrenattributen ausgestattet sind. Dazu nur ein Beispiel: In einer ca. 1520 enstandenen Federzeichnung von Urs Graf trägt der fanatischste der sieben Schergen bezeichnenderweise eine schellenbehangene Narrenkappe.[60]

Sein selbstverschuldetes Außenseitertum teilte der Narr um 1500 nicht nur mit den Juden oder den Angehörigen „unehrlicher" Berufe, sondern auch mit Behinderten. Dass zwischen geistig oder körperlich Behinderten und Narren nach mittelalterlicher Auffassung häufig kaum unterschieden wurde, belegt ein kleinformatiges Gemälde Pieter Brueghels. Es trägt den Titel „Die Krüppel" und zeigt fünf meist stark an den Beinen verstümmelte Männer, an deren weißen Stoffüberwürfen Fuchsschwänze angebracht sind; wie die Schellenriemen, die einer der Männer um seine Waden geschlungen hat, bilden aber bis heute auch Fuchsschwänze einen traditionellen Bestandteil der Narrentracht.[61] Wenn jedoch damals nicht nur geistig, sondern auch körperlich behinderte Menschen als Narren bezeichnet wurden und also eine Gleichsetzung von Behinderung und Narrheit erfolgte, dann lag es nahe, auch kleinere körperliche Makel oder Gebrechen als Merkmale der Narrheit zu deuten. Wie man bei vermeintlichen Hexen oft wie besessen nach Hexenmalen suchte, so nahm man auch an, dass sich an äußerlichen Hautveränderungen oder Geschwulsten die Narrheit offenbarte, und zwar in diesem Fall naheliegenderweise bevorzugt am Kopf.

Ein vermutlich zwischen 1510 und 1520 entstandenes Gemälde, das dem flämischen Maler Quinten Massys zugeschrieben wird, zeigt einen buckligen, hässlichen Narren, der neben zahlreichen anderen Narrenattributen auch ein Geschwür auf der Stirn hat.[62]

Man könnte dieses Narrenmal zum Anlass nehmen, nun noch sehr viel tiefer in die Abgründe des europäischen Narrentums einzusteigen; ich habe das Gemälde jedoch aus einem ganz anderen Grunde ausgewählt: Mit seiner Schweigegeste und den erklärenden Worten

60 Vgl. ebd. 82 ff, wo noch zahlreiche weitere Beispiele angeführt werden.

61 Siehe ebd. 34 f sowie ausführlich das Unterkapitel 4.6: Fuchsschwanz und Hahnenkamm, 258-281.

62 Vgl. ebd. 295 ff.

Mondeken toe – Mund zu! soll der Narr mich daran erinnern, dass meine Redezeit ausgeschöpft ist und ich Ihre Geduld beim Zuhören nicht weiter strapazieren darf.

Ich schließe daher jetzt mit den Worten der vom Rednerpult herabsteigenden Torheit, die am Ende von Erasmus' „Laus stultitiae" zu ihren Hörern sagt:

> *Und jetzt – ich seh's euch an – erwartet ihr den Epilog. Allein, da seid ihr wirklich zu dumm, wenn ihr meint, ich wisse selber noch, was ich geschwatzt habe, schüttete ich doch einen ganzen Sack Wörtermischmasch vor euch aus. Ein altes Wort heißt: „Ein Zechfreund soll vergessen können", ein neues: „Ein Hörer soll vergessen können." Drum Gott befohlen, brav geklatscht, gelebt und getrunken, ihr hochansehnlichen Jünger der Torheit!* [63]

63 Zitiert nach ERASMUS: Ausgewählte Schriften, ed. WELZIG, Bd. 2 (wie Anm. 9), 211, Kap. 68.

Die Entstehung des negativen Melanchthon-Bildes[1]

Beate Kobler

Philipp Melanchthon war unbestritten eine der bedeutendsten Persönlichkeiten des 16. Jahrhunderts und hat als Humanist und Theologe, als philosophisch und naturwissenschaftlich versierter Lehrer und Autor von Lehrbüchern, als Historiker und Politikberater, als Bildungsreformer und Reformator Unschätzbares für Kirche und Gesellschaft geleistet. Trotz seiner offensichtlichen Verdienste wurde er allerdings immer wieder teils heftig kritisiert, und wird es von manchen Personen bis heute, und das auch und vor allem aus den eigenen (protestantischen) Reihen. Im Fokus der Kritik stehen verschiedene Aspekte seiner Theologie, sein kirchenpolitisches Handeln sowie seine Persönlichkeit. Viele der Vorwürfe haben sich im Lauf der Jahrhunderte zu Stereotypen, Klischees und Mythen verdichtet, die keinen Bezug mehr zu konkreten Ereignissen haben und unhinterfragt weitergegeben wurden. Daher ist es nicht aus der Luft gegriffen, vom Vorliegen eines negativen Melanchthon-Bildes zu sprechen. Ein solches ist zwar gegenwärtig nicht mehr so verbreitet wie in vergangenen Jahrhunderten. Trotzdem ist es bis heute in so mancher Veröffentlichung unterschwellig spürbar.

Die Wurzeln des negativen Melanchthon-Bildes liegen in seiner Lebenszeit. Dies möchte ich im Folgenden vor allem am Beispiel zweier Männer erläutern, die in unterschiedlicher Weise als Kritiker Melanchthons in Erscheinung traten. Beide waren Freunde Melanchthons; einer blieb es trotz aller Kritik bis zum Ende; mit dem anderen kam es zum Bruch. Es handelt sich um Martin Luther und Nikolaus von Amsdorf.

1. Die Beurteilung Melanchthons im Lauf der vergangenen Jahrhunderte

Zunächst möchte ich jedoch einige Schlaglichter auf die negative Beurteilung Melanchthons im Lauf der vergangenen Jahrhunderte werfen.

Dabei ist mir wichtig zu betonen, dass er keineswegs durchgängig negativ beurteilt wurde, sondern immer wieder auch Phasen der Hochschätzung Melanchthons begegnen. Daneben gab es aber eben auch Zeiten, in denen er vor allem negativ beurteilt wurde – regelrechte Hochphasen des negativen Melanchthon-Bildes.

1.1 Hochphasen des negativen Melanchthon-Bildes

Die erste Hochphase begegnet beispielsweise in den letzten Jahrzehnten des 16. Jahrhunderts, also unmittelbar nach Melanchthons Tod. Nach Luthers Tod war das Luthertum zerstritten und in unterschiedliche Lehrtraditionen auseinandergefallen; die beiden wichtigsten Gruppen

1 Der Vortrag basiert auf KOBLER, Beate: Die Entstehung des negativen Melanchthonbildes. Protestantische Melanchthonkritik bis 1560, Tübingen 2014 (BHTh 171).

waren die sogenannten Philippisten, das heißt die Anhänger Philipp Melanchthons, und die sogenannten Gnesiolutheraner, die wahren Lutheraner, die behaupteten, nur sie bewahrten das lutherische Erbe in angemessener Weise. Daher waren die letzten Jahrzehnte des 16. Jahrhunderts geprägt von dem Versuch, ein Auseinanderfallen des Luthertums zu verhindern durch die Einigung auf eine gemeinsame Lehrgrundlage in der Konkordienformel von 1577. Melanchthon wurde in diesem Dokument zwar nicht namentlich genannt, einige seiner Ansichten und Lehren wurden jedoch verurteilt, so etwa seine Lehre vom menschlichen Willen, dem er anders als Luther eine gewisse Fähigkeit, sich zur göttlichen Gnade hinzuwenden, zusprach. Zudem wurde in der Abendmahlsfrage einer Annäherung an das oberdeutsche und schweizerische Verständnis, wie Melanchthon sie vertrat, eine Absage erteilt. Und im Hinblick auf die kirchlichen Zeremonien einigte man sich auf die Formel *nihil est adiaphoron in casu confessionis* (*nichts ist gleichgültig im Bekenntnis-Fall*), ein deutlicher Widerspruch gegenüber Melanchthons Haltung in der Zeit nach dem „Augsburger Interim".[2] Damit sind Kritikpunkte benannt, die auch in den folgenden Jahrhunderten immer wieder genannt wurden. Der Kirchenhistoriker Johannes Wallmann spricht im Blick auf das Ende des 16. Jahrhunderts sogar von einer *gnesiolutherischen Verketzerung* Melanchthons.[3]

Diese negative Sicht Melanchthons setzte sich im 17. und Anfang des 18. Jahrhunderts fort, etwa im Rahmen der lutherischen Orthodoxie.

Ich nenne stellvertretend die Beurteilung Melanchthons bei Abraham Calov (1612-1686), einem der bekanntesten Vertreter der lutherischen Orthodoxie, weil sie wiedergibt, was viele damals über Melanchthon dachten. In seinem Buch „Criticus sacer" (1646), einem Kommentar zum Augsburger Bekenntnis von 1530, warf Calov Melanchthon im Blick auf seine Aussagen zum Abendmahl und zur Rechtfertigung vor, er sei von Luthers Lehre abgefallen. Man könne dafür allerdings keinen genauen Zeitpunkt angeben, weil Melanchthon stets *in orationes flexiloquae et ambiguae* (*in mehrdeutigen Worten*) spreche und daher keine feste Lehre bei ihm festzustellen sei.[4]

Unabhängig davon, dass es sich vermutlich um eine Legende handelt, ist folgender Bericht symptomatisch für das negative Melanchthon-Bild der lutherischen Orthodoxie: Von dem Wittenberger Theologieprofessor Leonhard Hutter (1563-1616) wird erzählt, er habe Anfang des 17. Jahrhunderts das neben seinem Katheder hängende Bild Melanchthons heruntergerissen und mit Füßen getreten, nachdem Melanchthon im Rahmen einer theologischen Diskussion verteidigt worden war.[5]

---

2 Vgl. die Zusammenstellung bei KOBLER (wie Anm. 1), 4, Anm. 15.

3 WALLMANN, Johannes: Das Melanchthonbild im kirchlichen und im radikalen Pietismus, in: Melanchthonbild und Melanchthonrezeption in der Lutherischen Orthodoxie und im Pietismus. Referate des dritten Wittenberger Symposiums zur Erforschung der Lutherischen Orthodoxie, hg. v. Udo STRÄTER, Wittenberg 1999 (Themata Leucoreana 5), 11-24, hier 16.

4 Vgl. APPOLD, Kenneth G.: Das Melanchthonbild bei Abraham Calov (1612-1686), in: Melanchthonbild und Melanchthonrezeption in der Lutherischen Orthodoxie und im Pietismus. Referate des dritten Wittenberger Symposiums zur Erforschung der Lutherischen Orthodoxie, hg. v. Udo STRÄTER, Wittenberg 1999 (Themata Leucoreana 5), 81-92, hier 85.

5 Vgl. dazu KOBLER (wie Anm. 1), 4, Anm. 16.

Da Melanchthons Werke – etwa seine „Loci“ oder die „Confessio Augustana“ – auch in dieser Zeit zu den wichtigen Grundlagen des reformatorischen Glaubens zählten und man diese nicht ganz über Bord werfen wollte, unterschied die lutherische Orthodoxie in der Nachfolge Hutters *zwischen dem frühen Melanchthon, der mit Luther übereinstimmte* [...], *und dem späten Melanchthon nach Luthers Tod* [1546], *der sich als Apostat auf die Seite der Reformierten schlug* und nicht als rechtgläubiger Kollege und Bruder Luthers angesehen werden könne.[6]

Immer wieder begegnet in dieser Zeit die Sichtweise, Melanchthon sei *den Calvinisten gegenüber nicht streng genug, den Lutheranern* [hingegen] *nicht zuverlässig genug* gewesen[7] – sie wird verständlich im Rahmen des damaligen konfessionellen Dauerkonflikts zwischen lutherischer und reformierter Theologie.

Weitere Hochphasen erlebte das negative Melanchthon-Bild auch in späteren Jahrhunderten. Ende des 19. Jahrhunderts und Anfang des 20. Jahrhunderts waren es vor allem Vertreter der sogenannten „Luther-Renaissance“ – einer Bewegung, die Luther und seine Rechtfertigungslehre wiederentdeckte und neu interpretierte –, die ausgehend vom Vergleich mit Luther Melanchthons historische Bedeutung zurückstuften und Teile seiner Theologie einer radikalen Kritik unterzogen. Luthers Theologie wurde *zur Messlatte des echten evangelischen Glaubens erklärt* und in diesem Zusammenhang entdeckte man *immer neue Schwächen der Theologie Melanchthons.*[8] In Deutschland waren es besonders Karl Holl (1866-1926) und Emanuel Hirsch (1888-1972), die wiederholt auf die ihrer Meinung nach unangemessenen Abweichungen der Theologie des älteren Melanchthon von Luther hinwiesen. Urteile über Melanchthon wie das von Hirsch – Melanchthon habe *Luthers Rechtfertigungslehre heillos verstümmelt*[9] – prägten sich einer ganzen Generation von Theologen tief ein.

Die nächste Hochphase erlebte das negative Melanchthon-Bild in der Zeit des Kirchenkampfes. In dieser „Zeit der Entscheidung“ – wie sie von vielen damals empfunden wurde – galt Melanchthon als negatives Beispiel für ungute Kompromisse und mangelndes Bekenntnis – im Gegensatz zu „Helden“ wie Luther, Nikolaus von Amsdorf oder Matthias Flacius, die nach Ansicht von Melanchthons Kritikern Bekennermut bewiesen hatten.

Eine solche Sichtweise Melanchthons begegnet etwa in dem Buch „Interim!“ von Christian Stoll aus dem Jahr 1935. Stoll aktualisiert darin die Situation in der Zeit nach dem Augsburger Interim 1548 holzschnittartig für die Situation Ende 1935 im deutschen Kirchenkampf und kennzeichnet den Reichskirchenausschuss, die vom Reichskirchenminister Kerrl eingesetzte Leitung der Deutschen Evangelischen Kirche, als „Interim“. Und *eine Kirche, die im Interim leben muß,* – so Stoll – *lebt in der Gefahr.* Um dieser Gefahr in der Gegenwart angemessen begegnen zu können, sucht Stoll in der Vergangenheit nach Vorbildern und auch nach abschreckenden Beispielen und kommt zu dem Schluss: *Die Bekenner, nicht die Nachgiebigen*

6 So das Urteil von Johann Konrad Dannenhauer (1603-1666) im Jahr 1661; vgl. dazu WALLMANN (wie Anm. 3), 11.

7 APPOLD (wie Anm. 4), 85.

8 GESTRICH, Christof: Luther und Melanchthon in der Theologiegeschichte des 19. und 20. Jahrhunderts, in: LuJ 66 (1999), 29-53, hier 40.

9 HIRSCH, Emanuel: Die Theologie des Andreas Osiander und ihre geschichtlichen Voraussetzungen, Göttingen 1919, 228.

und Schweigsamen,– die Angefochtenen und Bedrückten, nicht die Leute des Ausgleichs und der Unterwürfigkeit haben damals die reine und lautere Verkündigung gerettet. Melanchthon kennzeichnet Stoll als abschreckendes Beispiel, denn er sei *schwachherzig* und nachgiebig gewesen und habe den Ernst der Entscheidung nicht erkannt.[10]

1.2 Inhalte der Kritik

In diesen Phasen, aber auch darüber hinaus wurde Melanchthon teilweise heftig angegriffen, zum einen aufgrund konkreter Verhaltensweisen. Zum anderen wurden immer wieder Teile seiner Theologie kritisiert. Im Rahmen der Kritik an seinem Verhalten und an seiner Theologie wurden oft auch seine Person, seine Persönlichkeit und sein Charakter in Frage gestellt.

Hinsichtlich seiner Theologie wurde Melanchthon vorgeworfen, er sei in verschiedenen Lehrfragen von Martin Luther abgewichen und habe die reformatorische Lehre verraten – ein Vorwurf, der – wie bereits erwähnt – insbesondere an seiner Lehre vom freien Willen, an seiner Fassung der Rechtfertigungslehre und an seiner Haltung zum Abendmahl festgemacht wurde.

Besonderen Anstoß nahmen Kritiker aller Jahrhunderte ferner an dem (ihnen allzu groß erscheinenden) Einfluss von Humanismus und Philosophie auf Melanchthons Theologie und machten ihn für einen angeblichen Rückfall der reformatorischen Theologie in eine neue Scholastik verantwortlich. Spätestens seit dem 18. Jahrhundert nahm das Klischee *Luther zerschlägt die Philosophie, und Melanchthon baut sie wieder auf* einen festen Platz in der Philosophie- und Theologiegeschichte ein.[11]

Durch die lange Geschichte der Melanchthon-Kritik hindurch verselbständigten sich viele dieser Vorwürfe, und es entstand ein scheinbar klares Bild von Person und Charakter Melanchthons, das stark aus der Gegenüberstellung zu Luther (und anderen Personen der Reformationsgeschichte wie Nikolaus von Amsdorf, Matthias Flacius oder Landgraf Philipp von Hessen) lebte. Es wurde immer weniger hinterfragt und nahm schließlich klischeehafte Züge an, die die Forschungsliteratur zum Teil bis heute prägen. Melanchthons angebliche Charakterschwäche wurde oft auch als Grund für andere Kritik an ihm genannt, als Erklärung für sein ansonsten unverständliches Verhalten oder für nicht nachvollziehbare theologische Entscheidungen.

Man charakterisierte Melanchthon als einen ängstlichen Menschen, der rein über die Vernunft gesteuert sei, zu sehr an Einheit, Frieden und Ruhe interessiert, allzu nachgiebig, wankelmütig und leicht zu verunsichern. So entstand das Klischee von Melanchthon als dem schwankenden und *wetterwendisch*[en] *Kompromißler.*[12]

Repräsentativ für diese negative Beurteilung der Person Melanchthons ist etwa der Beitrag des Theologen Friedrich Lezius (1859-1939) zu Melanchthons 400. Geburtstag im Jahr 1897,

10 STOLL, Christian: Interim! München 1935, ^{2}1936 (BeKi 36), bes. 5; 18.

11 Vgl. SCHNEIDER, Ulrich Johannes: Die schweren Schritte des Nachdenkens. Melanchthon in der Philosophiegeschichtsschreibung bis Hegel, in: Melanchthon und die Neuzeit, hg. v. Günter FRANK und Ulrich KÖPF, Stuttgart-Bad Cannstatt 2003 (Melanchthonschriften der Stadt Bretten 7), 111-131, hier 117.

12 SCHNEIDER, Rudolf: Um das neue Melanchthon-Bild, in: Die Saat. Kirchenbote für das evangelisch-lutherische Österreich 7 (1960), Nr. 9, 217 f, hier 217.

in dem er Melanchthon folgendermaßen charakterisierte: Melanchthons Talent habe *der Rückhalt einer eisernen, in sich gewissen und klaren Charakterfestigkeit* gefehlt. Daher *bedurfte* [er] *eines Freundes wie Luther, der ihn leiten und mit Impulsen ausstatten konnte.* Entsprechend habe Melanchthon, *als ihm Luther fehlte, aus Schwäche und Unklarheit geirrt* und er habe *aus Schwäche Differenzen verdeckt, die er nicht verdecken durfte.* Insgesamt könne man sagen, es habe ihm *an heroischer Charaktergröße* gefehlt.[13]

Es wäre lohnend und überaus spannend, sich den Höhen und Tiefen des Melanchthon-Bildes vergangener Jahrhunderte intensiver zu widmen und seine Veränderungen über die Zeiten hinweg zu verfolgen; das würde allerdings einen weiteren Vortrag erfordern.

2. Die Entstehung des negativen Melanchthon-Bildes zu Lebzeiten Melanchthons

Es ist Konsens in der Forschung, dass die geschilderte negative Beurteilung Melanchthons ihren Anfang zu seinen Lebzeiten nahm, die genauen Umstände, Zeiten und Verantwortlichen sind allerdings nicht so klar, wie viele Forscher vermuten lassen. Es wird häufig pauschal auf die Spätzeit der Reformation nach dem Tode Luthers im Jahr 1546 hingewiesen, und es ist vor allem die Person des Matthias Flacius Illyricus (1520-1575), die für das negative Melanchthon-Bild verantwortlich gemacht wird.[14] Daran ist sicher etwas Wahres, denn Flacius war in den letzten Lebensjahren Melanchthons einer seiner schärfsten Kritiker und überzog das Land mit einer Fülle polemischer Schriften. Allerdings ist es verkürzt, lediglich eine und lediglich diese Person für die Entstehung des negativen Melanchthon-Bildes verantwortlich zu machen. Meine Untersuchungen haben ergeben, dass das negative Melanchthon-Bild nicht erst in der Folge des „Augsburger Interims“ und der innerprotestantischen Lehrstreitigkeiten nach 1548 entstand, sondern schon sehr viel früher. Die Kritik an Melanchthon aus den eigenen Reihen setzte bereits Anfang der 1520er Jahre ein und steigerte sich ab 1527 beständig; Höhepunkte erreichte sie im Zuge des Augsburger Reichstags von 1530 und in den Jahren 1536 und 1537, als Melanchthon von zahlreichen Personen wegen seiner Lehre angegriffen wurde. Die in den Jahren nach 1548 geäußerte Kritik bildet zwar einen Kulminationspunkt, es ist allerdings auffällig, dass wenige wirklich neue Vorwürfe begegnen, sondern vielmehr früher Geäußertes wiederaufgenommen, gebündelt und (polemisch) zugespitzt wurde.

2.1 Die Kritiker Martin Luther und Nikolaus von Amsdorf und ihr Verhältnis zu Melanchthon

Um diese Beobachtungen mit Leben zu füllen, möchte ich die Entstehung der Kritik anhand von zwei neben Matthias Flacius überaus wirkmächtigen Kritikern nachverfolgen, und zwar Martin Luther (1483-1546) und Nikolaus von Amsdorf (1483-1565).

Zunächst werde ich sie und ihr Verhältnis zu Melanchthon kurz charakterisieren, danach die von ihnen geäußerte Kritik darstellen.

---

13 LEZIUS, Friedrich: Zur Charakteristik Melanchthons, in: NKZ 8 (1897), 101-125, hier 125.

14 Vgl. dazu KOBLER (wie Anm. 1), 6, Anm. 20.

Nikolaus von Amsdorf[15] kam am 3. Dezember 1483 – drei Wochen nach Martin Luther – als Sohn einer mitteldeutschen Adelsfamilie in Torgau zur Welt. 1500 nahm er sein Studium in Leipzig auf und wechselte 1502 nach Wittenberg. Er war damit einer der ersten Studenten an der neu gegründeten Universität, die der sächsische Kurfürst Friedrich der Weise (III.) als Universität für seinen ernestinischen Landesteil gegründet hatte und die er zu einer Reformuniversität im Sinne des Humanismus machen wollte. Die Universität bekam – ähnlich wie viele Humanisten selbst – einen gräzisierten Namen, den sie bis heute trägt: LEUCOREA – von griechisch „leukos oros" = „weißer Berg" in Anlehnung an den Namen der Stadt Wittenberg.

Amsdorf erlangte hier 1504 seinen ersten akademischen Grad als „magister artium", danach war er als Lehrer an der Artistenfakultät der Universität tätig und studierte – wie damals üblich – gleichzeitig Theologie; 1511 erlangte er den Grad eines Lizentiaten der Theologie und damit die höchste Form der Lehrbefugnis.

Martin Luther, seit 1505 Mönch im Orden der Augustiner-Eremiten, hatte sich zwar schon 1508/09 in Wittenberg aufgehalten, endgültig kam er aber erst im September 1511 an die Leucorea, also neun Jahre nach Amsdorf. Luther wurde zunächst zum Doktor der Theologie promoviert (1512) und übernahm dann die Professur der „lectura in biblia". Ab 1516 setzten sich Luther und andere jüngere Wittenberger Theologen dann verstärkt mit Augustin und der paulinischen Theologie auseinander und führten intensive Diskussionen über eine Erneuerung der Theologie. Es ist mittlerweile Konsens, dass Luthers reformatorische Position nicht von einem Tag auf den anderen entstand, es also keinen Durchbruch gab, der genau zu datieren und zu lokalisieren wäre, sondern dass wir uns das als einen über viele Jahre währenden Prozess vorzustellen haben. Es ist davon auszugehen, dass Nikolaus von Amsdorf an diesem Prozess Anteil nahm und zur genannten Theologen-Gruppe hinzugehörte. Zu Luther entwickelte er jedenfalls schon bald ein engeres Verhältnis, das über die bloße Zusammenarbeit hinausging. Luther schätzte Amsdorf und rühmte ihn in einer Tischrede als *Theologen von Natur*.[16] 1520 widmete er ihm seine berühmte Schrift „An den christlichen Adel". 1521 begleitete ihn Amsdorf zum Reichstag in Worms und saß auf der Rückreise sogar mit in dem Wagen, der überfallen wurde – wie sich später herausstellte, war alles fingiert und diente dazu, den beim Reichstag für vogelfrei erklärten Luther auf der Wartburg in Sicherheit zu bringen. Zudem war Amsdorf Pate von Luthers 1529 geborener Tochter Magdalene. Und als Luther 1537 schwer erkrankte und dachte, er müsse sich auf sein Ende vorbereiten, beauftragte er Amsdorf, für seine Frau Käthe zu sorgen. Man kann also sagen: Amsdorf war einer der engsten Freunde Luthers.[17]

Auch Philipp Melanchthon war Teil der Gruppe reformatorisch gesinnter Theologen in Wittenberg. Er war allerdings viel später als Amsdorf und Luther nach Wittenberg gekom-

15 Vgl. zu Amsdorf ROGGE, Joachim: Art. Amsdorff, Nikolaus von, in: TRE 2 (1978), 487-497; KÖPF, Ulrich: Nikolaus von Amsdorf und die Universität Wittenberg, in: Nikolaus von Amsdorf (1483-1565) zwischen Reformation und Politik, hg. v. Irene DINGEL, Leipzig 2008, 35-55 und die Angaben bei KOBLER (wie Anm. 1), 535 f.

16 Vgl. KÖPF (wie Anm. 15), 35.

17 Vgl. KÖPF (wie Anm. 15), 50.

men, erst im Jahr 1518 – sieben Jahre nach Luther, 16 Jahre nach Amsdorf; zehn Monate nach Veröffentlichung der berühmten 95 Thesen über den Ablass. Der bekannte Humanist Johannes Reuchlin hatte Melanchthon für die Griechisch-Professur an der artistischen Fakultät der Leucorea empfohlen – mit gerade mal 21 Jahren –, und Melanchthons Berufung trug maßgeblich dazu bei, die Universität weiter als attraktive humanistische Lehreinrichtung zu profilieren. Zunächst war der zarte junge Mann aus Bretten mit seiner leisen Stimme und seinem leichten Sprachfehler in Wittenberg mit Skepsis betrachtet worden und vielleicht auch ein wenig belächelt, doch schnell hatte er die Herzen seiner neuen Kollegen und Schüler gewonnen, vor allem durch seine fulminante Antrittsvorlesung, in der er die Grundlagen einer umfassenden Studienreform skizzierte.

Ähnlich wie viele andere hatte auch Melanchthon schnell Feuer für Luther und seine Sache gefangen. Später sagte er einmal, er habe durch Luther das Evangelium kennen gelernt. Melanchthon hatte Luthers Vorlesungen gehört, neben seiner eigenen Lehrtätigkeit an der Artistenfakultät ein ordentliches Theologiestudium aufgenommen und nach einem Jahr (1519) den Grad eines „baccalaureus biblicus" erworben. Seine Aufgabe sah er allerdings zunächst vor allem darin, die Universität zu reformieren. Aber auch er arbeitete theologisch, unterstützte Luther bei der Bibelübersetzung, und bereits 1521 erschienen seine berühmten „Loci communes", die erste evangelische Bibelhermeneutik und Dogmatik – ein Werk, das zum obligatorischen Lehrstoff an der Wittenberger Theologischen Fakultät wurde.

Leider kennen wir nicht allzu viele Details aus den Wittenberger Anfangsjahren, aber es ist davon auszugehen, dass die drei Männer Luther, Amsdorf und Melanchthon an der Universität eng zusammenarbeiteten. Luther berichtet in einer Predigt davon, dass er mit Amsdorf und Melanchthon beim Bier saß,[18] und wir wissen, dass Melanchthon 1520 Amsdorf seine Ausgabe der „Wolken" des Aristophanes widmete. Trotzdem ist nicht davon auszugehen, dass die Beziehung zwischen allen dreien so eng war wie zwischen Amsdorf und Luther. Dafür unterschieden sich die drei Männer zu sehr, von ihrem Alter her, von ihrer Art, von ihrer Biographie und Prägung und von ihren zentralen Anliegen.

1524 endete die Zeit der engen Zusammenarbeit in Wittenberg, weil Amsdorf auf Geheiß Luthers als Pfarrer und Superintendent an die Kirche St. Ulrich nach Magdeburg ging. Trotz der räumlichen Distanz – zwischen den beiden Städten liegen 85 km – hielt Amsdorf engen Kontakt zu Luther, wohl vor allem über Briefe. Soweit wir wissen, trifft dasselbe aber nicht auf Melanchthon zu – in den Regesten zu Melanchthons Briefwechsel sind jedenfalls zwischen 1522 und 1536 keine Briefe mit dem Absender oder Adressaten Amsdorf verzeichnet.

2.2 Die Melanchthon-Kritik von Luther und Amsdorf

Sicher haben sowohl Luther als auch Amsdorf immer wieder Kritik gegenüber Melanchthon geäußert, von der wir gar nichts wissen, weil sie mündlich, im persönlichen Gespräch geäußert wurde. Greifbar wird Kritik für uns 500 Jahre später nur dann, wenn sie schriftlich geäußert wurde, etwa in Briefen oder anderen Schriftstücken, oder wenn wir Berichte über sie – und das ebenfalls in schriftlicher Form – haben. Daher finden wir Zeugnisse der Kritik

18 Vgl. KÖPF (wie Anm. 15), 50.

an Melanchthon vor allem in den Zeiten, in denen die Protagonisten nicht an einem Ort waren und daher gezwungen waren, brieflich miteinander zu kommunizieren.

Von Luther kennen wir solche kritischen Äußerungen gegenüber Melanchthon aus allen Jahren ihrer Beziehung, auch aus den gemeinsamen Anfangsjahren in Wittenberg, etwa aus der Zeit der Wittenberger Unruhen in den Jahren 1521 und 1522, als Luther nach dem Wormser Reichstag fernab seiner Wirkungsstätte auf der Wartburg saß und die reformatorische Bewegung in Wittenberg ohne ihre Zentralgestalt eine ganz eigene Dynamik entwickelte.[19] Kritik äußerte Luther zudem im Blick auf Melanchthons astrologische Neigungen, sein Vertrauen auf Sterne und andere Vorzeichen, für das Luther keinerlei Verständnis aufbringen konnte.[20]

Luthers kritische Äußerungen aus der gemeinsamen Anfangszeit scheinen aber stets im Freundeskreise verblieben zu sein und keine größere öffentliche Wirkung entfaltet zu haben.

2.2.1 Kritik im Zuge des Augsburger Reichstags von 1530[21]

Das sollte sich allerdings ändern, und zwar im Rahmen des Augsburger Reichstags von 1530, einer Zeit, die Luther fernab des Geschehens auf der Feste Coburg verbringen musste, weil er kursächsisches Territorium im Interesse seiner eigenen Sicherheit nicht verlassen durfte. Luther stand zwar grundsätzlich hinter dem kursächsischen Verhandlungskonzept für den Reichstag, das er mit erarbeitet hatte, ihm missfiel aber vieles von dem, was er über die Briefe seiner Kollegen aus Augsburg mitbekam. Dafür waren sicher Luthers eigene Anspannung, sein labiler Gesundheitszustand, die Isolation auf der Coburg und das lange Warten auf briefliche Informationen mit verantwortlich. Seine Kritik bestand zwar selten aus direkten Vorwürfen, sondern meist in Andeutungen und Warnungen, die er in seinen Briefen nach Augsburg ausdrückte, und seine kritischen Äußerungen waren meist von Sorge um Melanchthon getragen. Dennoch führte Luthers Kritik – soweit wir wissen – erstmals dazu, dass sein Verhältnis zu Melanchthon über längere Zeit angespannt war, und Luthers Kritik an seinem Kollegen entfaltete auch erstmals eine größere öffentliche Wirkung.

Luther problematisierte 1530 vor allem einzelne Aspekte des Augsburger Bekenntnisses, zudem Melanchthons Nachgiebigkeit gegenüber den Altgläubigen und Melanchthons Persönlichkeit. Mit dem Augsburger Bekenntnis war Luther zwar grundsätzlich einverstanden, denn es ging ja auf gemeinsame Vorarbeiten und Überlegungen zurück, er versah seine Zustimmung allerdings in Briefen immer wieder mit einer gewissen Einschränkung, was darauf schließen lässt, dass er das Bekenntnis teilweise auch kritisch sah. Er problematisierte etwa seine milde Form – Sie kennen vielleicht seine berühmte Rede vom *Leisetreten* Melanchthons –, er nahm Anstoß an den Erwartungen, die Melanchthon an das Bekenntnis knüpfte; ferner fehlten ihm im Bekenntnis bestimmte Themen, so zum Beispiel Aussagen über den Primat des Papstes, über das Fegefeuer und über die Heiligenverehrung; schließlich scheint er sich über die Absicherung vieler Lehraussagen durch Kirchenväterzitate geärgert zu haben.[22]

19 Vgl. dazu KOBLER (wie Anm. 1), 15 ff.
20 Vgl. dazu KOBLER (wie Anm. 1), 433 ff.
21 Vgl. dazu KOBLER (wie Anm. 1), 125 ff.
22 Vgl. KOBLER (wie Anm. 1), 196 ff.

Melanchthon und andere Vertreter der kursächsischen Delegation signalisierten beim Augsburger Reichstag gegenüber Altgläubigen beständig ihre Bereitschaft zum Nachgeben und bemühten sich um versöhnliche Worte, sollte dadurch Frieden erreicht werden können. Diese Milde und Nachgiebigkeit kritisierte neben vielen anderen Protestanten auch Luther, sofern er davon erfuhr. Seiner Meinung nach war im Augsburger Bekenntnis genug nachgegeben worden, so dass kein weiterer Spielraum für Nachgeben bestehe.[23]

Schließlich kritisierte Luther auch Melanchthon als Person, und zwar in den sogenannten „Trostbriefen" von Ende Juni 1530.[24] Die darin enthaltene Infragestellung von Melanchthons Hang zu Sorgen und seiner Orientierung an der Vernunft sollte eine ungeahnte Wirkung entfalten.

Luther wusste, dass Melanchthon zu Sorgen neigte, in den Tagen nach der Übergabe des Augsburger Bekenntnisses scheinen die Berichte aus Augsburg über Melanchthons Sorgen allerdings das für Luther erträgliche Maß überschritten zu haben. Sie veranlassten ihn zu überaus kritischen Worten gegenüber Melanchthon und ließen ihn ernsthaft darüber nachdenken, ob er nicht nach Augsburg reisen und eingreifen solle. Luther verglich die Sorgen mit einem Blutegel, der sich an Melanchthon festgesogen habe. Den Hauptgrund für Melanchthons Sorgen sah er nicht in realen Gefahren, sondern im Problem des menschlichen Unglaubens, in dem Luther das Wesen aller Sünde sah. Der Kern der Sorgen Melanchthons lag Luthers Ansicht nach in seinem Leiden daran, dass er den Ausgang des Reichstags nicht vorhersehen und beeinflussen konnte. Angesichts dessen mahnte er ihn, Folgendes zu bedenken: Es stehe gegenwärtig zwar eine große Sache auf dem Spiel, doch liege diese nicht in seiner Hand, sondern in der Hand Gottes, dem es zu vertrauen gelte. Melanchthons Art, sich in Sorgen um den Fortgang der Dinge zu verzehren und zu glauben, man könne diesen beeinflussen, identifizierte Luther als eine philosophische, von der Vernunft gesteuerte Lebenshaltung, die nicht geeignet sei, die Sache Gottes zu finden. Man dürfe sie daher auch nicht anwenden, wenn es wie in Augsburg um die Verteidigung des Glaubens gehe. Gegenwärtig müsse man vielmehr im Sinne der Theologie handeln, und das hieß für Luther, auf Gott und seine Verheißungen zu vertrauen. Luther verstand hier unter Philosophie keine besondere wissenschaftliche Disziplin, sondern die Herangehensweise an die Welt vom menschlichen Wissen und von der Orientierung an menschlichen Fähigkeiten her. Luther sah im Hintergrund von Melanchthons Verhalten beim Reichstag den Drang, alles rational zu verstehen, Gottes Reich sichtbar zu machen und dadurch der Zukunft ihre Unheimlichkeit zu nehmen, statt auf Gott zu vertrauen und im Glauben an ihn und sein zukünftiges Reich das Leben zu wagen.[25]

Die Kritik Luthers an Melanchthons Sorgen teilte auch Veit Dietrich (1506-1549) aus Nürnberg, der Luther auf der Coburg Gesellschaft leistete. Dietrich, einer der engsten Vertrauten Melanchthons, warf ihm vor, er erreiche durch seine Sorgen nichts anderes, als seine besorgten Kollegen in Trauer zu stürzen. Er verstärkte seine Kritik dadurch, dass er Melanchthons sorgenvolle Haltung dem Glauben, der Heiterkeit, der Hoffnung und dem inten-

23 Vgl. KOBLER (wie Anm. 1), 218 ff.
24 Vgl. KOBLER (wie Anm. 1), 257 ff.
25 Vgl. KOBLER (wie Anm. 1), 265 f.

siven Gebet Luthers gegenüberstellte und Melanchthon aufforderte, sich an diesem Beispiel zu orientieren. Damit schuf er unbewusst die Grundlage des Klischees vom glaubensstarken Luther und vom zaghaften Melanchthon.[26]

Luthers „Trostbriefe" enthielten harsche Kritik an Melanchthon, Luther wollte damit allerdings keine Gräben zwischen sich und Melanchthon aufreißen, sondern war von der Angst um Melanchthon und seinen Gesundheitszustand geleitet und wollte ihm Trost spenden, ihn aus der Spirale der Sorgen herausholen. Obwohl Luther seine Kritik in persönlichen Briefen äußerte, die zunächst nicht für die Öffentlichkeit gedacht waren, entwickelte sie eine unglaublich breite Wirkung.[27] Das lag daran, dass sich seine Briefe schnell unter den deutschen Protestanten verbreiteten und begierig gelesen, abgeschrieben und verschickt wurden, denn Luther schien mit seinen deutlichen Äußerungen vielen der in Augsburg versammelten Protestanten aus dem Herzen zu sprechen. Und die Kritik Luthers aus dem Jahr 1530 wurde einem noch weiteren Publikum bekannt, als Flacius sie 1548 im Kampf um das Augsburger Interim gegen Melanchthon verwendete und zwei Sammlungen von Passagen aus Lutherbriefen des Jahres 1530 herausgab, die mehrmals nachgedruckt wurden und sich ebenfalls schnell unter den Protestanten verbreiteten. Diese spätere Verwendung der Kritik Luthers trug maßgeblich dazu bei, dass sich die Vorwürfe Luthers im allgemeinen Bewusstsein festsetzten und sich so das bereits bei Veit Dietrich angelegte Klischee vom zaghaften, abweichlerischen Melanchthon und vom glaubensstarken Luther weiter verfestigte. Hinzu kommt, dass das Interesse an Luthers Trostbriefen nicht auf das 16. Jahrhundert beschränkt blieb, sondern sich auch in den folgenden Jahrhunderten fortsetzte. So wurden Luthers Briefe bzw. ihre deutschen Übersetzungen immer wieder nachgedruckt – mit Vorliebe anlässlich von CA-Jubiläen – und beförderten eine weitere Verfestigung des Klischees vom starken Luther und schwachen Melanchthon.

2.2.2 Die Melanchthon-Kritik der 1530er Jahre

Zu Beginn der 1530er Jahre scheint sich das Verhältnis zwischen Luther und Melanchthon wieder normalisiert zu haben. Eine neuerliche Phase der Kritik musste Melanchthon Mitte der 1530er Jahre über sich ergehen lassen, und nun stimmte neben Luther auch Nikolaus von Amsdorf in den Chor der Kritiker mit ein, von dem es aus den Jahren zuvor keine Belege für Kritik an Melanchthon gibt.

Neu war zudem, dass sich die Kritik an Melanchthon nun vor allem an Lehrfragen festmachte, und zwar an Melanchthons Rechtfertigungslehre und an seiner Abendmahls-Auffassung.

1535 hatte Melanchthon seine „Loci" völlig umgearbeitet und dabei an verschiedenen Stellen einschneidende Veränderungen vorgenommen. Als die neue Auflage des Lehrbuches erschienen war, berichtete Melanchthon davon, dass seine Darstellung der Willensfreiheit in Frage gestellt werde, weil sie von der Lehre Luthers abweiche. Er nannte dabei keine konkreten Namen, wir wissen aber, dass es vor allem Amsdorf war, der seine Probleme hatte mit der

26 Vgl. KOBLER (wie Anm. 1), 261.
27 Vgl. zum Folgenden KOBLER (wie Anm. 1), 280 ff.

großen Bedeutung, die Melanchthon dem Menschen am Heilsprozess zugestand, auch wenn er seine Kritik nicht öffentlich äußerte, sondern lediglich in einer unveröffentlichten Schrift und ohne Melanchthons Namen zu nennen.[28] Unter den Studenten fand Melanchthons Lehrbuch reißenden Absatz und musste daher immer wieder nachgedruckt werden. Bereits 1541 wurde die Ausgabe von 1535 nachgedruckt und mit einer neuen Vorrede versehen. Obwohl dieser Nachdruck keine inhaltlichen Veränderungen aufwies, bedachte Amsdorf sie mit neuerlicher Kritik, und zwar wiederum in einer ungedruckt gebliebenen Schrift. Allerdings erweiterte er nun die Reihe der Kritikpunkte und wandte sich gegen folgende Aussagen Melanchthons: gegen die Behauptung, der Mensch besitze die Fähigkeit, ohne die Hilfe des Heiligen Geistes geringe Sünden zu meiden, gegen Melanchthons Lehre vom Gesetz, gegen seine Auffassung, die Buße sei notwendig zur Rechtfertigung, und gegen den Begriff der Zeremonie für das Abendmahl.[29]

Luther scheint mit den veränderten Inhalten der „Loci" in der Auflage von 1535 („secunda aetas") einverstanden gewesen zu sein, bemängelte aber die Art der Darstellung und merkte an, dass die vorige Auflage von Melanchthons Schrift *viel wermer und brunstiger* (brennender, inbrünstiger) gewesen sei. Zudem scheint Luther die Widmung der „Loci" von 1535 an König Heinrich VIII. von England kritisch gesehen zu haben.[30]

Die in diesem Rahmen erstmals greifbare Kritik an Melanchthons Anthropologie und Rechtfertigungslehre setzte sich in den folgenden Jahren fort und erlebte 1536 und 1537 einen Höhepunkt. Neben anderen war es auch Amsdorf, der sich kritisch äußerte. Er stieß sich insbesondere an Melanchthons Aussage, die menschlichen Werke seien nötig, um das ewige Leben zu ererben. Luther stimmte mit Amsdorf und den anderen Kritikern überein, dass Melanchthons Lehre eine Abweichung von seiner – Luthers – Lehre darstellte und gleichzeitig eine Annäherung an die Lehre des berühmten Humanisten Erasmus von Rotterdam war, er bemühte sich aber dennoch um eine Beilegung der Streitigkeiten, an denen neben Amsdorf weitere Theologen beteiligt waren.[31]

2.2.3 Kritik an Melanchthons Haltung in der Abendmahlsfrage

Neben der Rechtfertigungslehre wurde in den 1530er Jahren auch Melanchthons Haltung in der Frage des Abendmahls problematisiert.

Das Verständnis des Abendmahls war von Anfang an ein strittiger Punkt innerhalb der protestantischen Bewegung. Ende der 1520er Jahre hatten Luther und der Züricher Reformator Ulrich Zwingli zahlreiche Streitschriften zum Thema gewechselt, und 1529 hatte man im Marburger Religionsgespräch vergeblich versucht, zu einer Einigung in der Frage des Abendmahls zu kommen. Diese Lehrdifferenzen standen quer zum politischen Zusammenschluss vieler protestantischer Stände im Schmalkaldischen Bund seit 1531, und es waren insbesondere der Straßburger Reformator Martin Bucer und Landgraf Philipp von Hessen, denen daran lag, diese Differenzen beizulegen und damit den politischen Zusammenschluss

---

28 Vgl. KOBLER (wie Anm. 1), 291.
29 Vgl. KOBLER (wie Anm. 1), 319.
30 Vgl. KOBLER (wie Anm. 1), 291 f.
31 Vgl. KOBLER (wie Anm. 1), 294 ff.

auch theologisch zu fundieren. Bucer bemühte sich unablässig um eine theologische Einigung zwischen den Oberdeutschen und den Lutherischen. Um eine Einigung zu erzielen, verhandelte Bucer vor allem mit Melanchthon. Letzterem wurde eine Übereinkunft in der Frage des Abendmahls ebenfalls zunehmend wichtig, weil er sah, dass die innerprotestantische Uneinigkeit die weitere Verbreitung der reformatorischen Bewegung behinderte. Einen vorläufigen Abschluss fanden die Einigungsbemühungen Bucers und Melanchthons in der sogenannten „Wittenberger Konkordie" vom 28. Mai 1536, mit der die Vertreter der Oberdeutschen das Augsburger Bekenntnis und ihre Apologie anerkannten und in der man sich auf eine Kompromissformel in der Frage des Abendmahls einigte.

Auch im Zusammenhang dieser Einigungsbestrebungen fehlte es nicht an kritischen Anfragen gegenüber Melanchthon. Sie betrafen hauptsächlich seine Annäherung an die oberdeutsche Abendmahlsauffassung. So äußerte Luther Anfang Mai (gegenüber Gregor Brück) seine Sorge, Melanchthon könne unter dem Einfluss Philipps von Hessen zu einem Anhänger der zwinglianischen Abendmahlslehre werden. Amsdorf scheint von ähnlichen Sorgen getrieben gewesen zu sein und verweigerte daher seine Unterschrift unter die Vereinbarung, fällte ein vernichtendes Urteil über sie und verfasste Anfang 1537 eine Schrift gegen die Zwinglianer.[32]

Der Kritik an Melanchthon im Zusammenhang der Wittenberger Konkordie kommt deshalb ein besonderer Stellenwert zu, weil seine Abendmahlslehre hier erstmals offen als zwinglianisch verdächtigt wurde und derlei Befürchtungen und Vorwürfe ab diesem Zeitpunkt nicht mehr verstummten.

Ähnliche Kritik flammte wieder auf, als sich Melanchthon im Sommer des Jahres 1543 auf Einladung des Kölner Erzbischofs Hermann von Wied drei Monate lang in Bonn aufhielt, um zusammen mit Bucer an der Einführung der Reformation im Hochstift Köln mitzuwirken. Seine Aufgabe bestand unter anderem darin, die von Bucer entworfene Kirchenordnung zu prüfen und zu ergänzen. Das Ergebnis ihrer Arbeit, die sogenannte „Kölner Reformation", lag im September 1543 vor, wurde aber noch nicht öffentlich verbreitet. Als sie der sächsische Kurfürst Johann Friedrich (bei einem Reichstag im folgenden Jahr von Hermann von Wied) erhielt und las, war er in großer Sorge und schickte den Entwurf mit der Bitte um eine Beurteilung an Amsdorf. Dieser erhob verschiedene Vorwürfe gegen die „Kölner Reformation": Er kritisierte die Aussagen zum freien Willen, zur Sündenlehre und zum Abendmahl. Dabei bemängelte er die Undeutlichkeit der Aussagen, mahnte Erklärungen gegen die Schwärmer an und betonte, Bucer und Melanchthon wollten es beiden Seiten, das heißt der protestantischen wie der altgläubigen recht machen. Schließlich nahm Amsdorf daran Anstoß, dass sich die Verfasser nicht explizit auf die Autorität Luthers beriefen. In Bezug auf Melanchthons Haltung in der Frage des freien Willens und in der Abendmahlslehre erneuerte Amsdorf damit Vorwürfe, die er in den Jahren zuvor immer wieder geäußert hatte. Amsdorf schickte sein Gutachten zur Kölner Reformation auch an Luther, der zwar von dem Reformationsentwurf wusste, ihn bisher aber noch nicht selbst gelesen hatte und erst durch Amsdorfs Schrift dazu bewegt wurde, sich zumindest mit dem Abendmahlsartikel auseinanderzusetzen. Luther pflichtete der Kritik Amsdorfs an fehlenden Aussagen gegenüber den Schwärmern und an

32 Vgl. KOBLER (wie Anm. 1), 292 ff.

den zu undeutlichen Aussagen zum Abendmahl, vor allem hinsichtlich der Frage der Realpräsenz, bei und kam zu dem Schluss, dass die „Kölner Reformation" mehr für die Lehre der Schwärmer denn für die der Lutherischen Partei ergreife. Diese Kritik richtete sich vor allem gegen Bucer. Als Melanchthon von Luthers Vorwürfen erfuhr, rechnete er jedoch damit, dass sich Luthers Kritik bald auch gegen ihn persönlich richten könne. Er selbst war zwar für den Abendmahlsartikel der „Kölner Reformation" nicht verantwortlich, hatte diesen aber auch nicht kritisiert, und ihm war nicht verborgen geblieben, dass Luther seit Jahren mit seiner Position in der Abendmahlslehre unzufrieden war. Für den Fall, dass Luther ihn persönlich angreifen sollte, kündigte Melanchthon seinen Rückzug aus Wittenberg an. Seine Befürchtungen steigerten sich noch, als Luther gegen die schwärmerische Leugnung der Realpräsenz predigte, was Melanchthon auch als gegen sich gerichtet empfand. Zudem verbreitete sich die Nachricht, Luther arbeite an einer neuen Schrift zur Abendmahlslehre, in der er vielleicht auch gegen Bucer und Melanchthon polemisieren werde. Ferner erfuhr Melanchthon vom engen Kontakt zwischen Amsdorf und Luther. Schließlich kursierte das Gerücht, Luther werde eine Formel zum Abendmahl abfassen, die von allen Theologen unterschrieben werden solle, und, wer sie nicht unterschreibe, müsse Wittenberg verlassen.

Die Kunde von den Unstimmigkeiten zwischen Luther, Amsdorf und Melanchthon verbreitete sich schnell auch über Wittenberg hinaus und zog weitere Gerüchte und Kritik nach sich. So munkelte man beispielsweise in Augsburg und Konstanz, Amsdorf und Luther hätten über hundert Artikel aus Melanchthons Büchern gezogen und diese sogenannten philippistischen Irrtümer vor den Kurfürsten gebracht. Als Luthers „Kurzes Bekenntnis vom heiligen Sakrament" dann Ende September erschien und deutlich wurde, dass er sich nur gegen die Schweizer, nicht aber gegen die „Kölner Reformation", Bucer oder gar Melanchthon wandte, atmeten Melanchthon und viele andere auf. Luther und Melanchthon versöhnten sich in einem persönlichen Gespräch – wenn auch oberflächlich – und Melanchthon beschloss, seine Exilspläne zurückzustellen. Im Wissen um ihre unterschiedlichen Positionen in der Frage des Abendmahls rechnete er jedoch jetzt und in den folgenden Monaten jederzeit damit, dass die Kritik Luthers und damit auch sein eigener Rückzug aus Wittenberg erneut aktuell werden könnten.[33]

An der Kritik Luthers und Amsdorfs anlässlich der „Kölner Reformation" wird deutlich, wie sehr sich die ehemals gute Zusammenarbeit der drei Männer verkehrt hatte.

Bei Luther und Melanchthon gab es allerdings noch eine gemeinsame Basis, und Luther hatte daher immer wieder versucht, die Streitigkeiten beizulegen, die sich an Melanchthon entzündet hatten. Bei Amsdorf jedoch ist von einer solchen Basis nichts mehr zu spüren; seine Gesinnung gegenüber Melanchthon kann man mittlerweile als feindlich bezeichnen. Das wird auch aus einem Brief an Luther aus dem Jahr 1538 deutlich, von dem Melanchthon berichtet: Amsdorf habe Luther in diesem Brief vorgehalten, er nähre sich eine *Schlange am Busen* – mit diesem Sprichwort charakterisierte Amsdorf Melanchthon, sollte der Bericht der

33 Vgl. KOBLER (wie Anm. 1), 320 ff.

Wahrheit entsprechen, als jemanden, dem Luther Gutes getan hatte, der sich dafür jedoch nicht, wie es sein sollte, dankbar zeigte, sondern als Verräter entpuppte.[34]

2.2.4 *Kritik Amsdorfs nach Luthers Tod*

Trotz seiner feindlichen Gesinnung hatte Amsdorf seine Kritik bisher lediglich in Briefen oder unveröffentlichten Gutachten geäußert und war nicht mit Drucken an die Öffentlichkeit gegangen. Das sollte sich allerdings infolge der kommenden Ereignisse ändern: Am 18. Februar 1546 starb Martin Luther, ein großer Einschnitt für den Protestantismus. Und am 24. April 1547 verloren die Truppen des Schmalkaldischen Bundes die Schlacht bei Mühlberg gegen das Heer des Kaisers und mussten ohne ihren Anführer Kurfürst Johann Friedrich von Sachsen klarkommen, der in der Schlacht gefangen genommen wurde. Der Kaiser hoffte darauf, seine religionspolitischen Ziele nun endlich durchsetzen zu können, und erließ 1548 das sogenannte „Augsburger Interim", ein Religionsgesetz, das bis zur Entscheidung eines Konzils, also „interim", in der Zwischenzeit gelten sollte. Der Kaiser hoffte, die meisten reformatorischen Veränderungen rückgängig machen zu können, und setzte das „Interim" in Teilen des Landes mit militärischer Gewalt durch.

Diese Ereignisse stellten für die reformatorische Bewegung eine große Herausforderung dar: Angesichts politisch-militärischer und kirchenpolitischer Bedrohungen stand die Integrität von Lehre und Bekenntnis in bisher nicht bekannter Weise zur Debatte. Und das führte innerhalb der Wittenberger Reformation zu beträchtlichen Spannungen, die sich letztlich alle um die Frage drehten, was als genuin reformatorisch zu gelten habe und wer nach dem Tod Luthers den legitimen Anspruch auf die rechte Wahrung des reformatorischen Erbes erheben konnte. Für Melanchthon hatten diese Spannungen eine Zunahme der Kritik zur Folge, auch und gerade durch Nikolaus von Amsdorf. Denn nach Luthers Tod gab es nun keine Instanz mehr, die ihre schützende Hand über ihn hielt und versuchte, die Streitigkeiten beizulegen. Und das integrative Potential, das vorhanden gewesen war, als Luther und Melanchthon gemeinsam als Kollegen gewirkt und als reformatorische Autoritäten Anerkennung genossen hatten, war mit Luther gestorben, und statt Integration stand nun Profilbildung und Abgrenzung der beiden Reformatoren voneinander im Vordergrund.[35]

Der Abstand, der zwischen Melanchthon und Amsdorf seit seinem Weggang aus Wittenberg entstanden war und sich im Lauf der Jahre immer weiter vergrößert hatte, vertiefte sich im Zuge der Auseinandersetzungen um das Augsburger Interim zu einer unüberbrückbaren Kluft. So klagte Melanchthon bereits im April 1547 über Amsdorf: *multas magnas contumelias … me adfecit – er hat mich oft und heftig beschimpft.*[36]

Diese Entwicklung wird nachvollziehbar, wenn man sich vergegenwärtigt, was mit Nikolaus von Amsdorf in der Zwischenzeit geschehen war. Nach seiner Zeit in Magdeburg war er 1542 auf Anraten Luthers hin in das erste evangelische Bischofsamt in Naumburg-Zeitz berufen und von Luther selbst ordiniert worden. Es war eine überaus konfliktreiche Zeit in

34 Vgl. dazu KOBLER (wie Anm. 1), 536 mit Anm. 23.

35 Vgl. KOBLER (wie Anm. 1), 325.

36 Vgl. den Brief von Melanchthon an Fürst Georg von Anhalt vom 5.4.1547 (Melanchthons Briefwechsel MBW 4685).

Naumburg, und sie sollte nicht von langer Dauer sein, denn der Schmalkaldische Krieg zwang ihn zur Flucht.[37] Nach einer Zeit der Heimatlosigkeit, als *exul Christi*, als Verbannter Christi, wie sich Amsdorf selbst in dieser Zeit gerne nannte, kehrte er schließlich nach Magdeburg zurück, wo viele lutherische Theologen, die wegen des „Interims" ihre Heimat verloren hatten, Zuflucht fanden und in ihrem Kampf gegen die Umsetzung des „Interims" unterstützt wurden. Amsdorf führte diesen Kampf gemeinsam mit Matthias Flacius und Nikolaus Gallus an, die man nach ihrem Anführer als Flacianer oder auch als Gnesiolutheraner bezeichnet, weil sie sich als die wahren Erben Luthers und Bewahrer der reinen lutherischen Lehre verstanden und von diesem Selbstverständnis her den Kampf gegen alle aufnahmen, die diese Lehre ihrer Ansicht nach zu verfälschen drohten.

Auch Melanchthon hatte infolge des Schmalkaldischen Krieges seine vertraute Wirkungsstätte verlassen und eine längere Zeit an unterschiedlichen Orten verbringen müssen, doch kehrte er schließlich nach einigem Hin und Her nach Wittenberg zurück. Diese Rückkehr Melanchthons nach Wittenberg, zumal unter dem neuen Kurfürsten Moritz von Sachsen, der im Schmalkaldischen Krieg an der Seite des Kaisers gegen die Protestanten gekämpft hatte und seinem Vetter Johann Friedrich die sächsische Kurwürde genommen hatte, nahm ihm Amsdorf sehr übel. Er bezeichnete Melanchthon und seine zurückgekehrten Kollegen daher als *Mauritiani*, als Anhänger des Moritz (lateinisch „Mauritius"), und sah in ihrem Verhalten ein Zeichen der Untreue („infidelitas").[38]

Als Melanchthon in einem Gutachten zum „Augsburger Interim" dieses zwar grundsätzlich ablehnte, aber Punkte benannte, in denen man das „Interim" um des Friedens und der Einigkeit willen tolerieren könne, entbrannte heftige Kritik, unter anderem auch von Amsdorf. Er hatte das „Interim" selbst für die Söhne Johann Friedrichs begutachtet und in Bausch und Bogen abgelehnt, weil er darin eine Wiederherstellung des Papsttums sah, dessen Auswüchse ja im Zuge der Reformation in vielen Gebieten abgeschafft worden waren. Das Gutachten Melanchthons erschien ihm als zu schwach und zu vorsichtig, und er betonte, die Wittenberger Theologen hätten darin in einigen Artikeln nachgegeben, die kein Christ zugestehen könne und von denen man eine Stärkung der päpstlichen Missbräuche befürchten müsse. Dazu rechnete Amsdorf Melanchthons Aussagen über das Abendmahl, seine Anerkennung der Priesterweihe als Sakrament, seine Zustimmung zu Speisegeboten und seine Zugeständnisse beim Primat des Papstes und bei der bischöflichen Jurisdiktion.[39]

Durch die Aufnahme des „Interims" in den Augsburger Reichstagsabschied hatte das Religionsgesetz reichsrechtliche Gültigkeit erlangt, und der Kaiser drängte daher alle Fürsten, ihre Haltung zum „Interim" zu erklären. Daraufhin kam es in Kursachsen zu Beratungen über die Frage, welchen Forderungen des „Interims" man sich beugen könne und an welchen Punkten man hartbleiben müsse. Bei allen Gesprächen mahnte der Kurfürst, man müsse um des Friedens willen nachgeben. Nach langen und zähen Verhandlungen legten die kursächsischen Theologen eine Empfehlung für eine vorläufige evangelische Interimsordnung vor, die

37 Vgl. ROGGE (wie Anm. 15), 492.
38 Vgl. KOBLER (wie Anm. 1), 330.
39 Vgl. KOBLER (wie Anm. 1), 339.

auch unter dem Namen „Leipziger Artikel" bekannt ist. Diese Artikel enthielten verschiedene Zugeständnisse, vor allem bei den sogenannten Adiaphora, das heißt Äußerlichkeiten, denen man im Blick auf das Heil keine Bedeutung zumaß, zum Beispiel Gesänge, Messgewänder, Fasten- und Feiertage und andere Zeremonien. Da die Auseinandersetzungen der folgenden Jahre immer wieder um dieses Thema kreisten, erhielten sie den Namen „Adiaphoristische Streitigkeiten".

Amsdorf äußerte seine Kritik an der Umsetzung des „Interims" in Kursachsen in zahlreichen Briefen und Streitschriften, in denen sein Ton zunehmend bitterer und die Angriffe gegen Melanchthon und seine kursächsischen Kollegen immer persönlicher wurden.[40] Er warf ihnen Unbeständigkeit vor, nahm Anstoß an ihren – wie er fand – zweideutigen Formulierungen, und hielt ihnen vor, sie veränderten, verfälschten und verdürben durch ihre Zugeständnisse die reine Lehre. Amsdorf ging sogar so weit, seinen ehemaligen Kollegen vorzuwerfen, sie verleugneten Christus, fielen vom Evangelium ab und dienten dem Antichristen. Er war in großer Sorge, dass durch die Annäherung an das „Augsburger Interim" eine Entwicklung in Gang gesetzt wurde, die früher oder später die vollständige Einführung des verhassten kaiserlichen Religionsgesetzes bringen werde, und nährte solche Ängste, indem er unterschiedliche Spottnamen für die „Leipziger Artikel" kreierte und sie etwa als „Leipziger Interim" bezeichnete – ein Name, den die Artikel in der Forschungsliteratur bis ins 20. Jahrhundert hinein behielten.

Im Lauf der folgenden Jahre bis zu seinem Tod am 19. April 1560 musste sich Melanchthon noch viele Vorwürfe gefallen lassen, auch und gerade von Amsdorf, und litt unter diesem *Gezänk der Theologen.*[41]

3. Zusammenfassung

Meine Untersuchungen haben gezeigt, dass sich das negative Melanchthon-Bild in all seinen Facetten bis in die Lebenszeit Melanchthons zurückverfolgen lässt und es eine Vielzahl von Kritikern war, die es mitprägten, unter anderem Martin Luther und Nikolaus von Amsdorf.

Bei Luther ist bezeichnend, dass er zwar ein kontinuierlicher Kritiker Melanchthons war, es aber nie zum Bruch zwischen ihnen kam. Lediglich in Bezug auf Melanchthons Mitverantwortung für die Abendmahlsaussagen der sogenannten „Kölner Reformation" von 1543 war die sachliche und persönliche Harmonie der beiden ernstlich gefährdet – so die Einschätzung des großen Melanchthon-Forschers Heinz Scheible.[42] Ansonsten bemühte sich Luther häufig trotz seiner eigenen Anfragen an Melanchthon um eine vermittelnde Haltung und versuchte, die Streitigkeiten innerhalb des reformatorischen Lagers, die sich unter anderem immer wieder auch an Melanchthon entzündeten, klein zu halten. Denn er wusste um den Wert, den ein humanistisch geschulter Mitreformator wie Melanchthon für die Reformation darstellte.

40 Vgl. KOBLER (wie Anm. 1), 351 f.

41 Vgl. z.B. MBW 8154.

42 Vgl. SCHEIBLE, Heinz: Melanchthon als theologischer Gesprächspartner Luthers, in: Philipp Melanchthon und seine Rezeption in Skandinavien. Vorträge eines internationalen Symposions anläßlich seines 500. Jahretages, hg. v. Birgit STOLT, Stockholm 1998, 67-91, hier 85.

Trotzdem gehörte Luther zu den einflussreichsten Kritikern Melanchthons, denn seine Aussagen wurden intensiv rezipiert und hatten besonderes Gewicht, andere beriefen sich darauf – ich habe die „Trostbriefe" von 1530 erwähnt.

Nikolaus von Amsdorfs Kritik an Melanchthon setzte – soweit wir wissen – erst spät ein, entwickelte sich dann aber von vorsichtigen Anfragen zu polemischen Angriffen. Wir wissen nicht, warum Amsdorf diese ablehnende Haltung gegenüber Melanchthon entwickelte, man kann allerdings einige Punkte benennen, die vielleicht zur zunehmenden Entfremdung zwischen den beiden Männern beigetragen haben. Zum einen unterschieden sie sich vom Alter, in ihren theologischen und persönlichen Prägungen und Überzeugungen, in ihrem Charakter und in ihren biografischen Erfahrungen. Zwar hatten beide schnell Feuer für Luther und seine Sache gefangen; ihre daraus abgeleiteten (kirchen)politischen Ziele und Interessen und ihr Verständnis der Schülerschaft Luthers waren allerdings vollkommen unterschiedlich: Während Melanchthon ein eigenständiger Denker war und sich frei fühlte, Lehrstücke so weiter zu entwickeln, wie es ihm richtig erschien, hing Amsdorf sehr an Luther und das heißt auch am genauen Wortlaut bestimmter Lehrstücke. Ulrich Köpf bezeichnet ihn daher zu Recht als einen *unselbständigen Denker.*[43] Luthers Erbe zu bewahren und die evangelische Identität zu schärfen, war für ihn das höchste Ziel und unvereinbar mit Veränderungen der Lehre wie bei Melanchthon oder Kompromissen, zu denen Melanchthon sowohl innerprotestantisch in der Frage des Abendmahls als auch gegenüber den Altgläubigen immer wieder Bereitschaft zeigte, sollte dadurch Frieden und Einheit gewahrt werden, und das insbesondere in der Zeit nach Luthers Tod und angesichts der Gefährdung des Protestantismus nach der Niederlage im Schmalkaldischen Krieg.

Ob bei Amsdorf oder bei anderen Kritikern: Es waren wohl vor allem der immer wieder neu unternommene Vergleich Melanchthons mit Luther und die Verknüpfung der Kritik an Melanchthons Lehre und seinem kirchenpolitischen Agieren mit der Infragestellung seiner Person, die das negative Melanchthon-Bild so wirkungsvoll machten und dafür sorgten, dass es sich über die Jahrhunderte hinweg bis in die Gegenwart halten konnte.

43 Vgl. KÖPF (wie Anm. 15), 52.

Vielfältige Beziehungen – Wittenberg und die Reformation in Ungarn. Die besondere Rolle von Philipp Melanchthon.

JOSEF MAKOVITZKY

Zusammenfassung:

Ungarn wurde nach der Schlacht bei Mohács dreigeteilt, im Jahr 1541 wurde diese Situation nach der Eroberung von Buda durch die Türken gefestigt. Die Reformation war in West- und Oberungarn deutschsprachig, im von den Türken eroberten Teil ungarisch, in Siebenbürgen und Partium war die Reformation deutschsprachig und ungarisch.

Philipp Melanchthon korrespondierte mit 14 Städten in Ungarn und mit zahlreichen Schülern. Die ungarischen Magnaten unterstützten die Reformation.

„Confessio pentapolitana, Confessio heptapolitana (montana)" und „Confessio scepusiana" sind die wichtigsten Schriften der ungarischen Reformationsgeschichte. Die wichtigsten Personen der Reformation in Ungarn sind: Leonhard Stöckel (Praeceptor Hungariae), Mátyás (Mathias) Dévai Biró, „ der ungarische Luther", János (Johannes) Sylvester, Übersetzer des neuen Testaments ins Ungarische, in Siebenbürgen Johannes Honterus und Kaspar von Helth (Heltai Gáspár). Die protestantischen Lyceen spielten eine sehr wichtige Rolle im kulturellen Leben Ungarns.

Ungarn am Ende des 15. und Anfang des 16. Jahrhunderts

Der Name „Ungarn" wurde durch die Türkengefahr in ganz Europa bekannt.

Nach der siegreichen Schlacht bei Belgrad 1456 blieb Europa 70 Jahre lang von einer Türkeninvasion verschont. Unter König Matthias (Mátyás) Corvinus (1458-1490) blühte das Land noch einmal auf: Der ungarische Königshof war eine Hofburg der Renaissance.[1] König Matthias gründete am 19. Mai 1465 die „Academia Istropolitana" in Pozsony (Preßburg, bis 1927 Pressbork, danach Bratislava). Die Academia wurde 1467 eröffnet. Hier wirkte z.B. der deutsche Humanist Johannes Regiomontanus, Astronom und Mathematiker. Die Bibliothek von König Matthias, die Bibliotheca Corviniana, war europaweit bekannt, sie umfasste etwa 5000 Bände. Leider war die „Academia Istropolitana" nach dem Tod von König Matthias 1490 am Ende, aber sie hinterließ Spuren in ganz Europa.

Nach der Schlacht bei Mohács im August 1526 wurde das Land praktisch dreigeteilt. Mit der Eroberung der ungarischen Hauptstadt Buda 1541 durch die Türken wurde die

1 LAZAR, I.: Kleine Geschichte Ungarns. Budapest ^{4}1990, 91-98; 99-114.

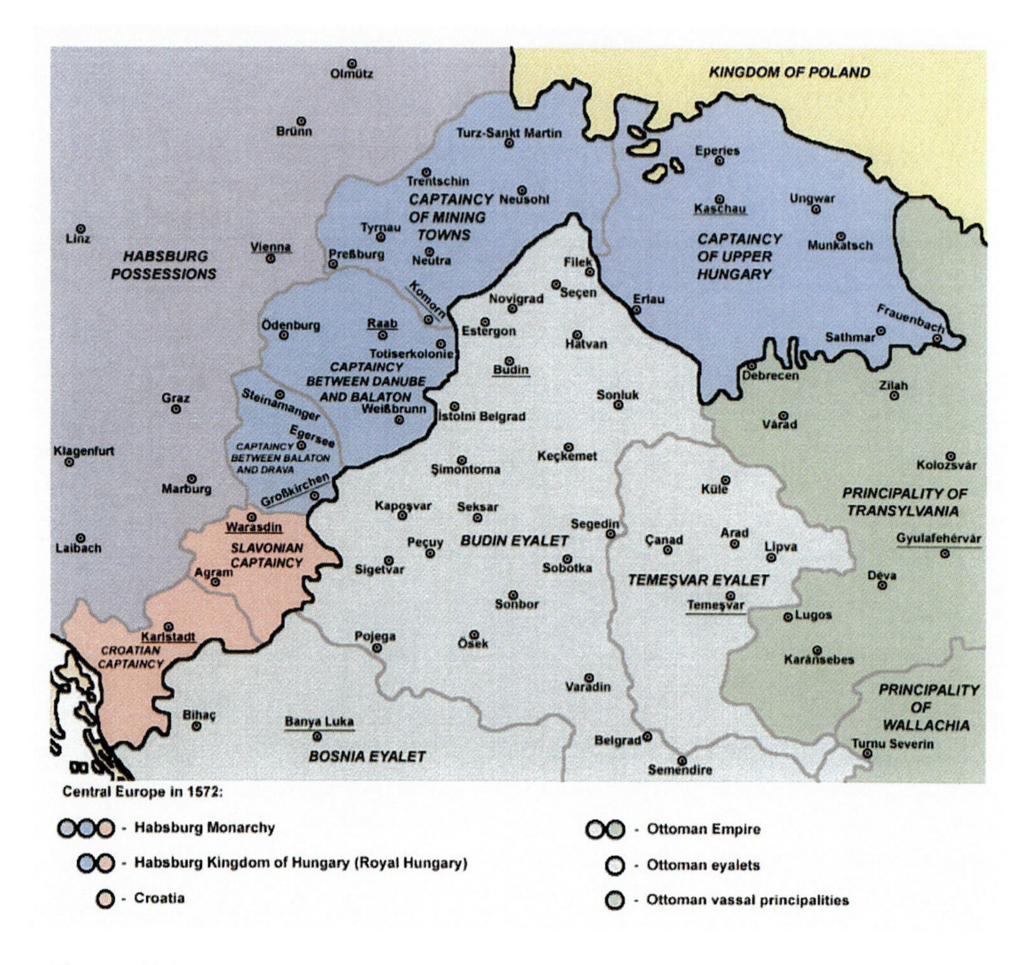

Abb. 1: Bild des dreigeteilten Ungarns, Foto: Wikipedia

Dreiteilung Ungarns vollzogen. König Johannes (János) Szapolyai beherrschte Partium und Siebenbürgen. Zum Reich des Habsburger Königs Ferdinand I. gehörten West- und Oberungarn. Das mittlere Dreieck mit der Hauptstadt Buda gehörte zum Herrschaftsbereich von Sultan Suleyman dem Prächtigen.[2]

Siebenbürgen, aber auch das königliche Ungarn, standen vor der Frage, ob man mit den Türken gegen die Habsburger oder mit den Habsburgern gegen die Türken kämpfen sollte. Es fand seine Entsprechung in der religiösen Zerrissenheit: zwischen dem in Siebenbürgen stark verbreiteten Protestantismus und der von Wien gesteuerten Gegenreformation. Sogar unter türkischer Herrschaft konnten die christlichen Geistlichen ziemlich frei ihrer Ämter walten.

2 Ebd.

Die Bekehrung der Magnaten, des ungarischen Hochadels, war für die Reformation von zentraler Bedeutung, weil diese Schulen errichteten, Stipendien stifteten, die reformatorischen Prediger unterstützten und beschützten. In einer Zeit, da weder der eine noch der andere König über reale Macht verfügte, war die Gunst der Magnaten entscheidend.

Melanchthon und die Reformation in Ungarn

Bei der Verbreitung der reformatorischen Lehre in Europa spielt das Königreich Ungarn eine Sonderrolle. Zahlreiche Faktoren kamen hier zusammen: die gemeinsame deutsche Sprache (in West- und Oberungarn), die Nähe des deutschen Reiches, persönliche und wirtschaftliche Beziehungen und der geistige Austausch mit mehreren Reichsstädten, wie z.B. zwischen Leutschau und Nürnberg. Andererseits wirkte sich an der Leucorea vor allem die Beliebtheit von Magister Philipp Melanchthon bei den ungarischen Studenten aus. Er war ihnen Lehrer und Gesprächspartner und prägte sie mit seinem überragenden Wissen, seiner theologischen Haltung und seinen pädagogischen Gedanken und Methoden. Melanchthon empfand besondere Sympathie für die Ungarn und hat für sie sogar jeden Sonntag[3] Sonntagsvorlesungen gehalten, da ihnen der deutschsprachige Gottesdienst mangels Deutschkenntnissen oft verschlossen blieb. So blieb er mit zahlreichen ehemaligen Studenten aus Ungarn in brieflichem Kontakt und korrespondierte mit 14 Städten in Ungarn:

Bartfeld / Bártfa / Bardejov, Eperies / Eperjes / Presov, Großwardein / Nagyvárad / Oradea, Hermannstadt /Nagyszeben / Sibiu, Kaschau / Kassa / Kosice, Kesmark / Késmárk / Kezmarok, Klausenburg / Kolozsvár / Cluj-Napoca, Kremnitz / Körmöcbánya / Kremnica, Kronstadt / Brassó / Brasov, Preßburg / Pozsony / Bratislava, Sárospatak, Sárvár, Schemnitz / Selmecbánya / Banksa Stiavnica und Oedenburg / Sopron, die ihn um Rat insbesondere bei Stellenbesetzungen baten. Hier ging es v.a. um die Errichtung von Schulen, die Melanchthon sehr am Herzen lagen, so etwa in seinem Briefwechsel (1537) mit Tamás (Thomas) Nádasdy, dem Palatin von Ungarn, über die Idee, eine protestantische Hochschule in Sárvár zu verwirklichen. Denn Melanchthon war der festen Ansicht: *Kein Bollwerk und keine Befestigung macht eine Stadt stärker als gebildete Bürger.* Diesen Bildungsimpuls nahmen Studenten aus ganz Europa mit in ihre Heimat. So pflegte Melanchthon in seinen Briefen eine Fülle von Kontakten mit dem Ausland und mit seinen internationalen Schülern, die bei ihm in großer Zahl studierten. So kann er zu Recht als eine Art Außenminister der Reformation verstanden werden.[4]

3 SCHEIBLE, H.: Melanchthon. Vermittler der Reformation. Eine Biographie, München 2016; SCHEIBLE, H.: Philipp Melanchthon. Leben und Werk in Bildern, hg. v. Landesbildstelle Baden, Karlsruhe, Melanchthonhaus Bretten, Evangelische Landeskirche Baden, Stiftung Luthergedenkstätten in Sachsen-Anhalt 1998; SCHORLEMMER, Fr.: Philipp Melanchthon. „Zum Gespräch geboren", in: RHEIN, Stefan / WEISS, Johannes (Hg.): Melanchthon neu entdeckt, Stuttgart 1997, 56-85.

4 MARKOWSZKY, J.: Melanchthon Fülöp – orvosszemmel nézve. (Philipp Melanchthon mit den Augen eines Mediziners), in: Ùtitárs 11 (2007), 7); MARKOWSZKY, J.: Wittenberg und die Reformation in Ungarn. Spuren einer vielfältigen Beziehung, in: Von Wittenberg in die Welt. Wittenberger Sonntags-Vorlesungen, hg. v. Evangelisches Prediger Seminar. Lutherstadt Wittenberg, Hanna Kasparick 2016, 25-40; RHEIN, St.: Melanchthon und Europa. Eine Spurensuche, in: Philipp Melanchthon. Ein Weg-

Abb. 2: Fahne der ungarischen Landsmannschaft, Melanchthonhaus Wittenberg, Foto: Josef Makovitzky

Ein großer Teil des brieflichen Austausches Melanchthons mit Ungarn befindet sich in der Bibliothek des evangelischen Lyzeums in Kesmark, in der Csaplovics Bibliothek in Alsó Kubin oder im Archiv der evangelischen Gemeinde in Leutscheu. Die Tatsache, dass Ungarn Anfang des 16. Jahrhunderts von der ersten Welle der Reformation erfasst wurde, war den Studenten zu verdanken, die die Universität Wittenberg, durch Martin Luther und Philipp Melanchthon angezogen, besucht hatten. Während Studenten aus Ungarn früher an die Universitäten Wien, Prag und Krakau gingen, war ab etwa 1520/1522 die aufstrebende, 1502 gegründete Leucorea in Wittenberg ihr Ziel. Die Immatrikulationsverzeichnisse der Universität Wittenberg notieren im Jahr 1522 zwei Studenten aus Oberungarn: Martin Cyriacus aus Leutschau und Martin Baumhäckel aus Neusohl.[5]

Bis 1560 kamen 442 Studenten aus Ungarn. Zur Gründung einer ungarischen Studentengruppe („Coetus Hungaricus“) kam es übrigens 1555. Nur die aus dem königlichen Ungarn

bereiter für die Ökumene, hg. v. J. HAUSTEIN, Göttingen 1997, 46-53; RHEIN, St.: Melanchthons Leben und Wirken, in: Melanchthon neu entdeckt, hg. v. Stefan RHEIN / Johannes WEISS, Stuttgart 1997, 9-17.

5 HAJDUK, A.: Melanchthons Beziehungen zur Slowakei, in: Lutherische Kirche in der Welt. Jahrbuch des Martin-Luther-Bundes 44 (1997), 143-156.

stammenden Studenten organisierten sich in Wittenberg in einer solchen Landsmannschaft, was ihr Selbstverständnis und -bewusstsein deutlich unter Beweis stellt. Sie besaßen eine eigene Fahne, die bis heute erhalten ist und im Wittenberger Melanchthonhaus bewundert werden kann.[6]

Nach Àgnes Ritoók Szalay haben insgesamt 29 Studenten aus Ungarn im 16. Jahrhundert einen Magistertitel in Wittenberg erworben. Dazu zählen etwa die beiden Schüler von Johann Kresling, selbst Magister aus Korpona, M. Rosenmann und G. Saltzbanck, die aus Bartfeld stammenden Stöckel-Schüler Georg Purkircher, Martin Rakovsky, Benedek Ilosvai, Paul Kertz, Lukács Szántai, aus Kronstadt Valentin Wagner und zwei seiner Schüler, nämlich G. Wolf und J. Auner, sowie Christoph Preyss aus Preßburg, der später Ordinarius in Frankfurt/Oder und Königsberg wurde, István Gálszécsi, Lukas Ungler, der 1572 zum ersten Bischof der sächsisch-evangelischen Kirche gewählt wurde, Zsigmond Gyulai Tordai, der 1544 die Magisterwürde in Wittenberg erwarb und später Mitglied des „Collegium Philosophicum" an der Leucorea wurde.[7]

Die Reformation in Ungarn

Im Folgenden sollen einige Stationen der Entwicklung der Reformation in Ungarn mitgeteilt werden:

Bereits 1519 wurde Luther in Ödenburg (Sopron) in Westungarn, in Hermannstadt (Nagyszeben, Sibiu) in Siebenbürgen und in Oberungarn gelesen.[8] Deutsche Kaufleute aus Regensburg brachten um 1520 die ersten reformatorischen Schriften in die königliche Freistadt Ödenburg. Die Schriften wurden im Familien- und Freundeskreis und sogar öffentlich in den Wirtshäusern gelesen. Am 30. Oktober 1524 brannten auf dem Markplatz zu Ödenburg die Schriften von Martin Luther. Doch diese Untat konnte den Siegeszug der Reformation in der Stadt nicht aufhalten.[9] Die Stadt Ödenburg nahm 1532 die Lutheraner aus Österreich auf,

6 SZABÓ, A.: Coetus – natio – respublica – politia – societas – congragatio – collegium – gens (a wittenbergi magyar diákegyesület az újabb kutatások fényében, 1555-1613) Irodalomtörténeti Közlemények. 115. évf. 2: 2011, 229-234.

7 KEVEHAZI, K.: Melanchthon-autográfok a történeti Magyarországon. (Melanchthon Autographen im historischen Ungarn), in: Tanulmányok a lutheri reformáció történetéből Luther Márton születésének 500. évfordulójára (Studien zu der lutherischen Reformation) Szerkesztő / Redakteur: Fabiny Tibor. hg. v. A Magyarországi Evangélikus Egyház Sajtóosztálya, Budapest 1984, 165-180; KEVEHAZI, K.: Melanchthon és a Wittenbergben tanult magyarok az 1550-es évektől 1587-ig. (Melanchthon und die Studenten aus Ungarn in Wittenberg 1550-1587) [Dissertationes ex Bibliotheca Universitatis de Attila József Nominatae 10] Szeged. 1986; RITOÓKNÉ SZALAY, Á.: A wittenbergi egyetem magyarországi promoveáltjai a 16.szd.-ban (Die Promoventen aus Ungarn an der Leucorea im 16. Jhd.), in: Tanulmányok a luheri reformáció történetéből Luther Márton születésének 500. évfordulójára (Studien zu der lutherischen Reformation), hg. v. a Magyarországi Evangélikus Egyház Sajtóosztálya Ed: Tibor Fabiny, Budapest 1984, 222-239; TINSCHMIDT, A.: Die Ausstrahlung der Universität Wittenberg auf die Reformation in Ungarn. Berliner Beiträge zur Hungarologie Bd. 2 (1987), 199-213.

8 CSEPREGI, Z.: Evangélikus lelkészek Magyarországon (ELEM) Proszográfiai rész: I.A reformáció kezdetétől a zsolnai zsinatig, 1610 I/1.:A-L MEDIT, Budapest 1997.

9 FATA, M.: Ungarn, das Reich der Stephanskrone im Zeitalter der Reformation und Konfessionalisie-

die von dort fliehen mussten, auch förderte der Stadtkommandant und königliche Gespan Johann von Weißpriach, dessen Frau als Erzieherin der königlichen Kinder am Hof König Ferdinands angestellt war, die Reformation. In der Stadtpfarrkirche teilte Pfarrer Raidel ab 1543 das Abendmahl aus, und seit 1549 predigte der aus der Schweiz stammende Peter Kalbenmatter die evangelische Lehre bis 1551. 1556 berief der Magistrat Wolfgang Fochter. 1565 wurde der lutherische Pfarrer Simon Gerengel, der zu einem Verwandtenbesuch in der Stadt weilte, zum Stadtprediger berufen. Als Prediger der Sankt Michaelskirche („Szent Mihály templom") veröffentlichte er 1569 ein evangelisches Gebet- und Liederbuch. Die Kirche wurde mit der katholischen Gemeinde brüderlich geteilt. Sie war die erste Simultankirche im heutigen Ungarn.[10]

In Buda wirkten Conrad Cordatus als deutscher Stadtprediger und Johann Henckel (1490 Leutschau – 1535 Breslau) als Hofprediger der Königin Maria. In der Lateinschule in Buda unterrichteten Simon Grynaeus und Veit Örtel Winshemius, die später als Professoren in Basel und Wittenberg lehrten.[11] Palatin Stefan (István) Werbőczy sagte 1521 nach der persönlichen Begegnung mit Martin Luther in Worms: *Die lutherische Lehre ist gefährlich.* 1523 und 1525 beschloss der ungarische Landtag scharfe Gesetze gegen die Lutheraner. 1523 hieß es im Artikel 54: *Alle Lutheraner und ihre Beschützer sind öffentliche Ketzer und sollen mit Besitzverlust bestraft werden.* 1525 wurde der Beschluss sogar noch verschärft: *Alle Lutheraner sollen verbrannt werden (Lutherani omnes comburantur).*[12]

Erste Opfer dieser Gesetze wurden der Pfarrer Nikolai und der Lehrer Gregori aus Libethen (Ligetbánya) und ein Franziskanermönch, der 1528 in Preßburg (Pozsony, heute: Bratislava) im Sinne Luthers predigte. Der Erzbischof von Tyrnau (Nagyszombat, Trnava) sandte 1526 eine Prüfungskommission nach Preßburg und Ödenburg, um die lutherische Ketzerei aufzuspüren. 1528 kamen zwei Franziskaner aus Ulm und aus der Schweiz nach Preßburg. Der deutsche Franziskaner wurde außerhalb der Stadt gefangen genommen und nach schrecklicher Folter verbrannt.[13] Um 1530 hielten sich zwei bedeutende evangelische Prediger in der Stadt Preßburg auf, Leopold Kophart, später in Neusohl (Besztercebánya, Banská Bystricá) und Michael Radaschin (später in Hainburg, Neusohl und Bartfeld).

---

rung. Multiethnizität, Land und Konfession 1500 bis 1700, hg. v. F. BRENDLE und A. SCHILLING, Münster 2000.

10 PAYR, S.: A soproni egyházközség története I. kötet A reformáció kezdetétől az 1681. soproni országgyülésig, Sopron 1917.

11 CSEPREGI, Z.: Court Priests in the Entourage of Queen Mary of Hungary. The Queen and Her Court 1521-1531) ed by O. RÉTHELYI, Budapest 2005, pp 44-55.

12 SZIGETI, J.:Luther és Werböczi találkozója (Die Begegnung zwischen Luther und Werböczi, in: Tanulmányok a lutheri reformáció történetéből Luther Márton születésének 500. évfordulójára (Studien zu der lutherischen Reformation), hg. v. a Magyarországi Evangélikus Egyház Sajtóosztálya, Budapest, Ed: Tibor Fabiny, Budapest 1984, 195-206.

13 TÓZSA RIGÓ, A.: A reformáció hatásai a polgári végrendelkezés gyakorlatában, pozsonyi és bécsi források példáján. http://www.uni-miskolc.hu/egyhtort/cikkek/tozsarigoattila.htm; TÓZSA RIGÓ, A.: Kegyesség és hitújitás: a reformáció megjelenésének nyomai az 1529-1557 közötti pozsonyi végrendeletekben, Szeged 2006.

1. Die Reformation in Oberungarn: Lebensläufe

Wolfgang Schustel bekam seine erste Pfarrstelle 1523 in Bartfeld. Sein Lebensweg ist interessant und widersprüchlich. Laut Csepregi war aber der eigentliche Reformator der Stadt Bartfeld Esaias Lang (1504-1578), der aus Mähren (Iglau) mit seiner Familie kam. Gegen seine Einsetzung protestierte vehement Ferdinand II. Nach ihm kam um 1540 Michael Radaschin (1510-1566, Familienname: Liburnus, kroatischer Herkunft), der selbst in Wittenberg studierte. Nach seiner Ankunft begann Radaschin mit der Neuordnung des evangelischen Lebens in Bartfeld und wurde dort erster Superintendent.[14]

Leonhard Stöckel (1510-1560) aus Bartfeld zählt zu den herausragenden reformatorischen Persönlichkeiten Ungarns und trägt den Ehrentitel „Praeceptor Hungariae". Seine Eltern sorgten für eine humanistische Ausbildung zunächst in seiner Geburtsstadt, ab 1522 in Kaschau, später in Breslau. Seine Lehrer waren Valentin Eck und seit 1522 der englische Humanist und Dichter Leonhard Cox, ein begeisterter Erasmianer. In Breslau unterrichteten ihn zusätzlich Andreas Winkler und Johann Metzler. Cox wirkte erst in Leutschau, später in Kaschau. Er war Kommilitone von Philipp Melanchthon an der Universität Tübingen. Cox berichtete über Leonhard Stöckels Freundschaft zu Melanchthon, unter seinem Einfluss immatrikulierte sich Stöckel am 18. Oktober 1530 an der Universität Wittenberg und blieb ein Jahrzehnt in der Umgebung der Reformatoren. Er wirkte an der Schule in Eisleben, später erneut in Wittenberg und vermittelt durch Melanchthon als Privatlehrer am kursächsischen Hofe. 1539 war ein Wendepunkt in seinem Leben: Mit Empfehlungen von Luther und Melanchthon kehrte er nach Bartfeld zurück, um dort das Reformationswerk in Angriff zu nehmen. Nach Wittenberger Vorbild richtete Stöckel ein dreistufiges Schulsystem ein. Er hat zahlreiche pädagogische, humanistische und theologische Werke verfasst.[15]

In Kesmark, Eperies, Leutschau und Zeben, später in den oberungarischen Bergstädten haben die Schulen das Stöckelsche Lehrprogramm übernommen. In Kürze entstanden etwa fünfzig Trivialschulen in Oberungarn, deren Name vom „trivium", den Grundlagenfächern Grammatik, Rhetorik und Logik, abzuleiten ist. In der ersten Klasse lernten die Schüler Lesen, Schreiben und die Grundkenntnisse des evangelischen Glaubens, in der mittleren Klasse machten sie vorwiegend grammatische Übungen (Cicero und Terenz), in

14 CSEPREGI, Z.: Konfessionsbildung und Einheitsbestrebungen im Königreich Ungarn zur Regierungszeit Ferdinands I., in: Archiv für Reformationsgeschichte 94 (2003), 243-275; CSEPREGI, Z.: A bártfai reformáció Stöckel elött, in: KÓNYA, Peter (szerk): Leonard Stöckel reformácia v strednej Európe. Presov: University of Prešov 2011, 169-186 (Acta Collegii Evangelici Prešoviensis 11); GUITMAN; B.: A bártfai reformáció elsõ évtizedei és kapcsolatrendszere. Doktori értekezés. Pázmány Péter Katolikus Egyetem, Bölcsészettudományi Kar, Piliscsaba 2009.

15 SCHWARZ, K. W.: Leonhard Stöckel (1510-1560) – „Lumen et Reformator Ecclesiarum Superioris Hungariae", in: Deutsche Sprache in der Slowakei. hg. v. Lehrstuhl für Germanistik, Philosophische Fakultät, Universität der Hl. Cyril und Method, Trnava. Verband der Deutschlehrer und Germanisten in der Slowakei. Trnava-Bratislava 2009, 313-335; SCHWARZ, K. W.: Leonhard Stöckel (1510-1560) – „Lumen et Reformator Ecclesiarum Superioris Hungariae" – ein Melanchthon-Schüler als Schul- und Kirchenreformer im Karpatenraum, in: SCHWARZ, Karl W.: Von Leonhard Stöckel bis Ruprecht Steinacker, Berlin 2014, 13-27.

Abb. 3: Gedenktafel für Leonhard Stöckel, Leucorea Wittenberg, Foto: Josef Makovitzky

der dritten Klasse lernten sie Philosophie, Mathematik sowie Griechisch, Latein, Deutsch und Ungarisch. Durch das Wirken Leonhard Stöckels („Präceptor Hungariae") wurde die Stadt Bartfeld das „ungarische Wittenberg". Die Schule in Bartfeld wurde europaweit bekannt. Antal (Anton) Verancsics, der Erzbischof von Eger, schickte seinen Neffen Jeromos Domitius dorthin. Viele Schüler kamen aus Schlesien, Polen, Böhmen, Mähren, Österreich, Siebenbürgen, Russland und Preußen. Die wichtigsten Schüler von Leonhard Stöckel in Bartfeld waren Georg Purkirchner (1530-1577), Martin Rakovsky (1535-1579) und Christian Scheseus (1535-1585).

Bisher zählte zu seinem Hauptwerk die „Confessio Pentapolitana" (1549), das lutherische Glaubensbekenntnis der fünf oberungarischen Städte Bartfeld, Leutschau, Eperies, Zeben und Kaschau. Doch nach der neueren Forschung ist Stöckel nicht der alleinige Autor dieses Werkes, sondern die „Confessio" entstand vielmehr aus der Kooperation mit dem ersten Superintendenten in Bartfeld, Michael Radaschin (1510-1566), der Vorsitzender der Synode zusammen mit Leonhard Stöckel war.[16] Die „Confessio pentapolitana" bildete die Grundlage für die lutherischen Glaubensbekenntnisse der sieben oberungarischen Bergstädte. Das Original ist verloren gegangen. So stammt der Erstdruck (ungarisch, lateinisch und deutsch) von 1613 aus Kaschau und untermauert die konfessionellen Ansprüche der Protestanten, die von König Ferdinand I. anerkannt wurden.

1559 verfasste der Schemnitzer Pfarrer M. Cubilarius auf deren Grundlage die „Confessio Heptapolitana seu Montana", das lutherische Bekenntnis der oberungarischen Bergstädte Kremnitz, Schemnitz, Neusohl, Libethen, Pukkantz, Königsberg und Dilln. Und noch einmal zehn Jahre später verfassten der Zipser Neudorfer Pfarrer Megander und der Kirchdraufer Pfarrer Obsopäus die „Confessio Scepusiana", das Glaubensbekenntnis der 24 Zipser Städte, das auch von der Fraternität der Zipser Geistlichen befürwortet wurde.[17]

Zipserstädte in Ungarn:

Dinsdorf, Dirn, Donnersmarkt, Eisdorf, Eulenbach, Groß-Schlagendorf, Kabsdorf, Klein, Mühlenbach, Palmsdorf, Schmögen, Sperendorf, Tomsdorf;

16 CSEPREGI, Z.: Die Confessio Pentapolitana: Fragen nach Autorschaft und Datierung. Acta Collegii Evangelici Prešoviensis 10 (2009), 73-85; SÓLYOM, J. / CSEPREGI, Z.: Az Ötvárosi Hitvallás. Theologiai Szemle, 42: 283-294. (1999); SÓLYOM, J. / CSEPREGI, Z.: Az Ötvárosi Hitvallás. Theologiai Szemle, 42: 283-294. (1999); SUDA, M. J.: Wer verfasste die Confessio Pentapolitana?, in: Miscellanea Anno 2000. Acta Collegii Evangelici Presoviensis 9 (2001), 18-23.

17 KÓNYA, P. / CSEPREGI, Z.: Drei Lutherische Glaubensbekenntnisse aus Ungarn. Dreisprachige Ausgabe; Prešov 2013.

... und in Polen:

Zipser Bela, Poprad, Durlsdorf, Fölck, Georgenberg, Leibitz, Matzdorf, Menhardsdorf, Michelsdorf, Zipser Neudorf, Kirchdrauf, Rißdorf, Wallendorf.

Die positive Entwicklung der Reformation in Ungarn wurde durch die gemäßigte Politik Ferdinands I. (1558-1564) gefördert, der sich für die Einführung des Laienkelchs und der Priesterehe einsetzte, und besonders Maximilians II. (1564-1576), der sogar mit Melanchthon im Briefwechsel stand. Vom hohen Adel in Ungarn waren nur noch drei Familien katholisch. Mit Rudolf II. (1576-1608) wendete sich allerdings das Blatt. Er war in Spanien von Jesuiten erzogen worden und wollte den Katholizismus wieder einführen. Der Wiener Frieden am 23. Juni 1606 gewährte jedoch allen Ständen die freie Religionsausübung. Dieser Friedensschluss bildete in den folgenden Jahren die Grundlage für die Behauptung des Luthertums in Oberungarn. Die protestantischen Schulen erreichten ein hohes pädagogisches Niveau, sodass ihre Lehrer und Absolventen nach dem Ausbau des jesuitischen Schulwesens in Ungarn für die geistige Auseinandersetzung gut gerüstet waren. Die bekanntesten evangelischen Schulen gab es in dieser Zeit in Preßburg, Bösing, Modern, Kremnitz, Schemnitz, Neusohl, Kesmark, Leutschau, Bartfeld, Eperies, Kaschau, und ein großer Teil der reformierten Lyzeen war ursprünglich evangelisch (z.B. Sárospatak).

1613.

AZ ÖT SZABAD
VAROSOKNAK, FELSŐ MAGYAR
Vallás tétele.
MELY BE ADATTATOT AZ
CASSAN
1613.
ESZTENDŐBEN

CONFESSIO
CHRISTIANÆ
DOCTRINÆ QVINQVE RE-
CASSOVIÆ
ANNO
M. DC. XIII.

Abb. 4: „Confessio pentapolitana", Michael Radaschin, 1549

Eine wichtige Persönlichkeit der oberungarischen Reformation war Matthias Thoraconymus (Matej Kabát, 1550-1593?). Er wurde in Briesen geboren und besuchte die Schulen in Igló (Zipser Neudorf) und in Bartfeld. Er lernte Deutsch, Ungarisch, Latein, Griechisch und Hebräisch und wurde Lehrer in Bartfeld und war von 1571 bis 1578 Lehrer und Rektor des Kesmarker Gymnasiums, 1578/79 Schulrektor in Kaschau. Er gehörte zu den führenden Persönlichkeiten der kirchenpolitischen Bewegung in der Zips und war ebenfalls Anhänger Philipp Melanchthons.

Wittenberger Studenten aus Ungarn und ihre Beiträge zur Entwicklung der Reformation in ihrer Heimat, in den von den Türken beherrschten Gebieten:

Imre Ozorai: studierte zuerst in Krakau, dann in Wittenberg und wirkte in den 1530er Jahren als Reformator in den Komitaten Békés, Bihar und Zaránd. Er ließ mit Unterstützung der Drágffy-Familie eine Streitschrift gegen den Antichrist mit antitürkischer Polemik veröffentlichen.

Benedek Abádi Dinper: war nach seinem Studium 1533 in Krakau seit 1535 Drucker und Leiter in der Orthographia in der Druckerei von Sárvár-Ùjsziget bei Palatin.

Tamás Nádasdy: Er druckte 1541 das Neue Testament in der ungarischen Sprache, übersetzt von János Sylvester. Nach seinem Studium in Wittenberg 1543/44 wirkte er in Szeged als Drucker und Pfarrer bis 1552.

Gergely Szegedi: (gest. 1566) studierte 1556 in Wittenberg. Ab 1557 war er in Debrecen als Wortführer der Reformation tätig, u.a. mit Predigten gegen die Türken.

Lörinc Szegedi: ging 1567 nach Wittenberg und wurde durch sein Drama „Theophania" berühmt. Später war er in Békés, Szatmár und Abaújszántó tätig.

Mátyás Tövisi: (gest. 1551) war 1545 bis 1548 Reformator in Tolna. Zwischen 1546 und 1549 studierte er in Wittenberg, später wirkte er wieder in Tolna.

Imre Eszéki-Szigeti: bekannt unter den Namen Mirko Ciger und Emericus Zigerius, war protestantischer Prediger und Übersetzer. 1544-1545 weilte er als Student in Wittenberg, 1545-1546 war er Prediger in Tolna, später Lehrer in Kálmáncsehi und Vörösmart. 1549-1552 war er an der Schule von Tolna.

István Kopácsi: (gest. 1568) studierte 1535 in Wien, 1542 in Wittenberg. Später unterrichtete er in Siklós, in Erdöd, Nagybánya und in Sárospatak im Dienst der Familie Perényi. Er hing der helvetischen Richtung an, d.h. wurde reformiert, und amtierte als Propst in der Superintendentur Gömör-Kishont.

István Eszéki: wirkte als Nachfolger von Mihály Sztárai in Tolna (1558-1565), nachdem er zuvor 1557 in Wittenberg studiert hatte.

Mihály Siklósi: immatrikulierte sich 1529 in Wittenberg. Um 1540 war er in Sátoraljaujhely, dann in Siklós tätig.[18]

18 ÖZE, S.: Reformation und Grenzgebiete. Zur Verbreitung der Reformation in den ungarisch besiedelten Gebieten, hg. v. Asztrik VÁRSZEGI, Budapest-Leipzig 2011.

Ohne Zweifel der berühmteste ungarische Wittenberger Student ist Mátyás (Matthias) Dévai Biró (1500-1545), der den Ehrentitel „Der ungarische Luther“ trägt.[19]

Abb. 5: Gedenktafel für Matthias Dévai Biró, Leucorea Wittenberg, Foto: Josef Makovitzky

Er war Schüler von Simon Grynaeus in Buda. Nach seinem Studium 1523-1525 in Krakau wurde er 1526 Franziskanermönch. Seit dem 3. Dezember 1529 hielt er sich als Student in Wittenberg auf, hier im Kreis von Luther und Melanchthon. 1531 wieder nach Buda zurückgekehrt, schrieb er seine 52 Thesen. Als Pfarrer in Kaschau feierte er erstmals das evangelische (reformierte) Abendmahl. Er kam in Wien ins Gefängnis, doch konnte auch der katholische Bischof Johann Farber ihn nicht überzeugen, sodass er nach drei Versuchen wieder entlassen wurde (unklar ist, ob er entfliehen konnte). Während seiner Anhörungen in Wien äußerte Dévai übrigens die Meinung, dass auch Frauen ordiniert werden, predigen und auch das Abendmahl austeilen sollten, und ging damit weit über die Wittenberger Reformatoren hinaus. In Buda wurde er 1533/34 erneut eingekerkert. Dévai ging 1535 zu Tamás (Thomas) Nádasdy nach Sárvár und Ùjsziget. 1536 kehrte er nach Wittenberg zurück, besuchte Luther und Melanchthon. 1537 war er in Basel und ging danach mit einem Empfehlungsbrief von Melanchthon nach Güssing zu Pèter Perényi. In Ùjsziget gründete er eine Druckerei und wirkte danach als Pfarrer in Szikszó. Er musste wieder fliehen. 1541/42 hielt er sich wieder in Wittenberg auf und blieb bei Melanchthon bis 1543. Danach ging er nach Miskolc, von wo er fliehen musste und bei der Familie Drágffy eine Bleibe fand. 1544 war er in Kronstadt bei Johannes Honterus, danach in Debrecen. Stöckel berichtet in einem Brief vom 15. Juni 1545 Melanchthon über den Tod von Dévai Biró.

János (Johannes) Sylvester (1504-1552) lernte von 1526 bis 1527 in Krakau, hier machte er Bekanntschaft mit den Schriften des Erasmus. Er hat das Doktorat 1534 in Wittenberg erworben. Ab 1534 stand er im Dienst des Palatin Tamás (Thomas) Nádasdy, hier unterrichtete er und leitete die Druckerei. Ende 1542 bekam er eine „Professur“ an der Universität Wien; er unterrichtete Hebräisch und Griechisch. Seine wichtigsten Arbeiten sind die „Grammatica Hungarolatina“ von 1539 und die erste ungarische

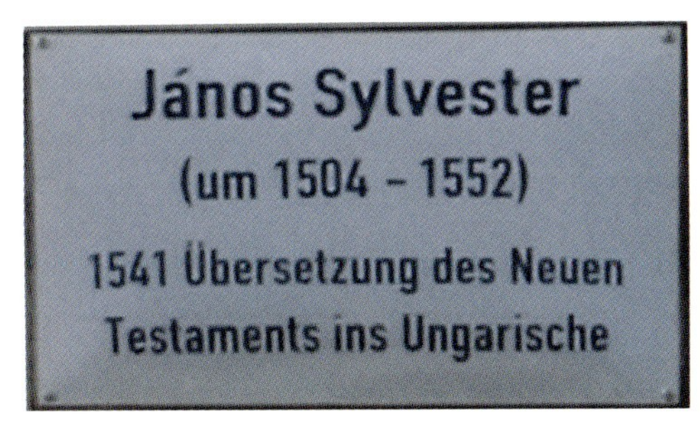

Abb. 6: Gedenktafel für János Sylvester, Leucorea Wittenberg, Foto: Josef Makovitzky

19 Ebd; POHÓCZKY, B.: Dévai Mátyás, in: Koinonia Jg. 86, 10-18 (2015).

Übersetzung des Neuen Testaments von 1541, die auf dem originalen griechischen Text beruht und zugleich die Ausgabe des Erasmus philologisch kritisch verwendet. Mit Sylvester beginnt die Kultivierung und Orthographie der ungarischen Sprache und Grammatik.[20]

Ferenc (Franz) Dávid (Hertel) (1510-1579) war zunächst katholischer Priester in der Stadt Alba Julia (Gyulafehérvár, Karlsburg) bis ihn zwei Vorgesetzte mit Hilfe von Mäzenen an die Leucorea nach Wittenberg schickten. Er kam 1550 zurück nach Siebenbürgen, wurde von den Städten Hermannstadt und Klausenburg zum Pfarrer gewählt und war dann der erste Bischof der ungarischen evangelischen Kirche in Klausenburg. Hatte er sich am Anfang seiner Laufbahn noch zum Erbe von Luther und Melanchthon bekannt, teilte er später die Abendmahlsauffassung der Reformierten und wurde 1564 der erste Bischof der ungarischen „helvetischen" (reformierten) Kirche in Siebenbürgen. Später vertrat er die antitrinitarische Richtung, und der neue Fürst von Siebenbürgen Stephan (István) Báthory entließ ihn, so dass er zum Gründer der Unitarischen Kirche in Siebenbürgen wurde.[21]

Peter Bornemisza (1535-1585) besuchte die Schule in Kaschau und wurde dort wegen seines evangelischen Glaubens oft geschlagen. Danach studierte er in Wien, wurde 1559 gefangen genommen, konnte jedoch fliehen und studierte in Padua und Wittenberg. 1561 kehrte er zurück und setzte sich im Raum Tyrnau für die Verbreitung der reformatorischen Lehre ein. 1564 wirkte er als Hofprediger bei der Familie Balassa und als Erzieher von Bálint Balassa und 1572 als Pfarrer bei der Familie Salm-Eck. 1573 wurde er Bischof im Kirchenbezirk von Csallóköz-Mátyusföld. Er kämpfte gegen Nikolaus (Miklós) Telegdi, der eine führende Persönlichkeit der Gegenreformation war, und attackierte ihn 1577/78 in seinem Werk „Überlegungen" („Fejtegetés"). In seiner eigenen Druckerei in Semptén veröffentlichte er sein Predigerbuch in fünf Bänden. Eine Kommission verbot ihm, sein Buch „Ördögi kisértetek" („Die teuflischen Gespenster") zu drucken. Er wurde gezwungen, erneut die sichere Ortschaft zu verlassen. Die Familie Balassa versuchte vergeblich, ihm zu helfen. Ab 1582 lebte er in Rarbok von Druckarbeiten und starb 1585. Seine Druckerei existierte weiterhin in Galgóc unter Valentin (Bálint) Mantskovits, der aus Polen stammte. Der Superintendent der Stadt Gönc, Gáspár (Kaspar) Károlyi, plante eine vollständige ungarische Ausgabe der Bibel, kaufte die „Bornemisza-Druckerei" mit Hilfe von Spenden auf und ließ sie in der Gemeinde Vizsoly neu errichten. Die Arbeit war aber erst am 20. Juli 1590 vollendet; 700-800 Bibel-Exemplare wurden gedruckt.[22]

20 FÓNYAD, P.: Magyar tudós a bécsi Egyetemen: 445 éves a Sylvester-féle Újszövetség-fordítás. Bécsi Napló, VIII.évf. 1. január-február 1987, 7; FÓNYAD, P.: Sylvester János Bécsben. Sárvár, Sylvester János Könyvtár, (Johannes Sylvester in Wien), 1995, 36 f.

21 SZÁSZ; J.: Ferenc Dávid und die lutherische Reformation, in.: Tanulmányok a lutheri reformáció történetéből. Luther Márton születésének 500. évfordulójára. Szerkesztő/Redakteur: Fabiny Tibor, hg. v.: A Magyarországi Evangélikus Egyház Sajtóosztálya, (Studien zu der lutherischen Reformation), Budapest 1984, 150-164.

22 Régi magyar levelestár (XVI–XVII század) 1. kötet. hg. v.: Emil HARGITTAY. Magvető Kiadó, Budapest 1981. – und die neue Ausgabe, Budapest Neumann Kht., 2002; SCHULEK, T.: Bornemisza Péter 1535-1584. Sopron-Budapest-Győr (A keresztyén igazság könyvtára), 1939.

2. Die evangelische Kirche in Siebenbürgen (Erdély, Transylvania)

Die Entstehung der evangelischen Kirche in Siebenbürgen ist mit dem Namen von Johannes Honterus (1498-1549) verbunden. Honterus erhielt eine gründliche Schulausbildung durch die Dominikaner. 1520 schrieb er sich an der Universität in Wien als „Johannes Aust ex Corona“ ein und erhielt dort Anfang 1525 den Magistertitel als „Johannes Holler Coronensis“. 1529, bei der Belagerung der Stadt Wien durch die Türken, flüchtete er nach Regensburg. 1530 verfasste er an der Universität Krakau eine griechische und lateinische Grammatik. Danach arbeitete er als Verlagslektor und Holzschneider in Basel und kehrte im Januar 1533 nach Kronstadt zurück. Hier richtete er eine Druckerei ein, die zweitälteste Druckerei in Siebenbürgen; die erste war 1525 in Hermannstadt entstanden.[23]

Auf ihn gehen zwei evangelische Landeskirchen zurück: 1. die evangelische Kirche Augsburgischen Bekenntnisses in Siebenbürgen (seit 1921 Rumänien) mit deutscher Verkündigungssprache: Bischofssitz von 1572 bis 1876 Birthälm (Berethalom, Birtan) danach in Hermannstadt. 2. die Ungarische Evangelische Kirche in Siebenbürgen (Bischofsitz Klausenburg). Honterus ist der Verfasser des Reformationsbüchleins von 1543 für Kronstadt und Burzenland (Barcaság), auf dem die „Kirchenordnung aller Deutschen in Siebenbürgen“ (1547) beruht und das von der „Sächsischen Nationsuniversität“, der obersten politischen Behörde der Siebenbürger Sachsen, im Jahre 1550 als allgemein verpflichtend beschlossen wurde. Das Reformationsbüchlein des Honterus prägte die Reformation in ganz Siebenbürgen. Luther würdigte dieses Büchlein, und Philipp Melanchthon selbst gab das Reformationsbüchlein 1543 in Wittenberg mit einer eigenen Vorrede neu heraus. Honterus stand mit den beiden in persönlichem Kontakt und hielt sich 1535 in Wittenberg auf. Darüber hinaus war er neben seinem Pfarramt Schulpolitiker, Kartograph – 1532 gab er in Basel die erste Landkarte von Siebenbürgen heraus, „Chronographia Transylvaniae Sybembürgen“ – und Verleger. Die Grundzüge der Weltbeschreibung von Honterus in ihrer Endfassung 1542 waren jahrzehntelang ein europäischer Bestseller. Im Zuge der Reformation von 1543 wurde der Gottesdienst in der Muttersprache eingeführt. In Kronstadt bekamen die Ungarn die Peter- und Pauluskirche in der Klostergasse zugewiesen, für sie wurde ein eigener „ungarischer Prediger“ eingesetzt. Doch gleichzeitig waren die Katholiken geduldet.

Wichtig sind auch die schulpolitischen Entscheidungen und Schriften des Honterus, so z.B. die von ihm 1543 verfasste „Constitutio scholae Coronensis“. Im Jahre 1544 wird erstmals eine Mädchenschule in Kronstadt erwähnt, sodass die Anfänge der Bildung für Mädchen wohl auch auf Honterus zurückgehen. Außerdem unterstützte er begabte Schüler und half durch die Vergabe von Stipendien. 1544 veröffentlichte Honterus im Auftrag der Sächsischen Nationsuniversität das „Handbuch des bürgerlichen Rechts, gesammelt zum Gebrauch der sächsischen Städte und Stühle in Siebenbürgen“. Dieses Gesetzbuch war 40

23 CSEPREGI, Z.: Die Auffassung der Reformation bei Honterus und seinen Zeitgenossen, in: WIEN, Ulrich A. / ZACH, Krista (szerk.): Humanismus in Ungarn und Siebenbürgen: Politik, Religion und Kunst im 16. Jahrhundert. Berlin; Köln; Wien (Siebenbürgisches Archiv 37), 1-17; NUSSBÄCHER, G.: Beiträge zur Honterus-Forschung 1966-1989. Arbeitskreis für Siebenbürgische Landeskunde e.V., Heidelberg 2003.

Jahre lang gültig, bis es im Jahre 1583 zum „Eigen Landrecht der Sachsen in Siebenbürgen" von Matthias Fronius (1522-1588), eines Schülers von Honterus, erweitert wurde.

Ausblick

Die weitere Geschichte der Reformation wiederspiegelte sich in einem Satz von Christoph Lackner (1571-1631), Bürgermeister von der Stad Oedenburg/Sopron: *Mergitur non submergitur* (*taucht unter, versinkt aber nicht*).

Nach der einflussreichen Rekatholisierung im 17. und 18. Jahrhundert sank die Zahl der Protestanten im Karpatenraum. Nach dem Toleranzpatent von Leopold I. (Landtag 1681 in Ödenburg) durften die Evangelischen in 24 Ortschaften Holzkirchen bauen. Ein weiteres Toleranzpatent von Kaiser Josef II. aus dem Jahr 1781 regelte, dass die Nichtkatholiken, wenn sie 500 Seelen oder 100 Familien stark waren, eine eigene Gemeinde bilden und mit bestimmten Einschränkungen Kirchen bauen dürfen.

Der Autor bedankt sich für Hinweise und Korrekturen bei Frau Prof. Dr. Jutta Hausmann (Budapest), bei Herrn Prof. Dr. Zoltán Csepregi (Budapest) und nicht zuletzt bei Herrn Dr. Stefan Rhein (Lutherstadt-Wittenberg).

Autorenverzeichnis

Matthias Dall'Asta, Jg. 1963, zunächst 1983 Studium der evangelischen Theologie in Tübingen, ab 1984 Studium der Klassischen Philologie und Italianistik in Göttingen und Rom. Seit 1994 wissenschaftlicher Angestellter der Heidelberger Akademie der Wissenschaften, zunächst als Mitarbeiter der Reuchlin-Forschungsstelle in Pforzheim und seit 2008 für die Forschungsstelle „Melanchthon-Briefwechsel".

Günter Frank, Jg. 1956, Studium von Psychologie, Theologie und Philosophie in Erfurt, Warschau und Vallendar/Rhein; verschiedene Forschungsstipendien und Auslandsaufenthalte in Chicago und London; seit 1998 Kustos am Melanchthonhaus, seit 2004 Direktor der Europäischen Melanchthon-Akademie Bretten; 1996 bis 2012 Lehrtätigkeit in Philosophie an der Freien Universität Berlin, seit 2013 am Institut für Philosophie am KIT; seit 2016 apl. Professor für Philosophie am KIT; vielfältige Veröffentlichungen zum Mittelalter, zur Frühen Neuzeit, Humanismus und Reformation.

Beate Kobler, Jg. 1972, 1993-2000 Studium der evangelischen Theologie und Altphilologie in Tübingen und Bonn, Februar 2000 1. Theologische Dienstprüfung, 2000-2001 wissenschaftliche Mitarbeiterin im Register zur Weimarer Lutherausgabe in Tübingen, 2001-2004 gefördert durch die Promotionsförderung der Studienstiftung des deutschen Volkes, 2004-2007 Vikariat in Stuttgart-Weilimdorf, 2. Theologische Dienstprüfung, 2007-2011 Repetentin am Evangelischen Stift Tübingen, seit 2013 Pfarrerin an der Martinskirche in Sindelfingen.

Josef Makovitzky, Jg. 1942, Studium der Medizin von 1962-1968 in Pècs/Fünfkirchen; seit 1992 verschiedene Gastprofessuren für Pathologie in Halle, Budapest, Pècs/Ungarn, Freiburg, Jena, Ulm und Szeged. Seit 2007 Mitglied der Ungarischen Wissenschaftlichen Akademie Budapest. Member of the Reformation Memorial Committee in Hungary (2007-2017).

Heinz Scheible, Jg.1931, ab 1951 Studium der evangelischen Theologie und klassischen Philologie in Heidelberg, 1956 Examen bei der badischen Landeskirche in Karlsruhe. 1960 Promotion bei Heinrich Bornkamm. 1961 erhielt er ein Forschungsstipendium der badischen Landeskirche. Er gründete 1963 die Melanchthon-Forschungsstelle in Heidelberg, die er bis zu seinem Ruhestand 1997 leitete. Veröffentlichung von weit über 500 Beiträgen zu Melanchthon. 1994 wurde er für seine Forschungsleistung mit der Ehrendoktorwürde der Universität Mainz und 1997 mit dem Melanchthonpreis der Stadt Bretten ausgezeichnet.

Martin Schneider, Jg. 1947, wurde nach dem Studium der Theologie 1973 ordiniert; 1976 Promotion mit einer Arbeit über die Geschichte der Waldenser im Mittelalter; Pfarramt in Meißenheim, Eppingen und Pforzheim. Vom 01.04.2008 bis zum 31.08.2012 war Martin Schneider als theologischer Referent an der Europäischen Melanchthon-Akademie Bretten tätig.

Hendrik Stössel, Jg. 1953; Studium der Rechtswissenschaften in Freiburg i. Breisgau; 1978 Erste Juristische Staatsprüfung; 1980 Zweite Juristische Staatsprüfung; Studium der evang. Theologie in Heidelberg; 1985 Erste Theologische Prüfung, 1987 Zweite Theologische Prüfung und Pfarrvikariat; 1989 Gemeindepfarrer in Emmendingen; 1995 Promotion zum Dr. theol.; 1998 Dekan und Gemeindepfarrer in Pforzheim; seit Oktober 2012 theologischer Referent der Evangelischen Landeskirche in Baden an der Europäischen Melanchthon-Akademie Bretten (EMA).

Maria Lucia Weigel, Jg. 1965, Studium der Europäischen Kunstgeschichte, Klassischen Archäologie und Ägyptologie an der Ruprecht-Karls-Universität Heidelberg und der Sorbonne Paris. 1995: Magister Artium, 2010: Promotion. Neben freiberuflicher Tätigkeit auf dem Gebiet der zeitgenössischen Kunst Lehrtätigkeiten an der Pädagogischen Hochschule Heidelberg und den Universitäten Tübingen und Karlsruhe. 2000: Wissenschaftliche Hochschulassistenz im Rektoramt der Staatlichen Akademie der Bildenden Künste Karlsruhe. 2001-2003: Durchführung des Projektes „Wissenschaftliche Erschließung und Dokumentation der druckgraphischen Sammlung" im Melanchthonhaus Bretten, 2014-2017 Durchführung des wissenschaftlichen Ausstellungs-Projektes „Reformatoren im Bildnis" an der Europäischen Melanchthon-Akademie Bretten. Veröffentlichungen zu zeitgenössischer Kunst und zum Porträt der Frühen Neuzeit, insbesondere zum Reformatorenbildnis.